中国上市公司之间战略联盟的经济后果研究

——基于会计的视角

汪平平 著

中国财经出版传媒集团
中国财政经济出版社

图书在版编目（CIP）数据

中国上市公司之间战略联盟的经济后果研究：基于会计的视角 / 汪平平著． ——北京：中国财政经济出版社，2022.12

ISBN 978-7-5223-1769-4

Ⅰ. ①中⋯ Ⅱ. ①汪⋯ Ⅲ. ①上市公司－经济联盟－研究－中国 Ⅳ. ①F279.246

中国版本图书馆 CIP 数据核字（2022）第 220648 号

责任编辑：彭　波　　　　责任印制：史大鹏
封面设计：卜建辰　　　　责任校对：胡永立

中国财政经济出版社 出版

URL：http://www.cfeph.cn
E-mail：cfeph@cfeph.cn

（版权所有　翻印必究）

社址：北京市海淀区阜成路甲 28 号　邮政编码：100142
营销中心电话：010－88191522
天猫网店：中国财政经济出版社旗舰店
网址：https://zgczjjcbs.tmall.com
北京财经印刷厂印刷　各地新华书店经销
成品尺寸：170mm×240mm　16 开　15.75 印张　249 000 字
2022 年 12 月第 1 版　2022 年 12 月北京第 1 次印刷
定价：68.00 元
ISBN 978－7－5223－1769－4
（图书出现印装问题，本社负责调换，电话：010－88190548）
本社质量投诉电话：010－88190744
打击盗版举报热线：010－88191661　QQ：2242791300

前　　言

作为一种新的企业组织形式，战略联盟因具有灵活性、互补性、易于撤退性等优势，成为越来越多企业的战略选择，以应对经济全球化和日新月异的技术革新。近年来，在"合作共赢"理念的指引下，中国企业之间的战略联盟大量兴起和涌现，特别是上市公司之间的战略联盟呈快速增长的趋势。然而，对于新兴市场国家中上市公司之间战略联盟的现象，现有的研究文献缺少应有的关注，相应的经验更是少之又少。

基于上述背景，本书论述了如下问题：现阶段中国上市公司之间缔结战略联盟的现状如何，具有哪些重要特征？缔结战略联盟会否让上市公司产生重要的收益（短期市场反应、长期经营业绩）和成本（审计费用）的变化，抑或形成有别于其他非联盟企业的收益（短期市场反应、长期经营业绩）和成本（审计费用）变化趋势？本书借鉴会计理论、公司财务理论、战略联盟理论、交易费用理论以及资源基础理论，基于中国特殊的经济环境和制度背景，并以中国上市公司2001～2018年的数据为样本，对上述问题进行了合理的理论论证和实证检验。本书的主要结论包括：

1. 现阶段中国上市公司之间战略联盟的主要特征。近年来，上市公司之间的战略联盟呈快速增长的趋势，并且形式多样、目的多重。除了"居民服务、修理和其他服务业"和"教育"两个行业之外，其他各个行业均有战略联盟。具体而言，从联盟双方是否为关联方来看，样本中有94%的上市公司更愿意在资本市场上寻求非关联方作为战略联盟伙伴，剩余6%的上市公司选择与关联方结盟。从战略联盟是否涉及股权投资来看，样本中77%的上市公司选择了松散的契约式联盟，剩余23%的上市公司选择股权式联盟。在联盟目的方面，样本中61%的上市公司会基于多重目的来缔结战略联盟，剩余39%的上市公司是基于单一目的而缔结战略联盟。

此外，联盟双方具有相同产权性质的战略联盟数量约占57%，剩余43%的战略联盟其双方公司产权性质不相同。并且，中国上市公司不论是国有企业，还是非国有企业，都更愿意选择非国有企业作为联盟伙伴。

2. 现阶段中国上市公司之间缔结战略联盟的股票市场反应。现阶段有468家缔结战略联盟的上市公司会主动披露战略联盟事宜，向投资者传递公司当前实力和未来合作发展潜力等信息。本书使用事件研究法研究后发现，平均而言，上市公司发布战略联盟公告的累积超额收益率显著为正；55%~60%的联盟双方具有对称性的市场反应，即双方的股票超额回报率同时为正，或者同时为负，而剩余的40%~45%的联盟双方具有非对称的市场反应。这一实证结果表明，上市公司缔结战略联盟具有财富效应，并且股票市场对于缔结联盟的上市公司存在着非完全对称的反应。此外，本书进一步研究发现，联盟双方市场价值的大小，以及联盟双方目的的多重性会显著影响联盟双方联合的股票市场反应。

3. 战略联盟对于上市公司审计费用的影响。在企业所有权和经营权分离的情况下，聘请独立第三方审计的费用是企业完成受托责任所产生的一种重要成本。本书运用"匹配法和双重差分法"研究发现，缔结战略联盟是影响企业审计费用的重要因素，缔结战略联盟会显著增加上市公司的审计费用。在使用动态分析模型后进一步发现审计费用存在逐年递增的滞后效应。这一结果说明，事物都具有两面性，战略联盟也不例外，企业缔结战略联盟具有一定的成本。此外，本书进一步研究发现，对于联盟双方而言，战略联盟增加审计费用的效应具有非对称性：战略联盟中的双方企业，年龄较大的一方，其审计费用的增加会更多；资产规模较大的一方，其审计费用的增加会更多。并且，战略联盟的治理结构对上市公司审计费用具有调节效应。相较于契约式联盟，股权式联盟会产生更多的审计费用。这一发现有助于我们更加全面深入地认识战略联盟所产生的非对称效应。

4. 战略联盟对于上市公司长期经营业绩的影响。本书运用"匹配法和双重差分法"研究发现，缔结战略联盟是影响企业长期经营业绩的重要因素，缔结战略联盟能够显著改善上市公司的财务绩效。在使用动态分析模型后进一步研究发现财务业绩存在逐年递增的滞后效应。这一结果说明，作为新型组织形式的战略联盟是企业提升财务业绩的一种重要方式。此外，本书进一步研究发现，对于联盟双方而言，战略联盟提升财务业绩的效应具有非对称性：战略联盟中的双方企业，资产规模较小的一方会更受益，拥有更好的业绩；市场价值较小的一方会更受益，拥有更好的业绩。

有别于以往的研究，本书在以下方面做出边际贡献：

1. 战略联盟能否提升企业经营业绩，并未在学术研究范围内达成统一的认识，并且存在着两种截然相反的观点：促进论和抑制论。不同地区和国家的经验证据呈现较大的差异，还存在种种矛盾和诸多争议。此外，中国上市公司之间的战略联盟是近年来出现的新兴现象，而战略联盟对于上市公司绩效的影响，以往的研究更是鲜有关注，相应的经验证据更是少之又少。因此，本书针对中国上市公司之间战略联盟与财务业绩关系的实证研究,为研究新兴市场国家中战略联盟的现象及其实际效果提供了一个十分必要的初步经验证据,这有助于推动战略联盟理论的发展。

2. 本书基于会计和财务的视角,着重从股票市场反应、审计费用和财务业绩方面探究战略联盟影响上市公司的经济后果,这极大地拓展和丰富了中国企业联盟合作的文献,有助于构建适合中国情境的战略联盟理论。战略联盟能否帮助企业实现合作共赢(或者称为协调效应),是经济学和管理学共同关注的重要问题。囿于数据的限制,以往的研究只能观察到具有公开数据的联盟一方,而无法实证分析联盟双方的经营业绩。因此,以往的相关研究并未很好地回答战略联盟能否实现互利共赢这一重要问题。而本书利用上市公司之间战略联盟在财务数据的公开性,有助于我们深入认识在中国特殊的场景下,处于战略联盟中合作双方的实际效果。

3. 本书对战略联盟的识别视角亦有探究和贡献。以往国内研究主要采用问卷调查的方法来确认企业是否缔结战略联盟。然而,调查问卷的设计、回答、整理等均存在不同程度的主观性,并不能准确地识别战略联盟。而本书以上市公司所发布的公告来识别其是否缔结了战略联盟,这种方法能够客观、准确地识别出缔结联盟的公司。

4. 拓展和丰富了企业审计费用影响因素和战略联盟经济后果的文献。本书研究发现,缔结战略联盟是影响企业审计费用的重要因素,因为缔结战略联盟增加了审计师的工作量、加大了审计难度和审计风险。因此,缔结战略联盟会显著增加上市公司的审计费用,并且对于联盟双方而言,战略联盟增加审计费用的效应具有非对称性。此外,基于现有联盟理论关于"经济收益不对称"的观点,本书发现在审计成本方面,战略联盟同样具有非对称效应。联盟双方审计费用的增长变化是非对称的,年龄较大的一方,其审计费用会更多;资产规模较大的一方,其审计费用会更多。这为我们从成本的角度深入认识战略联盟的非对称效应提供了新的经验证据,从而有助于战略联盟理论的发展。同时这一发现拓展了我们对于审计收费定价影响因素的认识,并且丰富了我们对于战略联盟具有负面效应(从企业支出视角和从审计师的视角)的认识。

目 录

绪论 ·· 1

第一章 相关理论及文献综述 ··· 17
第一节 战略联盟相关理论 ··· 17
第二节 战略联盟的概念界定 ·· 26
第三节 战略联盟的主要类型 ·· 39
第四节 战略联盟的经济后果 ·· 42

第二章 中国上市公司之间战略联盟：现状及共赢概念的提出 ········ 47
第一节 中国上市公司之间战略联盟数据收集 ······················ 47
第二节 中国上市公司之间战略联盟的现状 ·························· 51
第三节 战略联盟共赢概念的提出 ····································· 88

第三章 中国上市公司之间战略联盟的市场反应 ······················· 95
第一节 引言 ·· 95
第二节 理论分析与研究假说 ·· 97
第三节 研究设计 ·· 100
第四节 实证检验结果及分析 ·· 103
第五节 本章小结 ·· 125

第四章 中国上市公司之间战略联盟与审计费用 ······················· 128
第一节 引言 ·· 128

第二节　理论分析与研究假说 ··· 133
　　第三节　研究设计 ··· 145
　　第四节　实证检验结果及分析 ··· 150
　　第五节　战略联盟影响审计费用的非对称效应 ···················· 161
　　第六节　战略联盟的治理结构对审计费用的影响：股权式 VS
　　　　　　契约式 ·· 165
　　第七节　联盟公司的股权制衡对审计费用的影响 ················· 167
　　第八节　直接的证据：注册会计师的问卷调查和访谈 ·········· 169
　　第九节　本章小结 ··· 172

第五章　中国上市公司之间战略联盟与财务业绩 174

　　第一节　引言 ·· 174
　　第二节　理论分析与研究假说 ··· 177
　　第三节　研究设计 ··· 181
　　第四节　实证检验结果及分析 ··· 184
　　第五节　本章小结 ··· 200

第六章　结论、建议与展望 202

　　第一节　研究结论 ··· 202
　　第二节　相关建议 ··· 206
　　第三节　本书的局限及未来研究方向 ·································· 208

参考文献 210

附表 232

　　附表 A ··· 232
　　附表 B ··· 233
　　附表 C ··· 235

后记 239

绪 论

一、研究背景

(一) 战略联盟的背景及动因

企业经营环境发生了深刻的历史性变化：经济全球化进程不断加快，技术革命日新月异，市场个性化需求趋势愈演愈烈，市场分工不断细化。一个企业必须也只能关注于其中的一个或有限的几个细分市场，并在选定的细分市场尽力做到最好。而当其想要拓展自己的竞争地位时，往往需要某些补充优势，这些补充优势很难在短期内依靠自身单打独斗获得。在这一背景下，越来越多的企业认识到：面对复杂多变的外部环境，任何一个企业，单靠自己的力量，很难在激烈的市场环境中立于不败之地，即使是那些全球领先的知名企业也不例外。

在全球化浪潮的冲击下，越来越多的企业不仅在本国市场上参与竞争，而且积极寻求国际扩张，即便是立足于本土市场的企业，也难免在本土市场与跨国企业进行角逐。为此，企业需要持续发展，必须努力满足全球范围内目标顾客群体的广泛需求，因此，并购潮在全球范围内兴起。然而遗憾的是，并购成功的概率非常低，这主要源于其三个致命难点：

一是真正合适的并购企业难找。被并购企业作为独立经营主体，并购企业很难通过短时间的调查掌握其全部重要信息，以准确认定其资产、技术、市场等资源对于自身的价值。

二是并购后的整合难度大。一旦并购完成，被并购企业的日常应纳入新的母公司的管控。如果双方地位悬殊，被并购企业的特殊优势能力可能无法引起并购企业的足够关注；如果双方实力相当，控制与被控制的博弈局面在所难免，被并购企业的人才及技术很难为并购企业吸收和充分利用。

三是并购成本高，消化难度大。企业并购，尤其是跨国企业并购，经常需要付出高额的并购对价。近年来中国资本市场上频现的大额商誉，便是高对价并购的结果，而接踵而至的大额商誉减值，便是高对价并购未能带来应有财务绩效的后果。

在过去的数十年间，技术越来越复杂，技术革新越来越快，企业技术开发成本也越来越高。如与我们日常息息相关的通信技术，我们相继告别曾经陪伴我们的2G①、3G②，目前正经历4G与5G应用更替，6G技术早在几年前已然列在全球知名通信企业研发计划之中。新技术研发及应用，不仅需要集合多领域的专家，更需要巨额的资金投入，即便是各产业中的领先企业，也无法仅靠自身的力量和投入，掌握众多复杂技术。因此，技术进步所需要的持续大额的资源投入，促使企业不得不开展联盟合作。持续的高额研发投入、并购过程中出现的种种问题，使大批企业的管理层开始努力寻找新的业务扩张方式，这在一定程度上促进了战略联盟的发展。与利益相关者建立长期、稳定的战略联盟合作关系，是比并购或者独自投资更为有效的方式（曾忠禄，2001）。战略联盟不仅不需要大量的资金投入，而且也不需要长时间的孵化。

20世纪80年代以来，战略联盟因其灵活性、互补性、易于撤退性等优势，使它成为一种充满活力的战略选择。近40年来，各式各样的战略联盟在全球范围内迅速兴起，为企业带来了一种全新的经营方式，特别是在电信业、飞机制造业、汽车制造业、计算机制造业等领域。对于这一现象，管理大师德鲁克曾给出这样的评价："工商业正在发生的最伟大的变革，不是以所有权为基础的企业关系的出现，而是以合作伙伴关系为基础的企业关系的加速增加。"战略联盟作为一种新的现代企业组织形式，被众多企业管理层视为战略发展最迅速、最经济的方法，也使它在中国蓬勃发展。越来越多的企业开始认

---

① The 2nd Generation，简称2G，即第二代无线通信技术，一般定义为无法直接传送如电子邮件、软件等信息；只具有通话和一些如时间日期等传送的手机通信技术规格。

② The 3rd Generation，简称3G，即第三代移动通信技术，一般是指将无线通信与国际互联网等多媒体通信结合的新一代移动通信系统，能够处理图像、音乐、视频流等多种媒体形式，提供包括网页浏览、电话会议、电子商务等多种信息服务。

识到战略联盟的特点及优势：

首先，战略联盟伙伴常常为实现战略目标而建立联盟合作关系。以往的企业之间的合作，通常着眼于协助企业解决某类具体操作问题，如稳定供货渠道、降低产品成本、打破行业进入壁垒，而联盟合作则被伙伴企业视为重要的战略手段。

其次，战略联盟不排斥伙伴企业的相互竞争。以往的企业之间的合作，多发生在供应商与客户之间、生产商与分销商之间，竞争对手之间通常很难开展通力合作。而战略联盟大量的表现为竞争对手之间的合作，一方面将许多同行业企业聚合起来开展合作，另一方面又让参与其中的合作者在相关领域展开竞争。

最后，战略联盟常常与领先的技术和能力具有密切的关系。以往的合作多注重扩大市场、增加产能和引进资本，现如今技术变革日新月异，掌握核心技术才能在激烈的市场竞争中立于不败之地已成为企业发展的普遍共识。在此背景下，很多企业发现，企业战略联盟的一项重要任务就是努力提升技术水平，通过合作研发以较低的成本补齐短板，形成独具优势的能力。

2016年4月19日，习近平总书记在网络安全和信息化工作座谈会上的讲话中提到：美国有个所谓的"文泰来"联盟，微软的视窗操作系统只配对英特尔的芯片；在核心技术研发上，强强联合比单打独斗效果要好，要在这方面拿出些办法来，彻底摆脱部门利益和门户之见的束缚；一些同志关于组建产学研用联盟的建议很好。上述总书记所说的"文泰来"联盟，即 Wintel 联盟①，它是20世纪80年代由 Microsoft 与 Intel 两家巨头携手共建的商业联盟。Wintel 共同打造 PC 的软件和硬件平台，垄断桌面端长达20多年，把两家联盟伙伴企业分别推上各自行业的领头地位。

战略联盟已经成为全球各类企业生存和发展的重要战略手段，成为几乎所有产业优化升级必不可少的手段。战略联盟旨在从根本上提升所有伙伴企业的竞争地位。在战略联盟中，对于参与其中的伙伴企业而言，除了借助合作获得利润外，更为重要的是如何通过合作积累技术、知识、技能及资本，从而提高

---

① Wintel 取自 Windows – Intel，是由 Microsoft Windows 操作系统与 Intel CPU 所组成的个人计算机。

其竞争力,提升伙伴企业的市场竞争地位。这是企业缔结战略联盟的目标,也是近20年来联盟合作数量不断增加的根本原因。

企业参与战略联盟,是为了获取战略联盟协同效应而投入的关系型资产(蔡继荣等,2013)。战略联盟实现协同效应是通过促进和维持事前和事后具有相对比较优势的联盟成员之间的合作,以取得联合的竞争优势和双赢的经济效果,但是在自发缔结而成的战略联盟中,相互之间的竞争是广泛存在的,甚至作为战略联盟演化的前提条件,战略联盟协同效应更多地表现为联盟成员之间的动态博弈均衡结果(吴隆增,2008),是竞争和合作两种张力之间的动态平衡。

企业战略联盟是以获得利益为目标的,联盟得以维持有赖于合作各方的积极参与,并持续做出重要贡献,当相互之间的利益发生冲突时,联盟就会面临瓦解风险。在联盟合作中,各种目标、利润、力量相互交织,情况复杂多变,但往往出于自身战略目标的考虑,每个伙伴企业都必须积极投身于联盟合作协议约定的各项工作中,一方面不断向联盟提供各种资源,另一方面努力从联盟合作中获得有价值的资源。各方伙伴企业只有源源不断地从合作中获得利益,联盟才得以维系,如果出现一方通过损害另一方利益来谋求自身利益或是伙伴企业均无法获得联盟收益,联盟可能随时会终止。

统计发现,2000年以来,中国数百家上市公司前赴后继,以开放、共赢的合作理念缔结了一项或多项战略联盟,并主动予以公告,欲向利益相关方及广大投资者传递出其当前实力和未来发展潜力的正面消息,但究竟这些企业的联盟行为及联盟目标,在资本市场投资者看来,是否同样"振奋人心"?是否真的能够为联盟企业带来理想的长期绩效:降低成本、增加收入抑或提升资产收益率?这些都有待进一步检验和论证。

(二)战略联盟相关制度背景

由于企业战略联盟是企业之间的一种经济合作关系,无法与具体的法律实体(如公司、合伙企业、行政事业单位等)一一对应,因此政府很难为战略联盟量身定制切实可行的法律法规。我国政府部门对战略联盟发展基本持肯定和鼓励态度,也制定有一大批法律法规及指导意见等,以规范、引导战略联盟的发展。

科技部自 2007 年启动产业技术创新战略联盟试点工作，2008 年 12 月，为深入贯彻落实党的十七大和全国科技大会精神，加快提升产业技术创新能力，科技部联合财政部、教育部、国务院国资委等五部门发布了《关于推动产业技术创新战略联盟构建的指导意见》（国科发政〔2008〕770 号）。此后，科技部发布《国家科技计划支持产业技术创新战略联盟暂行规定》（国科发计〔2008〕338 号）、《国家技术创新工程总体实施方案》（国科发政〔2009〕269 号）和《关于推动产业技术创新战略联盟构建与发展的实施办法（试行）》（国科发政〔2009〕648 号）等文件，为加快建立以企业为主体、市场为导向、产学研相结合的技术创新体系，推动产业技术创新战略联盟的构建与发展打下政策基础。表 0-1 梳理了 2008~2021 年战略联盟相关政策文件。

表 0-1　　　　　战略联盟相关政策梳理（2008~2021 年）

序号	发布部门	文件名称	文号	文件中战略联盟部分条款摘录
1	科学技术部	《国家科技计划支持产业技术创新战略联盟暂行规定》	国科发计〔2008〕338 号	产业技术创新战略联盟是市场经济条件下建设以企业为主体、市场为导向、产学研相结合的技术创新体系的有效组织模式。为推动联盟发展，引导产业技术创新与进步，制定本规定。
2	科学技术部	《关于推动产业技术创新战略联盟构建与发展的实施办法》	国科发政〔2009〕648 号	产业技术创新战略联盟是实施国家技术创新工程的重要载体。推动产业技术创新战略联盟构建和发展，是整合产业技术创新资源，引导创新要素向企业集聚的迫切要求，是促进产业技术集成创新，提高产业技术创新能力，提升产业核心竞争力的有效途径。
3	中共中央、国务院	《关于全面深化农村改革加快推进农业现代化的若干意见》	中发〔2014〕1 号	采取多种方式，引导和支持科研机构与企业联合研发。加大农业科技创新平台基地建设和技术集成推广力度，推动发展国家农业科技园区协同创新战略联盟，支持现代农业产业技术体系建设。

续表

序号	发布部门	文件名称	文号	文件中战略联盟部分条款摘录
4	财政部	关于印发《企业会计准则第40号——合营安排》的通知	财会〔2014〕11号	为适应社会主义市场经济发展需要,规范合营安排的认定、分类以及各参与方在合营安排中权益等的会计处理,制定本准则。合营安排是指一项由两个或两个以上的参与方共同控制的安排。
5	财政部	关于印发修订《企业会计准则第2号——长期股权投资》的通知	财会〔2014〕14号	为了适应社会主义市场经济发展需要,提高企业财务报表质量和会计信息透明度,为了规范长期股权投资的确认、计量,制定本准则。所称长期股权投资是指投资方对被投资单位实施控制、重大影响的权益性投资,以及对其合营企业的权益性投资。
6	国务院办公厅	《关于加快应急产业发展的意见》	国办发〔2014〕63号	加快关键技术和装备研发。通过国家科技计划(专项、基金等)对应急产业相关科技工作进行支持,推动应急产业领域科研平台体系建设,集中力量突破一批支撑应急产业发展的关键共性核心技术。鼓励企业联合高校、科研机构建立产学研协同创新机制,在应急产业重点方向成立产业技术创新战略联盟。
7	中共中央办公厅、国务院办公厅	《深化科技体制改革实施方案》	中办发〔2015〕46号	鼓励构建以企业为主导、产学研合作的产业技术创新战略联盟,制定促进联盟发展的措施,按照自愿原则和市场机制,进一步优化联盟在重点产业和重点区域的布局。加强产学研结合的中试基地和共性技术研发平台建设。
8	国务院	2017年9月27日国务院常务会议		要运用"互联网+"、建设"双创"平台等,打造大中小企业协同创新、融通发展格局,发展平台经济。推动央企之间通过资产重组、股权合作、资产置换、战略联盟、联合开发等方式,将资源向优势企业和企业主业集中。

续表

序号	发布部门	文件名称	文号	文件中战略联盟部分条款摘录
9	民航局	《关于推动民航产业技术创新战略联盟构建与发展的实施办法》	民航发〔2018〕28号	加快建立以企业为主体、市场为导向、产学研用相结合的技术创新体系，构建与发展民航产业技术创新战略联盟，提升行业核心竞争力，建设创新型民航行业。
10	知识产权局	《关于进一步加强产业知识产权联盟监督管理和业务指导工作的通知》	国知办发管字〔2018〕15号	聚焦产业知识产权联盟主要任务，结合民政部、公安部关于打击整治非法社会组织专项行动有关要求，就进一步加强产业知识产权联盟监督管理和业务指导工作，促进产业知识产权联盟有序健康发展发布本通知。
11	农业农村部	《关于国家农业科技创新联盟建设的指导意见》	农办科〔2020〕12号	鼓励联盟以企业为主体，吸引科研院校优势团队和社会资本共同参与，打造新型研发机构或实体化联合体。围绕行业、产业和区域发展的瓶颈制约和共性难题，充分发挥联盟学科交叉、成果集成、人才集中的优势，提供"一体化"综合技术解决方案。
12	工信部、科技部、财政部、商务部、国务院国资委、证监会	《关于加快培育发展制造业优质企业的指导意见》	工信部联政法〔2021〕70号	依托优质企业组建创新联合体或技术创新战略联盟，开展协同创新，加大基础零部件、基础电子元器件、基础软件、基础材料、基础工艺、高端仪器设备、集成电路、网络安全等领域关键核心技术、产品、装备攻关和示范应用。

二、研究问题

（一）关于中国上市公司之间的战略联盟

近20年来，中国企业之间的战略联盟大量涌现，联盟已成为中国企业应对环境变化的重要战略活动，特别是作为中国优质企业代表的A股上市公司之间的联盟合作呈现出快速增长的趋势。如2012年11月6日，广州集团（A

股代码：601238，H股代码：02238）与奇瑞汽车签订《战略联盟合作框架协议》约定，双方将在整车、核心零部件及新能源等技术研发、体系能力建设等领域开展合作与共享，实现优势互补，共赢发展，共同提高核心竞争力。2017年6月21日，广州集团与华为公司签订"战略合作协议"约定，双方将在企业管理、云计算、大数据、车联网、智能驾驶、新能源和国际化业务拓展等领域展开深入合作，以共同推动双方业务的发展。

持续观测2001~2018年中国上市公司之间的战略联盟发现，2001~2007年，未见中国A股上市公司之间的战略联盟公告；2008~2013年，中国A股上市公司间的战略联盟开始显现，但数量不多；2009~2013年，缔结战略联盟的上市公司有所增加，但仍然不是十分普遍；2014~2018年，上市公司间的战略联盟得到蓬勃发展，任何一年的联盟数量均多于2001~2013年联盟数量之和。这也充分表明，随着战略联盟在中国企业的逐步兴起，这一战略选择也得到了越来越多的上市公司的认可。中国上市公司公告缔结战略联盟的情况详见图0-1，横轴表示上市公司缔结战略联盟的年份，纵轴表示中国上市公司之间缔结战略联盟的对数。

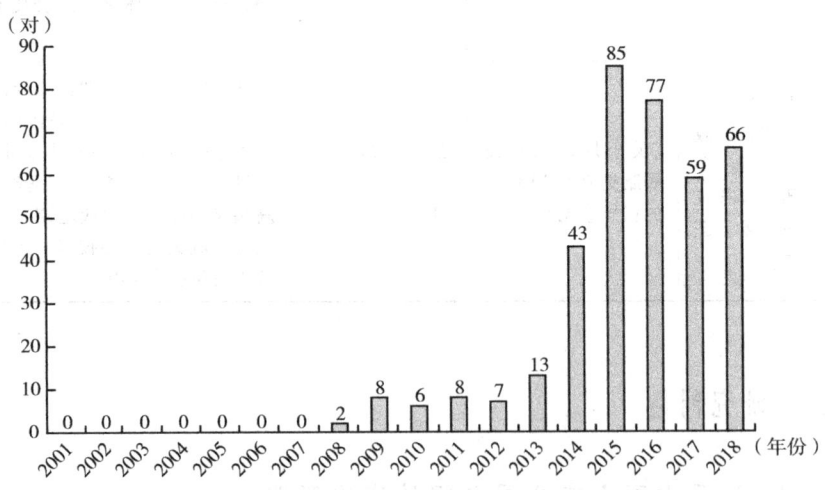

图0-1 2001~2018年中国上市公司之间缔结战略联盟对数

本书以中国A股上市公司为例，搜集整理2001~2018年中国上市公司之间缔结战略联盟的公告，初步描绘了上市公司战略联盟的趋势形态：18年间，共有468家上市公司发布公告称其与其他上市公司建立了战略联盟，涉及联盟对数374对，尤其是2014年以来战略联盟大量涌现，增长势头迅猛，中国企业战略联盟的增长趋势由此可见一斑。这一新的突出现象的经济后果值得研究：即中国上市公司之间的战略联盟能否为联盟企业带来良好的经济后果。

（二）关于会计研究视角

基于国内外现有文献，战略联盟给上市公司带来的经济后果可能是广泛又深远的：既有宏观的经济后果（如可能带动某个行业的发展，加剧某个领域的竞争格局），也有微观的经济后果（如帮助某个企业攻克一项技术难题，或提供资金融通）；既包括可计量的经济后果（如带来公司财务绩效的变化），也包含不可计量的经济后果（如改善公司治理结构，提升管理水平）；既有有利的经济后果（如为公司扩展市场份额，提升供应链效率），也有不利的经济后果（如某项关键技术被联盟伙伴掌握，联盟企业形成行业垄断）。

除此之外，战略联盟经济后果的研究视角也可以是多样的，可以基于经济的视角，如聚焦某些行业经济后果的研究，可以基于管理的视角，如战略的视角等。然而受限于作者的视野、专业、时间和精力等因素，本书仅基于会计的视角，侧重于从大会计的视角探究战略联盟可能带来的经济后果。这里的大会计，从会计学科划分的角度，大会计可以囊括会计发展史、会计学原理、预算会计、税收会计、西方财务会计、管理会计、工业财务管理与分析、审计等21类（郭道扬，1989）；从会计涉及的领域，大会计包括会计工作、会计市场、会计研究、会计思想和科技教育等方面（余玉林，2002）。也有学者提出，当今的大会计学科体系，不仅包括财务会计、管理会计、审计和财务管理等主线，而且涵盖国际会计、资产评估、内部控制和税务会计等分支（肖成民，2011）。

三、研究意义

（一）选题的理论意义

缔结战略联盟不仅是企业重要的竞争和战略行为（Porter，1985），而且是重新划定企业边界的机制（Robinson，2008）。近年来中国企业之间的联盟大量涌现，尤其是在国家倡导和鼓励企业合作共赢的发展战略指引下，战略联盟呈现出快速增长的趋势。本书基于此背景，研究源自于（Coase，1937）的一个基本的经济学问题：企业边界的改变是否以及如何影响投资业绩？

理解企业边界改变的经济含义是财务学的一个核心问题。战略联盟是两个或两个以上的企业为了共同的投资项目而签订的长期合同安排（Porter，1985）。战略联盟不仅能够为企业获取新的信息、资源和能力（Berg and Friedman，1981；Doz and Hamel，1998；Lerner et al.，2003；Beshears，2013），而且减少和分担环境的不确定性（Hennart，1988；Palia et al.，2008），进而能够增强竞争优势和市场力量（Kogut，1988）。更为重要的是，战略联盟极大地拓展了企业的边界，从而改变了企业在个体层面的资源配置和代理问题，进而对财务绩效产生影响。因此，战略联盟对于企业具有深远的经济含义。

企业战略联盟实践的丰富和发展，极大地推动了战略联盟学术研究的进程。20世纪80年代以来，战略联盟开始受到西方学术界的广泛关注；进入20世纪90年代以后，国外战略联盟研究呈爆发式发展势头。海外学者积极探究战略联盟的成因，分析战略联盟的过程，跟踪战略联盟的绩效，极大地丰富了我们对战略联盟的认识。

然而，对于新兴市场国家中上市公司之间的战略联盟现象，现有的研究文献缺少关注，相应的经验证据更是稀少。此外，从国内现有的文献来看，我们对于中国上市公司之间的战略联盟的特征形态、演进过程以及经济后果还缺少应有的清晰认识。

为此，本书拟结合前人的相关研究，在我国特殊的经济环境和制度背景下，基于会计和财务理论，分析中国上市公司战略联盟的现状和特征，并从短期和长期绩效出发，研究战略联盟的经济后果。本书针对中国上市公司之间战略联盟能否为上市公司带来良好的市场反应，能否为上市公司降低成本、提升财务绩效的探究，将为研究新兴市场国家中战略联盟的现象提供了一个十分必要的初步认识，这有助于战略联盟理论的发展。

（二）选题的现实意义

本书研究具有重要的现实意义，主要包括：

第一，为我国企业科学认识战略联盟的经济后果，进而提高我国企业管理战略联盟的效率和能力，改善企业绩效提供方向指引和理论指导。

第二，有助于我们深入认识战略联盟与财务绩效之间的逻辑关系，以及战略联盟影响财务绩效的作用机理，进而切实帮助我国企业通过完善联盟后的充分合作和融合，来更快更好地实现财务绩效的促进效应。

第三，有助于我们深入认识战略联盟与审计费用之间的逻辑关系，以及战略联盟影响审计费用的作用机理，进而切实帮助审计师识别战略联盟可能带来的风险。

第四，为国家政策制定部门进一步完善企业战略联盟的相关制度，以及企业合理制定联盟决策、更快更好地实现联盟协同效应、优化创新资源配置提供相应的政策建议和决策依据。

四、本书的研究思路

（一）研究思路

本书以国内外战略联盟理论以及现有战略联盟概念、类型、经济后果等文献为基础，以中国上市公司之间的战略联盟现状为背景，围绕中国上市公司之间缔结战略联盟的经济后果这一主题展开，本书研究思路详见图0-2。

借鉴现有研究，中国上市公司之间战略联盟可能带来的经济后果，基于大会计的研究视角，总体分为市场反应和财务效应两个维度。市场反应的经济后果研究中，将在前人研究联盟个体异常收益率的基础上，进一步探讨中国上市公司之间战略联盟的联合异常收益率。财务效应的经济后果研究中，将分别从收益和成本的两个角度出发，其中收益端主要通过总资产收益率、投资机会以及营业收入周转率等综合指标评价战略联盟的经济后果，成本端则有别于前人关于战略联盟与融资费用以及战略联盟与税务支出等已有研究，本书主要侧重战略联盟对审计费用的影响。具体而言，本书拟结合2001~2018年中国上市公司之间缔结战略联盟的现状及特点，分别从战略联盟的市场反应和财务效应出发，提出相关经济后果的假设，并以我国上市公司战略联盟经验数据对相关假设进行检验，由此得出研究结论并提出政策建议。

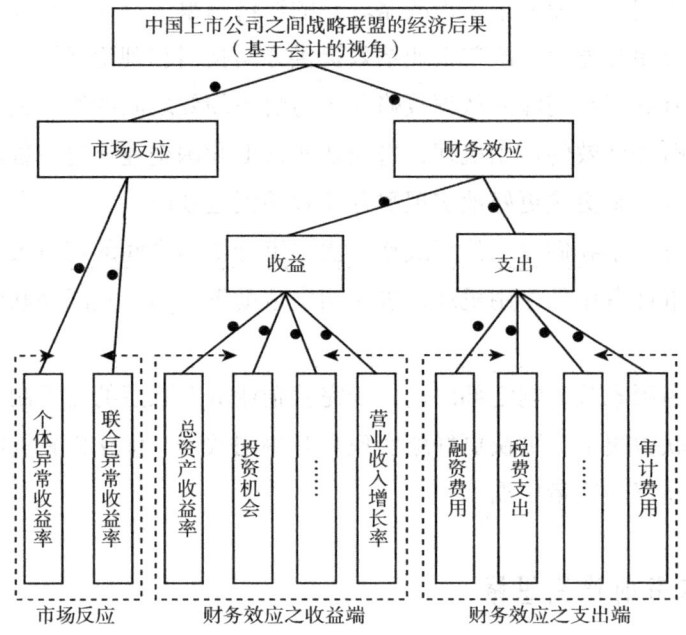

图 0-2 本书研究思路

(二) 研究方法

本书研究方法总体上采用理论分析与实证检验相结合,定性分析与定量分析并重。具体如下:

第一,文献研究法。文献研究法是通过收集、整理和归纳国内外已有文献资料,认知相关领域与话题的研究方法。本书紧扣战略联盟这一研究主题,从战略联盟的动因、战略联盟的概念、战略联盟的类型以及战略联盟的经济后果四个方面选择相关影响因素,进行文献检索、梳理与归纳,为本书研究提供理论基础与思路借鉴。

第二,演绎推理法。首先,采用文献研究法对现有国内外关于战略联盟的文献进行梳理与评述;其次,在此基础上提炼现有文献体系对本研究领域的空白,归纳出拟研究的问题;再次,根据对中国上市公司披露战略联盟情况的梳理,分析上市公司联盟的主要特点,包括战略联盟的类型、联盟企业的主要行业分布以及联盟伙伴特质等;最后,运用交易费用经济学、资源基础理论、组织学习理论等理论进行演绎式分析推理，提出本书的理论假设。

第三，实证研究法。实证研究是一种常用的研究方法，旨在通过构建数学模型对经验数据进行分析，并验证研究假设的过程。本书利用我国A股上市公司数据，运用了事件研究法、双重差分模型等基本的计量经济学方法，同时，在稳健性测试与内生性问题中，采用倾向匹配得分法来缓解标的公司与非标的公司的自选择偏误。

（三）研究框架

全书结构安排分为绪论、论文主体和研究结论三大部分，具体安排如下：

第一部分为绪论，主要分析讨论战略联盟的背景、动因及我国制度情况，并在其基础上提出研究的问题及其重要意义，并对所研究的问题进行思路分析，进而提出本书的研究框架及其创新或贡献。

第二部分为相关理论及文献综述。本部分是战略联盟相关基础理论分析和文献回顾：第一，以交易费用驱动、资源基础驱动和组织学习驱动三种最具代表性理论，论述企业建立战略联盟的动机，为后文研究假说的提出奠定理论基础；第二，文献综述从实务界、理论界对战略联盟定义、分类以及经济后果等回顾了国内外相关研究成果。

第三部分是中国上市公司之间战略联盟的现状分析。搜集整理我国A股上市公司2001~2018年发布的战略联盟公告，分别从缔结战略联盟的时间及类型，联盟上市公司的数量、公司属性、行业分布、地域分布、"年龄"等方面剖析我国上市公司战略联盟的特征。

第四部分是中国上市公司之间战略联盟的市场反应。根据有效市场假说，股票价格会对公司信息的发布作出反应。本章在该理论基础上，提出战略联盟公告发布后可能存在的市场反应假设，并通过事件研究法进行检验。

第五部分是中国上市公司之间战略联盟与审计费用。本章从战略联盟的成本端出发，以审计费用为切入点，梳理审计费用现有研究成果，分析战略联盟与审计费用的内在关联，提出相应假设，并进行实证检验。

第六部分是中国上市公司之间战略联盟与财务业绩。本章从财务业绩的影响因素出发，梳理财务业绩现有研究成果，分析战略联盟与财务业绩的内在关联，提出相应假设，并进行实证检验。

第七部分为结论与讨论。根据本书实证得出的结论，提出有针对性的对策与建议，并指出本书研究的局限性及未来需要拓展的研究领域。

为验证以上逻辑，本书设计如 0-3 结构框架图：

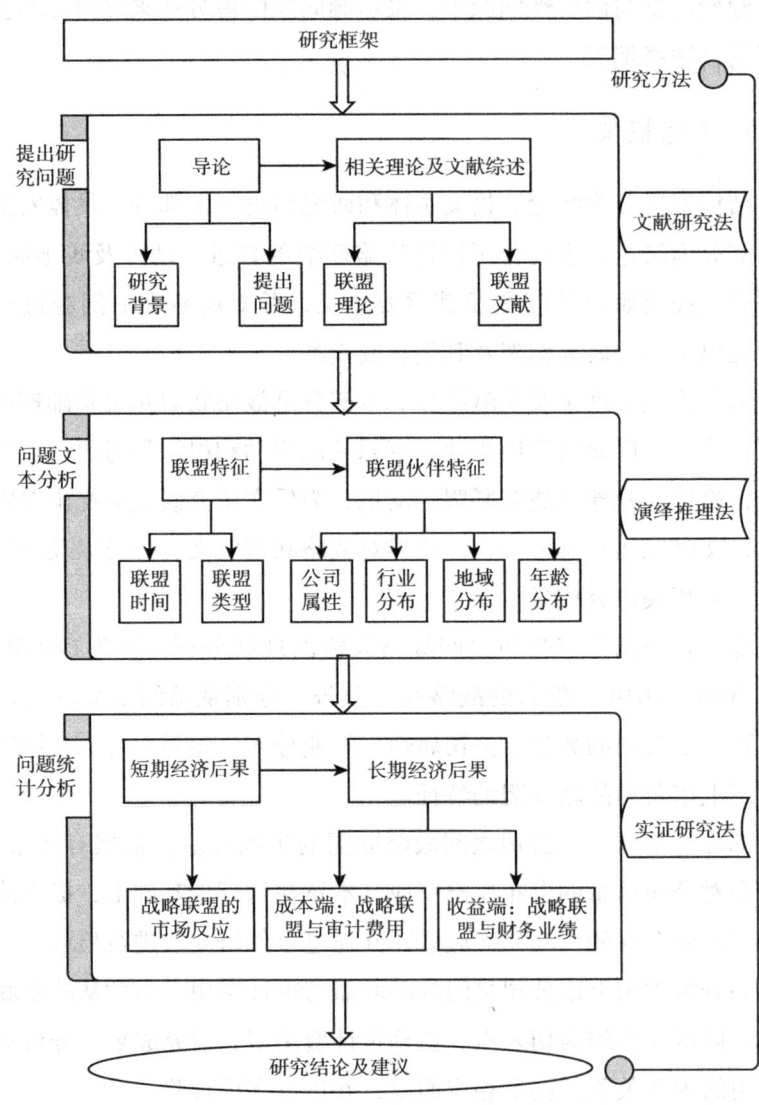

图 0-3　本书研究框架

五、本书的创新之处

不同于以往的研究，本书具有以下创新点：

第一，战略联盟能否提升企业财务业绩，并未在学术研究范围内达成一个统一的认识，存在着两种截然相反的观点：促进论和抑制论，不同地区和国家的经验证据相差较大。此外，中国上市公司之间的战略联盟是近年来出现的新兴现象，而战略联盟对于上市公司财务业绩的影响，以往的研究更是鲜有关注，相应的经验证据更是少之又少。因此，本书基于会计的视角，展开中国上市公司之间战略联盟与财务业绩关系的实证研究，为研究新兴市场国家中战略联盟的现象及其经济后果提供了一个十分必要的初步经验证据，这有助于战略联盟理论的发展。

第二，本书基于战略联盟相关理论，着重探究联盟双方在股票市场反应、审计费用和财务业绩方面的经济后果，这极大地拓展和丰富了中国上市公司联盟合作的文献，有助于构建适合中国情境的战略联盟理论。战略联盟能否帮助企业实现合作共赢（或者称为协调效应），是经济学和管理学共同关注的重要问题。囿于数据的限制，以往的研究只能观察到具有公开数据的联盟一方，而无法实证分析联盟双方的经营业绩。因此，以往的相关研究并未很好地回答战略联盟能否实现互利共赢这一重要问题。而本书利用上市公司公开披露的财务数据，探究联盟上市公司双方的市场反应、审计费用及财务业绩，有助于我们深入认识在中国特殊的场景下，处于战略联盟中合作双方的经济后果。

第三，本书拓展和丰富了企业审计费用影响因素和战略联盟经济后果的文献。本书研究发现，缔结战略联盟是影响企业审计费用的重要因素，由于战略联盟增加了上市公司经营活动的复杂性和经营风险。因此，缔结战略联盟会显著增加上市公司的审计费用，并且对于联盟双方而言，战略联盟增加审计费用的效应具有对称性。这一发现拓展了我们对于审计费用定价影响因素的认识，并且丰富了我们对于战略联盟具有负面效应（增加了企业审计成本、加大了审计师的审计风险）的认识。

第四，本书在识别战略联盟亦有贡献。以往国内研究主要采用问卷调查的方法来确认企业是否缔结联盟，然而，在问卷调查中会存在一定程度的主观性，并不能准确地识别战略联盟。而本书是以上市公司所发布的公告来识别其是否缔结了战略联盟，这种方法能够客观和准确地识别出缔结联盟的公司。

第一章

相关理论及文献综述

第一节 战略联盟相关理论

进入20世纪80年代以来，越来越多的企业之间建立了联盟合作关系，并且在战略合作过程中，企业与企业之间的边界变得越来越模糊。特别是，蓬勃发展的竞争者间的合作使竞争对手之间的竞争与合作也变得难以区分，这些企业经营实践对传统理论提出了一系列挑战。面对实践中企业间联盟合作提出的挑战，在过去的数十年里，理论界尝试对这些现象及其背后机理给出合理的解释：企业缔结战略联盟的动因何在？缔结战略联盟会给企业带来怎样的绩效？战略联盟影响企业绩效的机理及路径如何？这些问题是学术界研究战略联盟时所面对的最基本的问题，也是企业在战略联盟前和战略联盟后所必须考虑的问题。

对于企业缔结战略联盟的动因，各领域学者基于不同的研究视角形成了不同的理论观点，包括资源驱动、交易费用驱动、学习驱动、竞争战略驱动、动态能力驱动、风险驱动、社会网络驱动等。其中最具代表性的动因理论为交易费用驱动、资源驱动、学习驱动和社会网络驱动四种论点。

一、基于交易费用的联盟理论

交易费用经济学的主要研究对象是经济组织及其边界（Williamson，1975）。

在战略联盟出现之后，一些学者尝试以交易费用经济学为基础解释战略联盟的本质及边界，并形成了基于交易费用的联盟理论，这一理论在战略联盟理论中具有非常重要的地位和指导意义。

（一）交易费用经济学的理论基础

交易费用经济学的核心思想是 Coase 在 1937 年提出的。Coase 认为，社会经济生活中存在着市场和企业两类截然不同的资源配置方式：一方面，他将企业的本质界定为一种区别于市场的资源配置手段；另一方面，他将决定企业边界的因素限定为企业配置资源的效率。首先，在科斯看来，企业的出现和发展源于市场失灵。在市场中，价格机制在资源配置过程中发挥作用。在企业内部，以价格为基础的交易消失了，取而代之的是企业内部的经理人员协调机制。这就是企业的本质所在。其次，在企业作为市场替代方式而存在的情况下，一个更深层次的问题是：在什么情况下企业内部配置资源比市场配置资源效率更高。或者说，什么情况下应该由企业配置资源？什么情况下应该由市场配置资源？

对于给定的经济组织来说，交易费用经济学最重要的贡献在于：市场交易可能出现代价昂贵的情形。因此，经济组织的决策不能仅仅建立在内部生产费用的基础上，还必须充分考虑市场交易费用的影响。实际上，对于参与市场交易的经济组织，无论是供应商还是用户，在决策中都显得非常重要。内部生产费用和市场交易费用，共同决定着企业如何选择资源配置方式，决定着在市场交易与企业内部配置之间，或者说在外部机制和内部机制之间，企业如何做出抉择。

Williamson 在 Coase 的基础上进一步丰富了交易费用经济学，Williamson 认为，交易过程的不确定性、资产的专用性和交易的经常性是影响交易费用的三个要素。在交易过程中，如果对这三个要素控制不当，或过度控制，都有可能增加市场交易费用。若交易费用太高，理性的市场参与者极有可能会放弃依靠市场进行资源配置，而选择在企业内部完成相关活动。并且只要企业内部活动的费用低于市场交易的费用，企业内部活动就会越来越多，而市场交易活动就会越来越少。因此，为保证交易费用和行政协调费用之和最小，企业的边界将会受到限制。交易费用和行政协调费用呈反向变动关系，行政协调费用的减少将带来交易费用的上升，反之亦然。因为规模经济效益的存在，市场交易能够将多个客户的需求整合在一起，从而带来企业生产规模的扩大，进而产生规模效益，所以市场交易通常能够降低行政协调费用。

（二）基于交易费用的联盟理论

在交易费用理论看来，战略联盟是介于市场和企业之间的一种资源配置手段，战略联盟是特定条件下存在的一种具有自身优势的治理结构形式（Henhart，1988；Kogut，1988），战略联盟之所以能够存在并得到发展壮大，就在于能够节约费用。也就是说，在市场交易和企业内部活动都无法使交易费用和行政协调费用之和最小时，战略联盟有可能为企业提供一种有效的替代方案。换句话说，资源配置方式不再局限于在企业和市场之间进行转换。当行政协调费用上升时，未必一定转而选择市场化；当交易费用上升时，亦未必一定转而选择内部化。因为此时资源配置方式有可能采取一种全新的方式，即相对独立的市场参与者可通过联盟合作进行资源配置。

交易费用经济学为联盟动因分析提供了强有力的分析框架，特别是在识别联盟在何种情形下比内部化和市场交易效率更高方面，具有很强的理论指导意义。根据这一理论的分析，战略联盟可以被视为资源配置的一种优化机制，从整个社会经济系统的运行来看，联盟的出现是追求更高资源配置效率的结果。而单个企业组建战略联盟的目的就是为了使成本费用开支最小。

联盟作为诸多企业的战略选择，如果只将目标拘泥于降低成本，未免会过于狭隘。从根本上讲，企业组建战略联盟的动因不单是为了节约交易费用，而是提升企业的竞争地位，企业希望看到的结果是提升竞争优势的同时控制交易费用。在某些企业的某些特殊时期，可能会组建成本提升，但有助于提高竞争地位的战略联盟。在这些情形下，战略联盟就不仅是一个经济组织那么简单，而是企业合作竞争的重要手段。由此可见，基于交易费用的联盟理论并不能全面解释企业建立战略联盟的动因。资源基础的联盟理论进一步丰富了基于交易费用的联盟理论，在解释战略联盟的本质方面做了更深层次的探索。

二、基于资源基础的联盟理论

（一）资源基础理论的核心思想

传统企业战略理论认为，企业的长期存续和超额收益来源于竞争优势，竞争优势来源于产业竞争结构，因此，企业必须通过在产业中寻求合适的战略定位和改变产业竞争结构来谋求竞争优势（Porter，1985）。Wemerfelt（1984）提出了资源基础理论指出，企业获得超额收益、保持竞争优势的关键在于资源、组织能力和积累的知识。一是企业资源基础理论丰富了企业战略理论，从企业自身拥有的资源和能力出发，探讨了企业持续竞争优势的源泉，认为竞争优势不是偶尔的机会所致，也不是通过一般性的管理创造出来的；二是企业获得并高效地运用一系列有价值、稀缺、难于模仿和不可替代的资源的结果。

Barney（1991）进一步提出，资源具备价值性、稀缺性、不容易模仿性和不可替代性的特点。企业所拥有的资源或能力是缔结战略联盟的基础。企业资源基础理论从企业自身拥有的资源和能力出发，探讨企业持续竞争优势的源泉，认为竞争优势是企业获得并高效地运用一系列有价值、稀缺、难于模仿和不可替代的资源的结果（Conner and Prahalad，1996）。与强调成本费用支出最小化的交易成本理论相比，资源基础理论同时强调使用有价值的资源实现企业价值创造和交易成本最小化，在一定程度上弥补了交易费用理论的缺陷。

（二）基于资源基础的联盟理论

基于资源基础的联盟理论认为，战略联盟是企业获取互补性资源的重要手段，也是为联盟企业获取竞争优势的有效途径。那些想要开拓某项业务而又缺乏所需资源或资产的企业，可以通过与拥有所需资源或资产的企业缔结战略联盟，成功开展此项业务活动。

基于资源视角，Teece（1992）提出战略联盟包括合作生产、集中采购、研发合作、共同销售以及技术互换等多种形式，并将战略联盟定义为两个或两个以上的企业为实现资源共享、优势互补等战略目标而结成的相互合作关系。随着研究的深入，Stuart 和 Toby（1998）认为战略联盟的内涵是参与企业根据各自已有的异质性资源，本着互惠互利的原则，利用资源互补来追求共同利益的行为。Das 和 Teng（2000）研究发现，一个企业资源越具有不可替代性不可模仿性以及不可流动性，其被选择作为战略联盟伙伴的概率就越高。Dyer 和 Hatch（2006）指出企业通过与具有互补性资产或资源的其他企业组成战略联盟以获取独特的资源。徐二明和徐凯（2012）研究指出，互补性资源既是企业间缔结战略联盟的动因，也是保证战略联盟绩效的重要因素。

战略联盟中资源的获取和利用，具有自身的特性，它能集中企业互补性资源，并利用联盟优化资源配置，从而实现资源的溢出效应。一是资源提供方通常不会因联盟合作而减少自身资源存量。在战略联盟中，互补性资源因伙伴企业的合作而聚集，但仍然由各联盟伙伴拥有和控制，提供资源的伙伴不会因为组建了战略联盟而减少其资源。二是联盟能够有效增加伙伴企业的资源积累。联盟企业提供资源分享给联盟伙伴同时，也是其向伙伴获取资源的过程，因此通过联盟，伙伴企业的资源存量均得到了积累。三是联盟能使联盟企业共享彼此持有的互补性资源，产生协同效应值。具有相对比较优势的联盟成员通过促进和维持事前和事后的合作，以取得联合的竞争优势和双赢的经济效果，从而实现战略联盟协同（傅家骥，1998）。

比较而言，资源基础观比交易费用观具有更强的理论解释力。资源观认为战略联盟是将企业的价值创造能力集中到一起，联盟企业的资源特征决定了联盟的形式。而交易费用理论只能预测到联盟的出现，而无法对具体形式做出规定，另外，交易费用观也忽略了联盟中的价值创造。

（三）战略联盟对资源的获取与利用

如前所述，联盟是获取和利用伙伴企业所拥有的互补性资源的一种方式。联盟中的资源获取与利用，具有自身的特性。

首先，资源提供方常常不会因联盟而减少自身的资源存量。在许多联盟中，互补性资源虽然在伙伴企业所建立的合作关系范围内聚焦在一起，却仍然分别为各个伙伴企业所拥有和控制。换句话说，在大部分情形下，在联盟合作过程中，即使企业充分利用了合作伙伴所提供的互补性资源，但是，参与其中的每个企业的资源存量并不会因为组建战略联盟而减少。在伙伴企业提供的资源主要表现为知识、经验、技术等的情况下，更是如此。

其次，联盟在不减少伙伴企业资源存量的同时，能够有效增加伙伴企业的资源积累。乙方提供资源以共享的过程，同时也是另一方获取资源的过程，联盟有可能使企业源源不断地从合作伙伴那里获得资源（Pucik，1988；Ohmae，1989；Hamel，1991），从而使自身的资源存量得到积累。

再次，联盟可以帮助企业获得资源溢出效应。联盟中，企业不仅可以将伙伴企业提供的互补性资源用于与伙伴企业的合作项目中，而且，可以将某些资源用于联盟之外的其他业务或活动中。显然，企业向合作伙伴提供资源，只是为了在双方的合作项目中利用对方的资源。或者说，将对方的资源用于合作项目之外的其他活动时，企业并没有因此而向伙伴企业付出资源。

最后，资源提供方会因资源稀缺性程度的降低而使资源的价值发生贬损。虽然资源提供者的资源存量不会因此而减少，但是由于联盟合作项目需要使用该资源，合作伙伴也会将在联盟过程中获得的资源用于其他业务活动，最终，掌握该资源的组织和个人越来越多，利用该资源生产的产品或者提供的服务不断增加，从而使该资源出现贬值。

三、基于组织学习的联盟理论

（一）组织学习理论的主要观点

随着外部环境不确定性以及市场竞争的加剧，企业唯有保持适当的灵活性，不断提升自身的综合素质，才能获得生存和发展。为此，企业必须不断地学习，通过学习掌握新的知识和技能，以获取竞争优势。在此背景下，以 Argyris、Schon、Senge 等为代表的组织学习学派，将行为科学、系统动力学、组织理论等相结合，提出了学习型组织的概念。企业必须将自身打造成一个学习型组织，并建立开放、动态的高效学习机制，才能更好地应对环境的变化（Argyris and Schon，1978；Senge，1988）。知识逐渐成为企业相互争夺的价值性资源，战略联盟也开始由传统的资源需求转变到资源+知识型资源需求。甚至有学者提出，企业唯一的竞争优势就是拥有比其竞争对手更快的学习能力（Degeus，1998）。

（二）基于组织学习的联盟理论

组织学习理论在对联盟的性质和功能认识方面进一步丰富了资源基础理论。根据组织学习理论，战略联盟是企业开展组织学习的有效方式之一，也已成为组织间转移新知识和新技术的有效途径之一。首先，缔结战略联盟为企业向联盟伙伴学习知识和技能提供了更为方便和快捷的通道；其次，当联盟内各企业拥有不同技能、知识和组织文化时，联盟就为联盟伙伴提供了优越的学习机会（Inkpen，1998），联盟企业可以通过"干中学"获得伙伴企业的优势性的隐性知识和技能（Doz and Hamel，1998）。

当然，战略联盟为联盟企业提供方便、快捷的学习平台，但是联盟企业能否充分获取合作伙伴的知识和技能，不仅取决于企业在学习平台上能否接触到这些资源，还在一定程度上取决于企业向伙伴企业学习的能力。对组织间学习的研究显示，新的知识与能力的获得，在很大程度上受到学习型组织内部现在拥有的、与新的能力相近的知识和技能的制约（Argyris and Schon，1978；Fiol and Lyles，1985）。换句话说，企业只有在拥有了相关知识和技能的前提下，才能更好地获得新的能力（Moingeon and Edmondson，1996）。毋庸置疑，同行业的联盟企业通常拥有更加有效的学习伙伴企业知识和技能的基础，因为这些企业拥有相同或相近的客户以及客户需求，在生产经营过程中使用相似的技术，提供具有替代性的产品。因此，竞争者之间的联盟更有利于构建成功的组织间学习平台（Hamel，1991）。

一种观点认为，企业一方面可以借助战略联盟充分利用合作伙伴的互补性资源，另一方面还可能有意识地获取伙伴企业的技术、诀窍等（Hamel，Doz and Prahalad，1989；Hamel，1991；Doz and Hamel，1998）。显然，这种观点并不是将联盟作为一种独立的经济组织形式。另一种观点是，从参与联盟的伙伴企业的利益出发，将联盟视为伙伴企业的附属物。受这一观点的影响，理论界和实际工作者对战略联盟成败的评判出现了很大的分歧。传统上，联盟本身运作的效率和效果，是评判联盟成败的关键。然而，从参与联盟的伙伴企业的战略出发，伙伴企业从联盟中的所得，是联盟成败的关键所在。

从组织学习的角度来说，战略联盟就是一个学习组织，联盟企业在一个知识共享的合作环境中共同开展业务活动以达到双赢的目的。战略联盟中的组织学习的观点主要分为以下几类,见表(1-1)。

表1-1 组织学习战略联盟代表性观点

战略联盟涉及组织学习的分类	核心观点	代表学者
战略联盟中组织学习的内容	对某种技术或技能的学习。	Tsang(1999)
	联盟伙伴一般需要学习处理联盟面临的环境、将要执行的任务、将要进行的合作、学习伙伴的技能、将要实现的预定目标和伴随目标五个方面的知识技能。	Doz 和 Hamel(1998)
	联盟企业可以得到设计及管理联盟的知识技能、联盟内的知识与技能及合资联盟所产生的新的知识技能三种类型的知识与技能。	Inkpen(1998)
	向伙伴企业学习知识诀窍和技能。	Kale(2000)
战略联盟中组织学习的程序	企业在联盟中的学习模式分为知觉、内部化及抽象化三种。	Richter 和 Vettel(1995)
战略联盟中组织学习的方法	企业在联盟中的学习方法包含被动学习、主动学习以及互动学习三种学习外部新知识的方法。	Lane 和 Lubatkin(1998)
战略联盟中组织学习的类型	联盟双方的学习目标分为相互补充的和相互竞争的。	Mody(1993)
	联盟双方的学习可分为竞争性学习和合作型学习。	Khanna 等(1998);Hamel(1991)

四、基于社会网络的联盟理论

社会网络分析的关键在于把复杂多样的成员关系表征为一定的网络构型,进而从结构和功能的相互作用入手,揭示网络结构中各类成员功能的影响。社会网络理论认为,企业处在一种多重的社会网络中,企业所处的联盟环境是一个关系网,而且这种社会网络会给企业联盟活动带来多重影响。同时,企业的社会关系、所处的社会网络特性和企业在网络中所处的地位,对公司绩效有着很大的影响,创建有利于公司竞争的社会环境,联盟是很好的选择。企业进入战略联盟的倾向性不仅受到企业财务和技术属性的影响,而且受到它们所处的社会网络的影响。战略联盟作为一种特殊的社会网络和企业网络化组织的重要形式，近年来，开始有学者将战略联盟和社会网络理论联系起来进行研究。郑晓博（2011）就发现，社会网络在战略联盟管理方面发挥的作用可以分为4类：捕获信息、促进合作、替代缺失和获取资源。目前大致有以下典型的研究视角和观点：

第一，战略联盟中的社会资本作为一种资源是以社会关系网络的形式存在的。布尔迪厄最早提出，社会资本是一种通过对体制化关系网络的占有而获取的实际或潜在的资源的集合体。有学者认为社会资本主要存在于人际关系和社会网络之中。还有学者也把社会资本定义为"嵌在个人或社会个体占有的关系网络中，通过关系网络的实际或潜在资源的总和"。杨玉秀（2010）也认为，战略联盟是一种基于关系而形成的网络组织，合作伙伴关系是联系联盟企业之间的纽带，企业之间组建战略联盟，其实质就是企业利用关系和关系网络（联盟关系）来实现企业战略发展目的。因此，战略联盟的本质是一种关系的形成、集结和利用。战略联盟中的社会资本是以联盟关系（网络）为基础，具有内外双重属性，战略联盟中的社会资本主要表现为信任和规范。

第二，企业竞争中由"关系企业"组成的战略联盟，会向战略联盟网络演进。有学者认为一个网络中最有可能给参与者带来竞争优势的位置处于关系稠密地带之间而不是之内，他称这种关系稠密地带之间的稀疏地带为结构洞，结构洞的存在更有利于提升参与者竞争优势和整个网络的价值。有学者引用该观点提出的"结构洞"这一概念来阐释企业构建战略联盟的行为，认为通过构建战略联盟，焦点企业可以占据没有联系的联盟伙伴间的结构洞位置，也可以占据互不关联的已有联盟伙伴与潜在的联盟伙伴之间的结构洞位置，借由富含结构洞的网络位置，企业可以获取多样化的网络资源，还可以获取不关联的联盟伙伴间的"第三方渔利"。也就是说，战略联盟所带来的新关系与新联结的生成，意味着网络结构发生更有利于信息和资源流动的变化，以及网络中社会资本的增加。Gulati（1999）的研究表明，企业建立战略联盟并不仅是为了建立社会网络，最主要还是为了建立企业间的战略互补关系。而企业所拥有的社会关系网络有助于其选择那些拥有互补资源的企业，并与其建立新联盟关系。

第三，还有学者认为关系嵌入性理论可以为企业构建战略联盟行为提供很好的阐释。由于未来的不确定性，企业之间缔结联盟具有一定风险，而企业之间的社会嵌入性联系可以降低联盟缔结的风险，企业通过构建联盟组合，可以最大限度地获取各种关系嵌入性的组合利益。国内外学者们从关系嵌入性视角与结构嵌入性视角探讨了企业联盟组合构型特征。基于关系嵌入性视角，主要探讨了企业联盟组合中各联盟的关系强度。基于结构嵌入性，主要探讨了联盟组合中焦点企业的联盟数量、网络位置、多样性、网络密度等。Dyer 和 Nobeoka（2000）曾指出，网络的演化是从较弱的二维联系到较强的网状结构，在产生、转移和整合知识方面网络比在公司内部更有效。还有许多研究使用了企业与先前的战略伙伴所形成的社会网络来证明，企业原先的战略联盟越多，在网络中就越处于中心的位置，就比较容易建立新的战略联盟关系。

因此，社会网络理论为研究联盟参与者之间的合作关系，联盟内的一些复杂关系和结构，提供了有用的分析工具。战略联盟的研究在引入社会网络理论和方法之后主要呈两个新的特点：一是在研究内容上，联盟的研究由只关注联盟及其成员的自身因素，上升到关注联盟所置身的微观企业条件、中观产业状况，以及宏观社会经济环境等全局性因素；二是在研究层次上，已有不少研究从社会网络视角对与战略联盟相关的一些关键问题进行研究，把研究从个体及双边互动关系水平拓展到了一个更大范围的网络水平层次上。

早期，学者们主要从特定视角来观察联盟动因，并提出了迥异的联盟基础理论，实际上联盟活动是丰富而又复杂的，上述任何单一理论在解释某个具体联盟实践活动时，都可能出现失效或不全面，因为联盟企业可能既要考虑资产或知识需求，又会考虑交易成本因素，同时还受环境或社会关系等方面的影响。

第二节 战略联盟的概念界定

20 世纪 80 年代以来，战略联盟已经成为商界的时代潮流。它不仅是企业董事会和经营层经常讨论的话题，而且是诸多学者乐于深入研究的重要课题，包括战略联盟概念、演进与结局等。

一、战略联盟概念的提出

尽管战略联盟已经成为一个高频词汇,但社会各界对于什么是战略联盟,什么样的合作才是战略联盟,直到今天尚无统一的认识。战略联盟的概念最早由美国 DEC 公司总裁 Hopland 和管理学家 Nigel 提出,他们认为,企业战略联盟指由两个或两个以上有着共同战略利益和对等经营实力的企业,为达到共同拥有市场、共同使用资源等战略目标,通过各种协议、契约而结成的优势互补或优势相长、风险共担、生产要素水平式双向或多向流动的一种松散的合作模式。

随后诸多学者基于不同的理论背景和视角,对战略联盟给出了不同的解释。比较典型如 Porter(1985)从战略联盟管理视角,认定战略联盟是某一企业长期结盟,但不是完全的合并,而是同结盟的伙伴一起协调或合用价值链以扩展企业价值链的有效范围;再如希尔拉(1995)从合作竞争角度出发,定义战略联盟是与很强的、平时本是竞争对手的公司组成的伙伴,是竞争性联盟。

自从战略联盟的概念被提出以后,理论界对其定义一直众说纷纭,莫衷一是,有些认识甚至存在很大的分歧。

一种观点认为,企业之间的所有合作都可以冠以"联盟"的称谓,都可以归入战略联盟之中。在这一观点之下,企业间的各种合作形式都被囊括在战略联盟之中,它既包括了通过营销联营或合营企业、协定、许可生产、合作研究等建立的"串谋"、Cartel 等,也包括诸如协和飞机项目、空中客车项目等在内的大型跨国合作;既包括已经存续了数十年的合作形式,也包括只在最近几年才出现的新形式。

另外一种观点则认为,战略联盟是组织之间全部长期合作关系的总称,战略联盟包括"各种规模、形式和目的的组织合作,既包括建立正式组织的合作(如合并),也包括不在正式组织形式的合作(如许可协定)""收购、合资企业、许可协定、研发伙伴合作关系等,都属于战略联盟"(Borys and Jemison,1989)。和这一观点比较类似的认识认为战略联盟是指联盟主体基于成本、效率以及竞争优势等因素而建立的一种优势互补、风险共担、要素双向或多向流动的松散型关系网络组织（Modic and Potter，1988）。

还有观点认为，战略联盟是企业与转包商之间的联系纽带，当企业将部分业务转包给其他企业生产时，二者之间就建立了战略联盟合作关系。因此，战略联盟是因业务关系而"得到进一步延伸的公司组合"，或者是"企业俱乐部"（Lorenzoni and Ornani，1988）。

也有一些学者提出，只有建立了一定的法律组织，如合资企业等，企业之间的合作才具有"战略性"。换句话说，战略联盟在组织形式上应该区别于伙伴企业（Harrigsn，1985）。

此外，也有观点将战略联盟定义为并购的一种。该观点还指出，可以依据并购方与被并购方的友好程度对一项并购是否属于联盟进行划分，比如"敌意接管"就不属于战略联盟，只有"友好并购"才属于战略联盟。

二、战略联盟的主要特征

从上述战略联盟的定义中，能够看出这种独特的企业间合作关系所具有的基本属性——伙伴企业的战略独立性。这一基本属性进一步形成了战略联盟的特质。

（一）战略联盟具有经常谈判的特征

在战略联盟中，尽管多个不同的企业相互之间建立的合作协定联系在一起，可是，每个伙伴企业都是相互独立的，都有自己的战略取向和利益目标。这一内在属性，决定了战略联盟在决定合作项目或合作活动时，必然是多个决策中心共同发挥作用的结果。所有的伙伴企业，都希望联盟沿着最有利于自身目标实现的方向发展，都会积极参与联盟决策，都要竭尽全力阻止联盟的发展背离其利益要求。多决策中心共同施加压力的结果，使战略联盟的决策要比存在着统一指挥链的单个企业的内部决策更为复杂。在企业内部决策中，虽然也存在着意见分歧，但是，这样的分歧可以借助决策者的职位差异或者表决机制予以解决。在战略联盟决策中，两个伙伴企业的最高决策者之间不存在命令与服从的关系，即使来自不同企业的决策者代表在联盟中的职位存在着差异，这些决策者代表也会从所代表的伙伴企业的利益出发参与决策，而不是简单地一味听从联盟中上级管理者的安排。结果，通过协商取得一致决策意见就成为战略联盟决策的基本准则，无法获得所有伙伴企业同意的决策方案很难付诸实施。

  由于同时涉及多个不同的伙伴企业，为了保持联盟的正常运作，在联盟合作中，谈判会是一件永无休止的事情。在并购已经完成的企业中，或者在一个企业内部，所有关于企业发展战略的不同意见，都将被汇集到企业的管理高层，由高层管理人员最终决定哪一种方案更加适合企业的发展。一旦企业高层管理人员做出了决策，那么，企业各级管理部门都要按照高层管理人员的决策要求开展各自的工作。然而，在联盟中，任何一个伙伴企业都无法做到这一点，至少在理论上是这样。因为伙伴企业之间不是公司总部与分支机构的关系，任何一个伙伴企业都无法强迫其他伙伴企业接受其决策方案，无法对伙伴企业发号施令。这样，在联盟建立和运行中，每当需要做出一项决策时，只要伙伴企业的要求出现分歧，就必须借助谈判予以解决。

  在某些特例中，虽然伙伴企业之间相互独立，但是，联盟的决策可能被某个伙伴企业所控制。这样的合作往往很难长久，因为居于决策控制地位的伙伴企业要将自己的决策强加给其他伙伴企业，不能充分表达自我意志的伙伴企业将会选择从联盟中退出，最终导致联盟的崩溃。

  从企业间合作的本性来看，谈判是联盟管理中的一个重要问题，能否通过谈判形成有效的决策，直接关系到联盟的运行效果。

（二）战略联盟具有冲突不断的特征

  利益和目标差异所带来的冲突，是战略联盟管理中一个非常重要的问题。由于每个伙伴企业都保持了自己的独立身份，因此，每个企业都会在追求自身利益和目标的过程中不断向联盟施加压力。一方面，伙伴企业努力就一些目标达成一致意见，并形成联盟追求实现的共同目标；另一方面，合作企业共同设定的目标，并不是每个伙伴企业追求的全部目标。有时候，伙伴企业共同设定的目标，有可能与一个或者多个伙伴企业各自的目标之间存在冲突（Khanna，

Gulati and Nohria,1998)。伙伴企业都必须始终坚持一点,即联盟的成功,不能损害到其更为重要的其他利益。否则,就有可能为了实现各自利益的最大化,伙伴企业在合作的方式、合作的广度和深度、合作项目的选择等方面展开博弈,并带来各种各样的冲突。

通常来说,联盟合作中的冲突是不可避免的。无论联盟是否与不同的伙伴企业之间存在业务联系,由于利益原因,伙伴企业在合作中必然会出现冲突。首先,在联盟与伙伴企业之间不存在业务往来的情况下,伙伴企业与联盟之间的关系主要表现为资金、人才、技术、知识的直接转移。当伙伴企业认为自身付出过大、收益过小或者收益与贡献不一致时,伙伴企业之间将会出现因寻求利益平衡而导致的冲突。其次,在参与联盟的伙伴企业向联盟提供产品或服务、联盟与伙伴企业之间存在业务往来的情况下,伙伴企业会因综合收益不平衡而产生冲突。这是因为,每个伙伴企业都希望以尽可能高的价格向联盟提供产品或服务。最后,联盟的绩效会因此受到影响,所有伙伴企业的利益会因此受损。但是,伙伴企业通过转移价格获得的收益并不均衡。有些伙伴企业因其作为股东而遭受的损失,有可能远远小于其作为供应商而获得的收益,有些企业的损失则可能更大一些。结果,受益者同受害者必然会出现冲突。而且,当所有的伙伴企业都坚持以尽可能高的价格向联盟提供服务时,联盟必然出现严重的财务危机,将无法继续运作下去。因此,为了联盟的存续,伙伴企业常常需要采取有效措施以缓解联盟冲突。

(三) 战略联盟的不稳定性

战略联盟的多决策中心共同施压、相互妥协、经常性谈判、利益冲突不断等特质,必然会使这种合作成为一种不稳定的经济组织形式(Arino and de la Torre,1998)。许多联盟在运行中进行了重组,甚至提前中止了联盟合作关系。有关战略联盟的一些统计研究进一步证实了这一点。在其中的一项研究中,Harrigan 考察了 880 个战略联盟的命运,结果发现,只有 40% 的战略联盟存续时间超过了 4 年,只有 15% 的战略联盟存续时间超过了 10 年(Harrigan,1988)。另外一项研究显示,超过 2/3 的战略联盟在最初两年间遇到了严重的问题(Bleeke and Ernst,1993)。近年来,联盟的不稳定性一直受到许多专家的关注,实际上,不稳定性并不是联盟的缺点。战略联盟的一个优点就是具有很强的可退出性。一定程序的不稳定性是战略联盟可退出性带来的必然结果。

(四)战略联盟也时常伴有风险

作为一种战略形式,战略联盟在帮助企业实现战略目标的同时,也不同程度地存在风险(李东红,2002)。

首先,战略联盟中可能出现一方通过损害另一方利益在谋求自身利益的局面。存续时间短,且常常被参与合作的某一方接管,由于战略联盟的这些特性,一些分析家经常以"特洛伊木马"来比喻联盟中的伙伴合作关系(Mankin and Reich,1986;Hamel,Doz and Prahalad,1989;Hennart,Roehl and Zietlow,1999)。在他们看来,战略联盟就是合作一方通过损害另一方的利益来增强自身竞争地位的协定。在这些战略联盟中,伙伴企业在向联盟作出贡献和从联盟中获得的资源方面,存在着很多的不平衡性,有可能出现一方收益、另一方受损的情形。在极端的情况下,甚至会出现一方将另一方排挤出产业市场的严重局面。

其次,战略联盟有可能直接壮大竞争对手的力量,从而恶化企业面对的市场竞争环境。当企业与竞争者合作开发某项技术时,往往会因此使竞争对手的力量得到壮大。由于双方从事的业务相同或者相似(或具有上下游关系),在本企业通过联盟研发获得某种技术成就的同时,合作者很可能也因此获得技术上的关键性突破。或者说,在本企业的资源和能力得到互补之际,竞争对手的资源和能力也因此获得了互补。在一些情形下,甚至可能由于对方获得的互补效应大于本企业,从而出现亲手培养竞争对手的局面。

再次,战略联盟会促使潜在竞争者、替代品生产者更快地向现实竞争者转变,从而加剧行业竞争。当行业中的领先企业与刚刚兴起的中小企业合作时,由于双方力量悬殊、从事的业务的替代关系不明显或替代品市场尚未启动,相互之间还没有出现直接的竞争冲突。但是,在这些企业通过建立联盟获得了研发需要的资金、学习了管理研发的有效模式、了解了该领域大企业的运作方式、清楚了某项技术的未来前景之后,一些中小型企业合作者可能迅速壮大,并成为强有力的竞争对手。

最后，战略联盟有可能带来关键技术人才的流失。通过合作，合作方企业有机会更加清楚地了解到本企业的技术骨干和潜在的技术骨干。在联盟结束后，对方可能以更高的薪资、更高的职位或者其他方面的优惠将本企业的人才夺走。这些人才的流失，不仅会导致企业未来开发能力的迅速下降，而且可能会导致本企业已经积累的一些核心技术的流失。

但是，如果因为某些合作事例会产生上述结果，就将战略联盟都比喻成"特洛伊木马"，或者认为战略联盟存在着巨大的风险，则有失公允。事实证明，并不是所有的战略联盟都会走上面的道路，也并不是所有的战略联盟都会导致企业遭受严重损失。许多战略联盟出现了双赢的格局，在为顾客创造更大价值的同时，促进了伙伴企业竞争力的提高。

从根本上来说，战略联盟存续时间的长短，战略联盟给伙伴企业带来的收益是否均衡，以及战略联盟的不同结局，依赖于联盟过程中所选择的合作类型和联盟过程的管理。适当地选择联盟类型、合作伙伴，并辅以有效的管理，战略联盟将能够帮助企业更好地实现其战略目标。

三、战略联盟的演进与结局

由于企业组建战略联盟的动机和投入水平各不相同，合作方式多种多样，合作结果难以完全量化，种种原因导致联盟演进与结局复杂多样（Dyer and Nobeoka, 2000）。换言之，对于不同类型战略联盟和不同联盟方来说，联盟承担的任务不同、伙伴企业之间的关系不同、受环境变化的影响不同，因而演进的路径和结局也存在很大的差异。所有的战略联盟合作关系，都处于不断的演进之中，都会形成自身独特的结局（皮埃尔和贝尔纳，2006），但总体而言，可以归纳为合作共赢、仅一方受益和合作失败三种结果。

（一）战略联盟实现合作共赢

1. 合作共赢联盟的演进路径

有些战略联盟，随着合作的开展和深入，参与合作的每个伙伴企业的初始目的都得到了较好地实现，这种成功甚至超出了伙伴企业的初始预期（皮埃尔和贝尔纳，2006），这一结局即联盟合作方实现了合作共赢。例如，上汽与大众在上海大众有限公司中的联盟，杜邦与双汇在杜邦双汇漯河蛋白有限公司中的联盟，可口可乐与中粮集团在中粮可口可乐饮料有限公司中的联盟等，都获得了巨大的成功。

联盟合作方实现合作共赢也可能存在不同的演进路径（皮埃尔和贝尔纳，2006）。合作共赢的一种演进路径是联盟的自然终结，即联盟在初始目标实现后，自动解体，终结合作。例如，达索公司和英国宇航公司曾经合作设计和生产"美洲虎"战斗机，随着项目的结束，联盟也宣告结束，没有再继续合作。合作共赢的另一种演进路径是联盟的延伸，即联盟在初始目标实现后，又衍生出其他合作目标继续开展合作，伙伴企业在上一代产品合作的基础延续了原有的合作，或者双方开展新的产品或项目合作，因为往往战略联盟初期的成功合作，能有效地促进了伙伴企业未来更加广泛而深入的合作。

2. 合并共赢联盟的战略结果

纵向伙伴关系能够使伙伴企业共同受益，客户和供应商都能从稳定而长期的合作中增强自身的市场竞争力。而且，纵向伙伴关系能够通过提高产品质量、削减成本和促进创新来提高整个产业的生产效率。在所有联盟伙伴关系中，纵向伙伴关系是矛盾冲突最少、成功概率最高的一种形式。

竞争者联盟的一个重要结果，就是使关键技能和能力从一个伙伴企业流向另一个企业。这种技能的转移很难直接观察到，如果一个伙伴企业已经成功地从其他伙伴企业那里获得了适当的、有价值的能力，那么该企业就可以利用这些能力，生产先前由伙伴共同生产的产品，或者独立进入伙伴企业所在的市场。联盟的这一战略结果（可以通过衡量每个伙伴企业的活动范围随着时间推移的变化来评价），可能出现如下两种情形：

一是联盟伙伴均获得了新的能力，即当联盟终结时，所有伙伴企业的业务范围都得到了扩展，或者开发了新的产品线，或者单独进入了新的市场。例如，东芝公司和富士通公司于1971年在日本通商与产业省的支持下组建联盟，其目的是开发日本的大型计算机业务。联盟在1991年走向终结，因为合作双方在日本大型计算机业务领域的市场份额都超过了IBM。合作使东芝和富士通成为日本大型计算机细分市场中强劲的竞争对手。

二是联盟伙伴实现了双向专业化,即在联盟终结时,所有伙伴企业都收缩了自身的活动范围,有些先前单独生产的产品线不再独自生产,或者在有些市场中不再独立运作。例如,在法国宇航公司与德国航空工业公司合作生产 Tiger 军用直升机之后,双方决定合并两家的直升机事业部,共同组建一家名为欧洲直升机公司的合资企业。结果,两个合并企业都无法继续独立生产直升机。

(二) 战略联盟仅合作一方受益

1. 一方受益联盟的演进路径

联盟双方的二维性常常使得联盟绩效是不对称的:一家公司达到了自己的目标,而另外一家公司可能却未必如此。很多案例表明,一个联盟参与者学到了合作伙伴的技能,而其合作伙伴却没有实现自己的目标(Hamel, 1991; Khanna, 1998)。不对称联盟绩效尤其可能出现在竞争者之间的联盟,因为竞争者联盟的伙伴企业之间不可避免地会存在目标和利益的冲突,但与此同时伙伴企业还必须努力合作,以确保合作的有效开展。因此,其很可能出现的一个重要结果,就是使关键技能和能力从一个伙伴企业流向另外一个伙伴企业(皮埃尔和贝尔纳,2006)。

如果一个伙伴企业已经成功地从其他伙伴企业那里获得了能力或资源,该企业就可以利用这些能力或资源,生产先前由伙伴企业生产的产品,或者独立进入伙伴企业所在的市场。那么,当这项联盟终结时,其中的一个伙伴企业获得了新的技能和能力,并能独立于伙伴企业运作这些新的技能和能力,掌握了新的技术,或扩充了新的产品线,或进入了新的市场。但是,另外一个伙伴企业却未能从联盟中获得收益,或未能获得对等的收益。例如,联合利华与上海制皂厂的合作,1995 年,联合利华为打开中国市场,与上海制皂厂缔结战略联盟并共同出资组建上海制皂有限公司。2002 年,联合利华认为占领中国市场的目标已经实现并提出终止双方的合作。上海制皂厂在与联合利华组建上海制皂有限公司之时,可能没想到双方的合作将在 7 年之后走向终结,但是联合利华从一开始就知道,与上海制皂厂的合作不过是打开中国市场的敲门砖。

一方受益的一种演进路径是联盟合作项目由其中一个伙伴企业独自运作,

即在联盟还没有取得明显成效时，其他伙伴企业已经退出，留下一个伙伴企业独自负责所建合资企业或者原有项目的运作。例如，仙童公司（Fairchild）曾经与萨博公司合作设计通勤飞机（SF-340）。结果，仙童公司本身出了问题，决定放弃该项目，最终萨博公司独自完成了该项目，后将合作项目改成为萨博340。一方受益的另一种演进路径是其中的一个伙伴企业被其他伙伴企业接管，即由于一个伙伴企业被另外一个伙伴企业所接管，联盟结束。例如，双方在大型计算机领域合作了将近10年之后，英国计算机巨头国际计算机公司在1990年被富士通公司接管，双方的联盟合作就此结束。

当然，还有可能存在的一种情形是，从第三方角度看，伙伴企业都从联盟合作中获得了益处，但联盟伙伴企业在评价联盟合作的益处时却存在着较大的分歧。例如，几十年来，中国本土的汽车制造厂普遍都与跨国公司建立了合资企业，带来了资产、收入和利润等大幅度增加，从而实现了高速增长。然而，在合资企业运营过程中，中国本土汽车制造厂的研发能力却没有明显提高，如何从长远看待这些合作的成败，存在较大的分歧。

2. 一方受益联盟的战略结果

在纵向伙伴关系的非竞争者联盟中，实力较强的供应商通常能获得优势竞争地位，而实力较弱的供应商却通常处于不利地位。在供应商所在的产业，竞争实力较弱的企业将会发现很难成为值得信赖的供应商，最终只能沦为更低层次的转包商，或者被完全挤出该产业。能够抓住机会提升技术和能力、以便成为主要供应商的企业，则能够充分利用纵向伙伴关系这一大趋势增强自身在产业中的竞争地位，提高自身与自己的主要合同商之间讨价还价的能力。

另外，在纵向伙伴关系的非竞争者联盟中，一些提供专业性零部件、元器件的供应商可能逐渐沦落为大客户的附庸。在建立纵向伙伴关系之前，供应商生产标准化的通用产品，同时为多家企业提供零部件、元器件等。在成为某一家大型客户稳定的供应商之后，供应商可能中断与其他客户的联系，并不断按照客户的要求改进产品，甚至成为专门为特定大客户提供某些专业零部件或元器件的供应商。结果，供应商对客户会产生强烈的依赖性。

在竞争者联盟中，可能出现的一个战略结果是联盟一方单方面获得所需技能。在联盟终结时，其中的一个伙伴企业获得了新的技能和能力，扩展了自己的产品线，或者进入了新市场，但是，另外一个伙伴企业未能从联盟中获得相应的收获。例如，当克莱斯勒公司与三菱公司在 1991 年结束双方在钻石明星公司（Diamond Star）中的联盟合作时，三菱公司接管了曾经共同拥有的汽车装备工厂，来自日本的伙伴企业已经建立了其在北美市场广阔的分销网络，并能够独立在北美市场运作，克莱斯勒公司却仍然依靠三菱公司帮助其生产在市场上销售的小型轿车。

（三）战略联盟合作失败

在有些战略联盟中，虽然伙伴企业在合作之初对联盟的未来成功充满了信心，但是，受各种因素的影响，这些联盟合作在运行中遭受了挫折，最终走向失败。因为在战略联盟中，每个伙伴企业都是相互独立的，都有自己的战略取向和利益目标。因此，每个企业都会在追求自身利益和目标的过程中不断向联盟伙伴施加压力。一方面，伙伴企业努力就一些目标达成一致意见，并形成联盟追求实现的共同目标；另一方面，合作企业共同设定的目标，并不是每个伙伴企业追求的全部目标。有时候，伙伴企业共同设定的目标，有可能与一个或者多个伙伴企业各自的目标之间存在冲突（Khanna et al.，1998）。因此，尽管战略联盟越来越普遍，但其却有着较高的不稳定率（Das and Teng，2000），有超过半数的联盟以失败告终（Wilma and Suen，2005）。

大部分合作失败的战略联盟是在中途夭折的，这些伙伴企业在联盟初始目标实现之前就提前中止了联盟合作关系；或是联盟由于其中一个伙伴企业被另外一个伙伴企业接管，联盟宣告结束；抑或是联盟还未取得明显成效的情况下，联盟伙伴已经退出，留下一个伙伴企业独自负责联盟所建合资企业或原有合作项目的运作。例如，马特拉—哈里斯公司和英特尔公司的 Cimatel 联盟合作，按照初始合作协议，双方计划在 1987 年合作共同生产 VLSI 芯片，然而 1987 年 Cimatel 没有生产出 VLSI 芯片，联盟不得不就此解散。

战略联盟合作失败，极有可能出现的一个战略结果是对联盟双方均不会产生影响，即联盟终结时，各个伙伴企业拥有的能力没有发生太大的变化，没有一个伙伴企业扩大或者缩小了自己的业务活动范围。

四、相关文献述评

市场中的企业从来都不是孤立存在的，企业间的合作是非常普遍的市场行为。任何一个企业，自成立之日起，便与其他企业存在各种各样的合作，诸如原材料采购、产品销售、资金借贷、物流运输等。学术界至今尚未对企业战略联盟概念的界定给出一致的认识，学者们的观点主要可以归纳为表1-2中的几种。

表1-2　　　　　　　企业战略联盟概念代表性观点

理论视角	核心观点	代表学者
战略管理	企业战略联盟是同结盟伙伴一起协调或合用价值链，已拓展企业价值链的有效范围。	Porter（1985）
资源理论	企业战略联盟是联盟企业结合自身资源的异质性，本着互惠互利、资源互补的原则，追求共同利益的行为。	Stuart 和 Toby（1998）
企业理论	企业战略联盟是一种对企业的交易契约的不完备性的治理结构。	Beamish 和 Killing（1997）
社会学	企业战略联盟是企业之间的一种自发行为产生的社会网络，目的在于通过协定关系追求组织共同的经济利益和目标。	Gulati 和 Ranjay（1998）

尽管企业间的合作形式多样，并且现有文献对企业战略联盟的认识尚存在一定差异，但战略联盟的内涵应着重强调战略联盟的内在属性，以将其同一般的商业合作、并购等企业之间的其他合作关系区分开来。2019年7月18日，IBM[①]与AT&T[②]宣布双方达成一项为期多年的战略联盟协议。根据该协议，AT&T将成为IBM软件定义网络的主要供应商，AT&T将利用其包括5G、边缘计算和物联网等在内的最新技术及红帽的多云能力，来帮助改善IBM的网络解决方案。与此同时，IBM将成为AT&T运营应用的主要开发方和云计算服务

---

① International Business Machines Corporation 简称 IBM，其为全球性信息技术和业务解决方案公司，在2019福布斯全球数字经济100强榜位列第13名。

② American Telephone & Telegraph 简称 AT&T，其为美国移动移动运营商，在2019福布斯全球数字经济100强榜位列5位。

供应商，并将协助管理 AT&T 通信业务的 IT 基础设施。以上 IBM 与 AT&T 之间的合作关系，便是典型的战略联盟，相较于其他的企业合作，他们有如下特点：

第一，这项战略联盟是由 IBM 与 AT&T 基于共同利益达成的长期合作。在该项联盟协议之下，联盟伙伴企业是基于某一合作协议的利益共同体。

第二，这项战略联盟是一种超越一般交易关系的合作关系，但不存在控制和被控制的隶属关系，伙伴企业在追求共同的合作目标时，不会丧失各自的战略自主性。即战略联盟伙伴企业之间是一种介于一般交易合作关系与母子公司控制关系的既亲密合作又相互独立的关系，一方面战略联盟合作既体现"战略性"又不同于常规的商业合作；另一方面联盟伙伴企业各方仍保持其独立的身份、地位和管理。

第三，战略联盟企业间的合作不一定是全方位的，可能在某些领域合作而又在其他领域竞争。也就是说，战略联盟伙伴企业之间可以是纯粹的合作关系，也可以是合作兼竞争的关系。

企业之间的战略联盟是两个或者两个以上的企业，在保持各自独立性的情况下，建立的以资源与能力共享为基础，以共同实施项目或活动为表征的长期合作关系。因此战略联盟不能涵盖所有的企业间的合作关系，它仅指企业之间某些特定的合作关系。在战略联盟中，伙伴企业在追求共同的合作目标时，不会丧失各自的战略独立性，更不会放弃各自的切身利益，图 1-1 描述了这种合作关系。

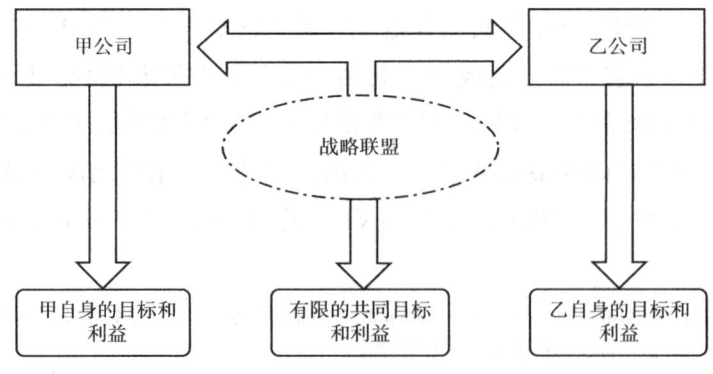

图 1-1　战略联盟合作关系示意图

第三节 战略联盟的主要类型

为了揭示联盟合作的内在规律，以更好地去管理战略联盟，学者们常常将联盟划分为不同的类型，以便分门别类地开展研究。

一、基于联盟治理结构的分类

伴随着战略联盟概念的提出，一些学者从联盟治理结构的角度展开研究，将战略联盟区分为股权式联盟和契约型联盟（或非股权式联盟）。巴尼（2003）根据战略联盟是否涉及股权以及股权安排的具体形式，将战略联盟区分为股权联盟、合资企业和合作企业。股权式联盟最常见的形式是合资企业和相互持股。非股权式联盟通常比较松散，没有所有权上的承诺，往往以合同为基础，因此也叫契约式联盟。

Hagedoorn 和 Narula（1996）依据股权式联盟和非股权式联盟的差异研究发现，处于成熟期的产业企业多采取股权式联盟，而高技术产业企业多采取非股权式联盟；Hagedoorn 和 Vankranenburg（2003）同样发现，高技术产业中非股权的联盟形式逐步占据主导；Roijakkers 和 Hagedoorn（2005）对生物制药领域的研究同样证实了非股权联盟形式的主导作用；Chen 和 Chen（2003）发现中国台湾地区企业战略联盟主要有合资企业（股权式联盟）和契约联盟两种；Chen（2003）从资源共享的角度进一步将非股权联盟分为交换式联盟和一体化联盟。

二、基于企业价值链的分类

Porter（1985）根据价值链的位置将战略联盟分为横向战略联盟和纵向战略联盟两大类，上下游企业之间的联盟合作关系为纵向战略联盟，不同产业企业之间建立的联盟合作关系为跨产业战略联盟。横向战略联盟是指通过伙伴企业间相同价值链位置的横向链接方式来创造新价值和获得竞争优势的组织形式；纵向战略联盟则是指通过伙伴企业间不同价值链位置的纵向链接方式来创造新价值和获得竞争优势的组织形式（阮平南等，2010）。

许箫迪和王子龙（2005）认为，横向联盟的本质是一个由某个大公司为主体，同其他几十家公司组成的具有排他性的集团组织。赵胤斐（2011）认为，横向联盟是指企业为实现联盟整体利益的最大化，通过与行业内各企业建立长期稳定的合作关系，达成对外保持战略思想的统一、对内实现信息资源共享的一种组织形式。

Rothaermel 和 Deeds（2006）将战略联盟进一步细分为上游联盟、横向联盟和下游联盟，其中上游联盟是与价值链上游的企业建立的以产品研发为基础的合作关系；横向联盟是与价值链同一位置的企业建立合作关系，实现技术和资源的互补；下游联盟是与价值链下游的企业建立合作关系，加快研发技术成果转化。

三、基于联盟竞争性的分类

Yoshino 和 Rangan（1995）提出，依据战略联盟伙伴之间的层次、频率、强度和方向等互动关系，将战略联盟区分为后竞争联盟、竞争联盟、非竞争联盟、前竞争联盟四种类型。Bleeke 和 Ernst（1995）将战略联盟划分为竞争者联盟、弱者联盟、变相出售联盟、借力联盟、出售倾向联盟和互补联盟等六种类型。皮埃尔和贝尔纳（2006）将战略联盟分为非竞争者联盟和竞争者联盟，其中非竞争者联盟又分为国际合资企业、纵向伙伴关系和跨产业合作协定；竞争者联盟分为供应共享联盟、准集中化联盟和互补性联盟。国内学者龙勇和付建伟（2011）基于前人的研究，将竞争性战略联盟细分为对称型竞争性战略联盟和非对称型竞争性战略联盟。

四、基于联盟目的的分类

20世纪60年代的跨国公司企业联盟主要围绕产品进行，通常称为产品联盟，其目的是为了降低投资费用和投资风险，或为了减少竞争对手的威胁。到20世纪90年代，随着科学技术的迅猛发展，跨国公司的战略更多地表现为以技术开发和研究成果共享为特征的技术联盟，从战略上保持技术创新的能力和技术领先的地位成为联盟各方所追求的首要目标。

Hennart（1988）将战略联盟分为规模联盟和范围联盟，其中规模联盟的目的是产生规模经济效应从而为联盟企业提高效率和效益的联盟，范围联盟目的在于有效结合联盟伙伴不同的技术和资源，从而实现利益最大化。Hitt 等（2000）对成熟市场和新兴市场的战略联盟进行比较研究发现，成熟市场中的企业组建战略联盟是为了获取联盟伙伴的互补性资源（如当地市场信息、分销渠道等），而新兴市场中的企业联盟则是为了寻求伙伴企业的资源支持（如资金和技术资源、市场中的战略地位等）以实现自我发展。

五、相关文献评述

学者们基于联盟治理结构、企业价值链、联盟竞争性以及联盟目的等多个视角和维度，对战略联盟的类型进行了深入的探讨，主要观点可以归纳为表1-3中的几种。

表1-3　　　　　　　　　企业战略联盟的类型划分

分类视角	战略联盟的主要类型	代表学者
基于联盟治理结构的分类	将战略联盟分为股权式联盟和非股权式联盟	Hagedoorn 和 Narula（1996）
基于企业价值链的分类	将战略联盟分为横向战略联盟和纵向战略联盟	Porter（1985）
基于联盟竞争性的分类	将战略联盟分为非竞争者联盟和竞争者联盟	皮埃尔和贝尔纳（2006）
基于联盟目的的分类	将战略联盟分为规模联盟和范围联盟	Hennart（1988）

纵向伙伴关系，是企业全面纵向一体化以及供应商与客户之间单纯的产品买卖关系的一种替代形式，或者说，纵向伙伴关系是一种部分纵向一体化的形式。同一产业链上，上下游企业之间的关系不再局限于传统上的市场交易关系。取而代之的是，企业与供应商、客户协同作战，共同谋求为最终消费者创造更大的价值。在合作中，企业不仅考虑自己的收益问题，而且充分考虑供应商和客户的盈利问题；不仅考虑自身的长远发展，而且考虑如何与供应商、客

户一起成长。除上下游企业间的纵向联盟外，还出现了大量来自于，系由来自不同产业的企业共同建立、旨在通过相互利用对方的互补性资源和能力来寻求开展新的业务活动的合作关系。这使得许多看似没有多少业务联系的企业相互合作，签署战略联盟协议，以开拓新的业务领域。

在世界经济区域化、一体化和全球化的发展格局下，许多大型企业尤其是跨国公司迫于强大的竞争压力，开始对企业竞争关系进行战略性调整，出现了大量竞争者的联盟合作关系。传统上，"同行是冤家"，由于竞争者之间必然为争夺顾客而展开竞争，因此竞争者之间的联盟存在着内在的矛盾。一方面，竞争者之间是你死我活的市场竞争关系；另一方面，竞争者除了为争夺有限的市场展开竞争，还多了一层新的合作关系，即竞争者之间在多个层次谋求合作，诸如共同建立行业标准、合作研究开发核心技术、共同生产关键零部件、联合采购、共享销售渠道、共建合资企业等。这种深层次的合作，使竞争者之间从单纯的"竞争关系"走向了既竞争又合作的"竞合关系"。

第四节 战略联盟的经济后果

一、战略联盟的市场反应

McConnell 和 Nantell（1985）最早对 1972~1979 年组建 136 家合资企业的 210 家美国本土上市公司的研究发现，合资是企业组合资源实现发展的有效途径，美国本土上市公司合资组建企业能够在公告日产生正的异常收益率，从而为股东创造财富，并且相对规模越小的伙伴企业，反而能获得越大的异常收益率。随后，Koh 和 Venkatraman（1991）采用事件研究法对美国信息技术行业组建合资企业的上市公司市场价值进行研究发现，设立合资企业的公告能够增加焦点企业的价值，这与 McConnell 和 Nantell（1985）研究结论一致，并且组建合资关系的价值创造效果要明显优于技术许可、营销联盟和合作研发三种合作方式的价值创造效果。

合资企业只是战略联盟的一种形式，除合资企业这种股权式战略联盟外，更多的是非股权式联盟。Chan 等（1997）调查了 1983～1992 年 345 个战略联盟对股价造成的影响，发现不论是同行业联盟还是跨行业联盟，公司发布战略联盟公布会产生显著正向的异常收益，并且技术联盟比非技术联盟异常收益高，规模较小的联盟伙伴比规模较大的联盟伙伴异常收益率高。

后来众多国内外学者借鉴 Chan 等（1997）研究方法，基于诸国的战略联盟场景和数据，进行了大量的拓展性研究。Bruce（2005）以英国上市公司的数据，研究战略联盟宣告得到股价显著正相关的结论；Chiou 和 White（2005）用日本金融行业的数据同样发现战略联盟具有显著正向的宣告效应；郑少斌和徐飞（2006）以中国上市公司的数据检验发现，战略联盟的宣告能够正向改变股东的预期，但公司财富的增加与联盟公司的规模以及对否为高新技术企业无显著的相关关系。

虽然绝大多数学者认同战略联盟对于企业价值的创造效益，但进一步研究发现，不同联盟类型对企业的价值创造存在较大的差异，相同联盟类型对不同企业的价值影响结果也不相同。Das 等（1998）研究发现，技术联盟公告比营销联盟公告具有更大的异常收益，但结果并不显著；Chang 等（2008）研究发现，智力资本水平高和联盟经验较多的企业，能够在战略联盟公告中获得显著为正的超额收益。

Boone 和 Ivanov（2012）研究当战略联盟或合资企业的一方申请破产时，该方是否遭受溢出效应发现，未破产的战略联盟方在联盟伙伴的破产申报公告中大多经历了负面的股价反应，并且这种负面影响对于长期伙伴关系和那些在宣布初始联盟组建时具有较高回报的公司来说最为强烈；郭朝阳等（2014）研究发现，不对称的规模联盟企业创造的短期价值最优；Qi 等（2015）研究表明，具有战略联盟经验的收购目标比没有联盟经验的收购目标具有更高的溢价，有战略联盟经验的 IPO 公司比没有联盟经验的公司获得更高的估值；Moghaddam 等（2016）研究发现，适量的联盟有助于提升公司价值，但过多的战略会损害公司的估值。

二、战略联盟的财务效应

取得理想的财务效应是战略联盟合作关系得以维系的主要原因。由于财务指标是企业战略选择、经营决策和各项活动的结果呈现,所以财务指标是战略联盟经济后果评价的关键指标,国内外学者均在这方面做了尝试。

Chan 等（1997）分析企业联盟宣告前两年至联盟宣告后两年期间经营绩效的水平和变化发现,缔结战略联盟企业的净资产收益率、总资产收益率等财务指标都优于同行业其他未缔结战略联盟企业,但结果并不显著。Mohanram 和 Nanda（1996）提供的研究证据显示,部分公众公司在其经营业绩恶化时以战略联盟方式成立合资企业,虽然公众公司自身联盟公告获得了可观的异常收益,然而其合资企业经营业绩却不尽人意。

黄西真（2006）以一些地区宣告国际策略联盟企业为样本研究发现,策略联盟行为能显著降低公司的营运风险,具体表现为企业在进行策略联盟后股东权益风险获得显著降低。里昕（2008）将同类纵向战略联盟与同行业其他非联盟公司对比分析发现,纵向战略联盟企业在总资产收益率和净资产收益率等营利性指标上要优于非联盟企业,且纵向战略联盟与企业盈利能力指标显著正相关;但纵向战略联盟企业在主营业务收入增长率和总资产周转率指标上与非联盟企业没有明显差异。徐二明和徐凯（2012）的研究结果表明,战略联盟中的资源互补能够提高联盟企业的财务绩效与创新,而联盟中的机会主义负向影响财务绩效和创新,并且联盟中的资源互补和机会主义呈倒"U"形的关系。

另外还有大量学者从不同维度出发探究企业间联盟绩效差异的影响因素,以期帮助联盟企业减少联盟失败率。Kogut（1988）研究发现,企业所处的外部经营环境,如工业结构、技术水平等对企业联盟绩效具有显著影响。也有研究表明,企业的内部环境,如企业的管理能力和沟通能力（傅慧和朱雨薇,2012;华幸和蒋峦,2013）、企业声誉和形象 Kale 和 Singh（2000）等也会对联盟绩效造成影响。曾庆洪和蓝海林（2009）认为,战略联盟类型、联盟目的、联盟特征、联盟母公司特征、联盟组织方式、联盟企业面向的市场范围等都会影响联盟绩效的表现。

李健和金占明（2007）结合联盟伙伴选择的软标准（如联盟伙伴关系）与硬标准（如市场、资源）,分析了联盟的设立和发展过程对绩效的影响。郭焱等（2014）研究表示战略联盟伙伴的战略匹配、能力匹配和资源匹配与联盟绩效正相关，这说明成功的伙伴关系对联盟绩效具有促进作用（郑景丽和龙勇，2012；乐琦等，2016）。Boone 和 Ivanov（2012）研究当战略联盟或合资企业的一方申请破产时，该方是否遭受溢出效应发现，处于下滑行业的横向联盟企业的回报率较低，并且在随后的两年中，非破产的联盟一方的利润率和投资水平也有所下降，其中最差的业绩集中在长期协议中。

Fang 等（2012）以美国上市公司的银行贷款数据进行研究发现，缔结战略联盟公司较没有联盟经历公司银行贷款成本较低，并且联盟活动也会影响公司的债务能力。随后，Chou 等（2014）研究战略联盟与债券发行成本之间的关系证明，战略联盟的参与降低了公司的债权发行成本，也即缔结战略联盟将有效降低债券融资成本，这与 Fang 等（2012）的研究结论基本一致。

陈文瑞等（2021）研究证明，参与战略联盟的公司较未参与战略联盟的公司整体税收负担更低，并且契约式联盟对公司税负的降低效应不如股权式联盟的影响。

战略联盟中交易成本的增加，从而带来联盟伙伴间合作的深度和紧密程度增加，但使得其合作的广度和业务范围降低（龙勇等，2012）。Demirkan 和 Zhou（2016）研究战略联盟对审计服务的定价的影响发现，由于战略联盟增加了审计复杂性，从而导致审计费用增加，并且审计费用结果很大程度上是由合同联盟（契约式联盟）驱动的，而非合资企业（股权式联盟）。

三、相关文献评述

关于战略联盟的经济后果，学者们已从不同视角对其展开了相应研究，已有文献主要从两个方向探讨了战略联盟的经济后果。一是从联盟上市公司股价波动，即市场反应评估联盟经济后果；二是从联盟公司的财务结果评价联盟的经济后果。

另外，部分文献还从联盟稳定性、联盟伙伴关系、联盟持续时间等度量联盟的绩效。但是联盟稳定性和持续时间的研究存在较明显的局限性，一方面这些指标多倾向于主观判断；另一方面随着战略联盟的普及及研究的深入，越来越多的人认识到联盟时间的长短并不能反映联盟成败，联盟时间短有可能是联盟目标提前达成或按预期达成，双方决议终止继续合作。

国内外文献对公司联盟公告引起的市场反应，已有较多学者基于诸多国家的经济背景及行业特色，开展了丰富的研究，而基于新兴国家的实证研究尚不多见。国内外学者主要从收益和成本两个维度研究战略联盟的财务效应，收益维度又分为短期收益和长期收益两种，主要以净资产收益率、总资产收益率、营业收入增长率等综合财务指标作为评价战略联盟的财务效应指标；成本维度主要以融资成本（多计入财务费用）、税收负担（多计入税金及附加）和审计费用（多计入管理费用）等单一指标作为评价战略联盟的财务效应指标。整体而言，国内关于战略联盟财务业绩的研究较少，且不够系统，存在进一步探究的必要性。

第二章

中国上市公司之间战略联盟：现状及共赢概念的提出

第一节 中国上市公司之间战略联盟数据收集

20 世纪 80 年代以来，战略联盟这种新兴的组织形式在欧美发达国家蓬勃发展起来，90 年代后期开始在中国逐步普遍起来，而中国上市公司之间的战略联盟，则是自 2000 年以后才逐渐多起来的。为研究中国 A 股上市公司（以下简称"中国上市公司或上市公司"）战略联盟的具体情况，本书根据上市公司发布的公告来确认其是否缔结了战略联盟，对我国上市公司 2001 年 1 月 1 日至 2018 年 12 月 31 日披露的战略联盟公告进行收集、筛选和甄别。需要说明的是，截至 2018 年 12 月 31 日，科创板尚未开板，本书所述中国 A 股上市公司仅包含主板、中小板和创业板上市公司，未包含 2019 年 7 月开板的科创板上市公司。本书收集中国上市公司战略联盟数据的具体步骤如下：

一、获取上市公司战略联盟公告

作者分别在上海证券交易所和深圳证券交易所官方网站上市公司公告栏中搜索有关战略联盟的公告，并逐一进行查看、筛选和甄别，共得到 4405 份战略联盟相关公告（以下简称联盟公告）。

4404 个联盟公告中，一共有 498 个公告涉及 3 个或 3 个以上联盟方，其中 378 个联盟公告涉及 3 个联盟方，61 个联盟公告涉及 4 个联盟方，24 个联盟公告涉及 5 个联盟方，10 个联盟公告涉及 6 个联盟方，5 个联盟公告涉及 7 个联盟方，5 个联盟公告涉及 8 个联盟方，7 个联盟公告涉及 9 个联盟方，2 个联盟公告涉及 10 个联盟方，2 个联盟公告涉及 12 个联盟方，1 个联盟公告涉及 13 个联盟方，1 个联盟公告涉及 16 个联盟方，2 个联盟公告涉及 26 个联盟方。将以上涉及 3 个或 3 个以上联盟公告拆成一对一联盟，由此增加 825 个联盟公告，即得到 4529 个联盟公告。

二、识别中国上市公司之间的战略联盟

（一）识别中国上市公司之间的战略联盟

本书在上述 4529 个联盟公告的基础上，按照表 2-1 所示步骤进一步识别中国上市公司之间的战略联盟公告，最终获得 568 个 A 股上市公司之间的战略联盟公告。

表 2-1　　　　　　　战略联盟的识别过程表

A 股上市公司战略联盟公司识别过程	联盟公告数量
2001~2018 年上市公司披露的联盟公告	4404
加：拆分一份联盟公告中，涉及三个及以上战略联盟方的公告	825
减：剔除上市公司公告的其关联公司签署的战略联盟	105
剔除失败、停止实施、无任何进展的战略联盟公告	88
剔除联盟伙伴为政府或非营利组织的战略联盟公告	645
剔除联盟伙伴为非 A 股上市公司的战略联盟公告	3823
中国 A 股上市公司之间的战略联盟公告数量	568

第一，剔除上市公司公告其关联公司签署的战略联盟 105 个。4529 个战略联盟公告中，105 项联盟公告系上市公司披露的关联公司缔结的战略联盟协议，公告上市公司自身并非战略联盟协议的签署方。

第二，剔除签订战略联盟协议后又解除或终止的联盟 88 个。4529 个战略联盟公告中，44 组战略联盟在签订战略联盟协议后解除或终止，由此剔除 88 个公告。

第三，剔除联盟伙伴为行政事业单位或非营利组织的战略联盟 645 个。4529 个战略联盟公告中，部分联盟伙伴是行政事业单位，予以剔除。

第四，剔除联盟伙伴为其他非 A 股上市公司的战略联盟 3823 个。4529 个战略联盟公告中，3823 个战略联盟公告披露的联盟伙伴为境外上市公司、H 股上市公司以及其他境内非上市公司等，予以剔除。

（二）部分上市公司爱好缔结战略联盟

这 568 个联盟公告涉及 374 对战略联盟、468 家 A 股上市公司，其中有 342 家上市公司缔结了 1 个联盟，126 家上市公司缔结了 2 个或 2 个以上联盟，具体包括 20 家上市公司缔结了 5 个或 5 个以上战略联盟；19 家上市公司缔结了 4 个联盟；23 家上市公司缔结了 3 个联盟；64 家上市公司缔结了 2 个联盟。以下将缔结有 2 个及 2 个以上战略联盟的上市公司称为具有联盟偏好的上市公司。

（三）识别中国上市公司基于联盟目的分类

本书从研究战略联盟的目的出发，将中国上市公司之间的战略联盟分为研发联盟、供应链联盟、生产联盟、营销联盟、资本联盟五种类型，探究战略联盟主要类型及特点。研发联盟是指以控制研发成本、降低研发风险、提升技术创新能力或研发水平等为目的选定长期联合研发伙伴的联盟。生产联盟是指以合作生产，合作项目建设等为目的选定长期联合生产伙伴的联盟。营销联盟是指以共同开拓市场，提高市场占有率等为目的选定长期共同开拓市场伙伴的联盟。供应链联盟是指以控制供应成本、提高供应效率等为目的选定长期合作供应商建立的联盟。资本联盟是指为获取资本、联合进行资本运营等为目的选定长期合作伙伴的联盟。

通常来说，战略联盟类型对于联盟双方是对称的，如 A 公司与 B 公司缔结研发联盟，对于 A 公司和 B 公司则都是研发联盟，生产联盟、资本联盟亦然。与研发联盟、资本联盟、生产联盟可能存在略微差异的是供应链联盟和营销联盟，如 C 公司将其与 D 公司的联盟认定为供应链联盟，站在 D 公司角度，该联盟则是营销联盟；再如 M 公司将其与 N 公司的联盟认定为营销联盟，但站在 N 公司角度,该联盟可能为营销联盟,也有可能为供应链联盟。

例如,阳光电源股份有限公司(证券代码 300274,以下简称"阳光电源")与东方日升新能源股份有限公司(证券代码 300118,以下简称"东方日升")于 2015 年 5 月 23 日签署"战略合作协议"约定,双方拟开展全面合作,包括并不限于国内外光伏并网发电项目的开发、建设合作;技术创新合作;品牌联合推广,具体包括:

(1)东方日升在同等条件下采购阳光电源产品用于东方日升电站项目;

(2)阳光电源在投资建设并网光伏电站时,在同等条件下采购东方日升的组件产品;

(3)国内电站开发,双方要紧密合作,资源共享,携手推进国内电站的开发和建设;

(4)在海外双方进行密切合作,共同实现在全球范围内建设、运营高品质的光伏电站,推进双方产品的销售以及电站业务方面的开发;

(5)双方不定期互派人员进行交流、考察,及时了解双方最新的产品信息和技术;

(6)阳光电源将利用逆变器在行业内的技术领先优势,东方日升充分利用多年来在电站建设方面的经验积累和技术创新,共同探讨和拓展光伏电站智能解决方案,打造集电站监控、运维、交易于一体的能源互联网平台;

(7)在资本运作及太阳能电站开发及建设方面相互支持;

(8)东方日升的组件和阳光电源的逆变器是行业内高质量的典范,双方在业务合作上打包进行品牌推广,以得到政府、市场、金融、监管部门等方面的认可,进一步扩大各自的品牌影响力。

上述战略联盟协议中,(1)(2)(7)(8)项合作涉及供应链联盟、营销联盟;(3)(4)项合作涉及生产联盟;(5)(6)项合作涉及研发联盟,因此,该项战略联盟涉及研发联盟、供应链联盟、营销联盟和生产联盟四种类型战略联盟,并且对于东方日升和阳光电源都是这四种类型的战略联盟。

再如,2009 年 7 月 28 日深圳能源集团股份有限公司(证券代码 000027,以下简称深圳能源)发布公告称,为建立长期稳定的战略合作伙伴关系,近日公司与中国神华能源股份有限公司(证券代码 601088,以下简称"中国神华")签订为期五年的煤炭长期供需合作协议。合作协议约定在 2009~2013 年深圳能源向中国神华购买商品煤 2750 万吨,双方根据生产和需求情况每年供需数量在 ±10% 的范围内调整,并在实际执行中均衡兑现,全年总兑现率不低于年度合同量的 95%;煤炭销售价格实行年度定价,每年协议价格可以在上一年度价格的一定幅度内进行调整。

同样,中国神华于 2009 年 7 月 28 日发布《关于与深圳能源集团股份有限公司签订煤炭长期供需合作协议的公告》称,为建立长期稳定的战略合作伙伴关系,近日本公司与深圳能源签订了为期五年的煤炭长期供需合作协议。合作协议约定中国神华在 2009~2013 年期间向深圳能源销售商品煤 2750 万吨,双方根据生产和需求情况每年供需数量在 ±10% 的范围内调整,并在实际执行中均衡兑现,全年总兑现率不低于年度合同量的 95%;煤炭销售价格实行年度定价,每年协议价格可以在上一年度价格的一定幅度内进行调整。

上述深圳能源与中国神华的战略联盟协议中,对于深圳能源来说,该项联盟为供应链联盟;但对于中国神华来说,该项联盟为营销联盟。

第二节 中国上市公司之间战略联盟的现状

一、中国上市公司之间战略联盟的缔结时间及主要类型

(一)中国上市公司之间战略联盟的缔结时间

2000~2018 年,中国上市公司共披露 568 个上市公司之间的战略联盟,且这些战略联盟主要分布在 2008~2018 年,2014~2018 年五年战略联盟尤甚,2000~2007 年未见上市公司之间缔结战略联盟公告。这 568 个联盟公告共形成 374 对两两一组的战略联盟,其中 194 对为对称的联盟公告,即 388 个联盟公告系缔结战略联盟双方均披露了联盟事宜;另外 180 对为非对称公告,即只联盟一方公告联盟事宜,其联盟伙伴未对缔结战略联盟进行公告,详细情况见表 2-2。

表2-2　　　　2001～2018年中国上市公司之间战略联盟公告

年度	披露的联盟公告数		缔结联盟对数
	联盟公告数	其中：对称联盟公告数	
2001	0	0	0
2002	0	0	0
2003	0	0	0
2004	0	0	0
2005	0	0	0
2006	0	0	0
2007	0	0	0
2008	3	2	2
2009	10	4	8
2010	8	4	6
2011	10	4	8
2012	7	0	7
2013	22	18	13
2014	65	44	43
2015	132	94	85
2016	121	88	77
2017	90	62	59
2018	100	68	66
合计	568	388	374

另外，这374对联盟公告涉及468家A股上市公司，其中有342家上市公司缔结了1个联盟，126家上市公司缔结了2个或2个以上联盟，其中20家上市公司缔结了5个或5个以上战略联盟；19家上市公司缔结了4个联盟；23家上市公司缔结了3个联盟；64家上市公司缔结了2个联盟。

（二）中国上市公司之间战略联盟的主要类型

1. 基于联盟目的对战略联盟类型的划分

本书从战略联盟的目的出发，将中国上市公司之间的战略联盟分为研发联

盟、供应链联盟、生产联盟、营销联盟、资本联盟五种类型,探究战略联盟基于联盟目的的分类有如下两方面的发现:

第一,上市公司多数基于多项联盟目的缔结战略联盟。748个战略联盟中,288个联盟基于单一目的缔结战略联盟,占上市公司联盟39%,或为研发联盟,或为供应链联盟,或为生产联盟,或为营销联盟,或为资本联盟;460个联盟基于多重目的缔结战略联盟,占上市公司联盟61%,其中基于双重目的的联盟260个,基于三重目的的联盟140个,基于四重目的的联盟60个,未见有基于五重目的的战略联盟。也就是说,超过六成上市公司缔结战略联盟,基于两项或两项以上的战略目标,基于单一目的的战略联盟不足四成,见表2-3。

表2-3　　　　　　　　748个战略联盟的类型

联盟目的多寡		联盟个数	占比
单一目的	基于单一目的的联盟	288	39%
多重目的	基于双重目的的联盟	260	35%
	基于三重目的的联盟	140	19%
	基于四重目的的联盟	60	8%
	小计	460	61%
合计		748	100%

(1) 基于单一目的的战略联盟类型

288个基于单一目的的战略联盟中,最多的是生产联盟104个,占36%;其次是营销联盟87个,占30%;再次是供应链联盟57个,占20%;随后是资本联盟30个,占10%;最后是研发联盟10个,占4%。可见,上市公司基于单一目的缔结战略联盟,更多是为寻求生产、建设等合作伙伴,或是为拓宽营销渠道,增加销量,如图2-1所示。

(2) 基于双重目的的战略联盟

从理论上讲,五种类型战略联盟,可以形成10种双重目的战略联盟联合,如研发联盟+供应链联盟组合,研发联盟+生产联盟组合,研发联盟+营销联盟组合等等。事实上,260个上市公司间的双重目的联盟,仅出现以下9种组合,研发联盟+资本联盟组合未出现。

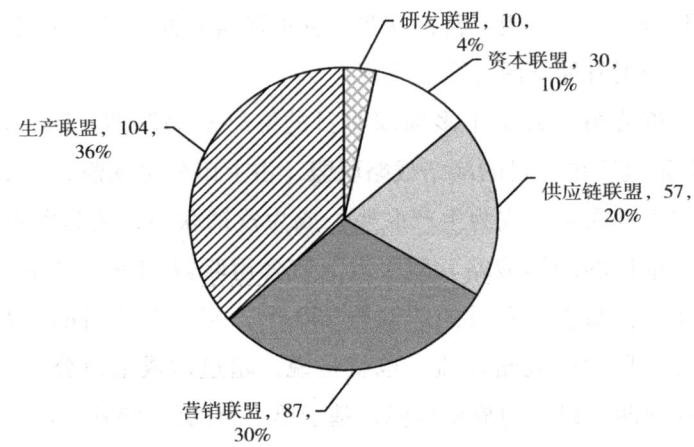

图 2-1　基于单一目的的战略联盟类型分布

在单一目的联盟中,最多的单一目的联盟为生产联盟,其次是营销联盟,而在双重目的联盟中,也是生产联盟+营销联盟组合最多,达到83个之多,在双重目的联盟中占据明显的数量优势,见表2-4。

表2-4　　　　　　基于双重目的战略联盟类型组合

序号	双重目的联盟类型组合	联盟个数	占比
1	研发联盟+供应链联盟	6	2%
2	研发联盟+营销联盟	12	5%
3	资本联盟+生产联盟	16	6%
4	供应链联盟+生产联盟	19	7%
5	资本联盟+供应链联盟	30	12%
6	资本联盟+营销联盟	30	12%
7	供应链联盟+营销联盟	32	12%
8	研发联盟+生产联盟	32	12%
9	生产联盟+营销联盟	83	32%
	合计	260	100%

(3) 基于三重目的的战略联盟

从理论上讲,5种战略联盟类型,可以形成10种三重目的的联盟,如研发联盟+生产联盟+营销联盟组合、研发联盟+供应链联盟+营销联盟组合、供应链联盟+生产联盟+营销联盟组合等。事实上,140个上市公司间的三重目的联盟，仅出现以下九种组合，研发联盟+资本联盟+供应链联盟组合未出现。

在单一目的联盟中，首先，最多的联盟类型为生产联盟，其次是营销联盟；在双重目的联盟中，最多的联盟组合是生产联盟+营销联盟组合；在三重目的联盟中，热门的生产联盟和营销联盟，再搭配研发联盟是诸三重目的联盟上市公司的首选，达到60个联盟，在三重目的联盟组合中遥遥领先，见表2-5。

表2-5 基于三重目的战略联盟类型组合

序号	三重目的联盟类型组合	联盟个数	占比
1	资本联盟+供应链联盟+营销联盟	2	1%
2	资本联盟+研发联盟+营销联盟	4	3%
3	资本联盟+研发联盟+生产联盟	6	4%
4	资本联盟+供应链联盟+生产联盟	7	5%
5	研发联盟+供应链联盟+生产联盟	8	6%
6	资本联盟+生产联盟+营销联盟	13	9%
7	研发联盟+供应链联盟+营销联盟	20	14%
8	供应链联盟+生产联盟+营销联盟	20	14%
9	研发联盟+生产联盟+营销联盟	60	43%
	合计	140	100%

（4）基于四重目的的战略联盟

从理论上讲，五种战略联盟类型，可以形成五种四重目的联盟，如研发联盟+资本+生产联盟+营销联盟组合、研发联盟+生产联盟+供应链联盟+营销联盟组合等。事实上，60个上市公司间的四重目的联盟，理论上的五种组合类型均有出现，但各组合的多寡呈现一定的差异。

在单一目的联盟中，最多的联盟类型为生产联盟，其次是营销联盟；在双重目的联盟中，最多的联盟组合是生产联盟+营销联盟组合；在三重目的联盟中，最多的联盟组合是生产联盟+营销联盟+研发联盟组合；在四重目的联盟中，生产联盟+营销联盟+研发联盟+供应链联盟组合达到38个之多，在四重目的联盟组合中占比超过60%，见表2-6。

表 2-6　　　　　　　　基于四重目的战略联盟类型组合

序号	四重目的联盟类型组合	联盟个数	占比
1	资本联盟+研发联盟+供应链联盟+生产联盟	1	2%
2	资本联盟+研发联盟+供应链联盟+营销联盟	2	3%
3	资本联盟+供应链联盟+生产联盟+营销联盟	2	3%
4	资本联盟+研发联盟+生产联盟+营销联盟	17	28%
5	研发联盟+供应链联盟+生产联盟+营销联盟	38	63%
合计		60	100%

第二，五类战略联盟分布各异。748 个战略联盟公告显示，约 40% 联盟为单一目的联盟，约 60% 联盟为多重目的联盟。五种战略联盟类型，在 748 个联盟中累计出现 1468 次，其中生产联盟出现 428 次，营销联盟 421 次，供应链联盟 243 次，研发联盟 216 次，资本联盟 160 次，统计情况见图 2-2。

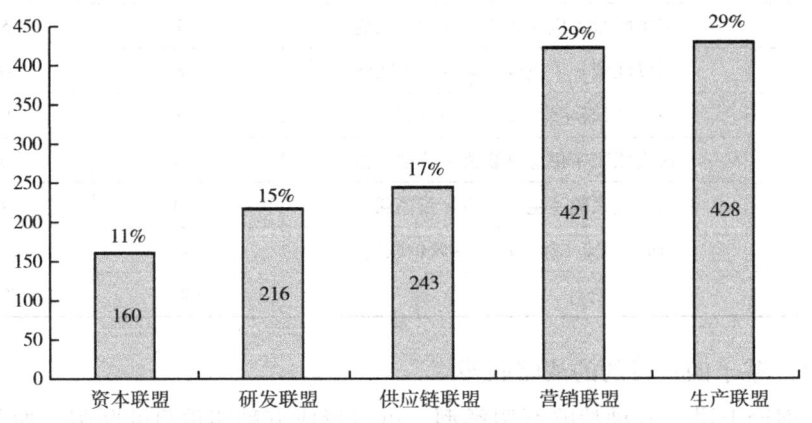

图 2-2　748 个战略联盟基于联盟目的的分类

从图 2-2 可以发现，首先，营销联盟是上市公司之间最多的联盟类型之一，这反映出上市公司出于开拓市场渠道，扩大市场占有率的目的缔结战略联盟是其首要需求；同时，上市公司缔结以产品生产为中心，填补产品空白、降低资金的投入风险，提升产品生产的技术经济指标的生产联盟，并且生产联盟与营销联盟出现的次数几乎相当。其次，上市公司以降低采购成本，提升采购质量和效率为目的，寻求供应链联盟；另外，是上市公司为了实现创新的目的而组建的研发联盟，整体来讲，供应链联盟与研发联盟数量差异不大。最后，部分上市公司因借贷资金需求缔结资本联盟,相对来讲,资本联盟数量最少,不具有普遍性。

第三,不同时间段联盟类型多寡不同。2001~2018 年,上市公司之间缔结战略联盟自 2008 年开始,2001~2007 年未见上市公司公告上市公司间的战略联盟。2008~2018 年,根据联盟在各年份出现的多寡,本书将这 11 年分为四个时间段,分别 2008~2012 年、2013~2014 年、2015~2016 年和 2017~2018 年。联盟 2008~2012 年联盟对数较少;2013~2014 年联盟对数有所增加;2015~2016 年联盟对数大幅增加;2017~2018 年联盟对数有所下降,具体情况见表 2-7。

表 2-7　　　　　　　　不同时期各类型联盟的分布

年份	对数	合计	资本联盟	研发联盟	供应链联盟	营销联盟	生产联盟
2008	2	6	0	0	3	3	0
2009	8	20	6	0	3	7	4
2010	6	14	6	2	0	2	4
2011	8	28	4	4	3	7	10
2012	7	24	2	8	5	5	4
小计	31	92	18	14	14	24	22
占比	8%	100%	20%	15%	15%	26%	24%
2013	13	52	2	8	10	18	14
2014	43	166	10	26	26	56	48
小计	56	218	12	34	36	74	62
占比	15%	100%	5%	15%	16%	34%	28%
2015	85	324	22	50	59	99	94
2016	77	342	36	50	55	89	112
小计	162	666	58	100	114	188	206
占比	43%	100%	9%	15%	17%	28%	31%
2017	59	234	40	26	39	67	62
2018	66	258	32	42	40	68	76
小计	125	492	72	68	79	135	138
占比	33%	100%	15%	14%	16%	27%	28%
合计	374	1468	160	216	244	422	428
占比	100%	100%	11%	15%	17%	29%	29%

在表 2-7 划分的四个时间段内,资本联盟在各时段的占比呈现较大的波动,营销联盟和生产联盟占比出现小幅波动,而研发联盟和供应链联盟占比较为稳定。2008~2012 年,资本联盟数量与营销联盟、生产联盟差异不大;2013~2014 年,资本联盟占比快速减少,营销联盟和生产联盟占比增加;2015~2016 年,资本联盟占比有所回升,营销联盟占比则出现下降;2017~2018 年,资本联盟占比继续上升,异营销联盟和生产联盟占比则继续下降。

总之,相对而言,2008~2012 年、2017~2018 年两个时间段,更多的上市公司寻求资本联盟,2013~2016 年则不然;2013~2016 年,更多的上市公司寻求营销联盟和生产联盟,2008~2012 年和 2017~2018 年两个时间段这两类型联盟则相对较少。并且,在这四个时间段内,研发联盟和供应链联盟一直处于比较平衡的状态,始终在 15% 上下波动。

2. 基本联盟双方是否具有关联关系的分类

本书根据缔结战略联盟的双方是否为关联方,将战略联盟分为关联方联盟和非关联方联盟。统计发现,374 对份战略联盟中,双方存在关联方关系的联盟 21 对,仅占 6%;双方不存在关联方关系的联盟 353 对,占 94%。也就是说,绝大多数上市公司更愿意在资本市场上寻求非关联方作为自身战略联盟合作伙伴,如图 2-3 所示。

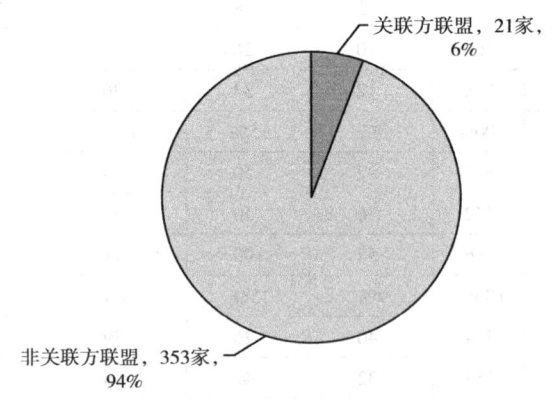

图 2-3 374 对战略联盟基于双方是否为关联方的分类

3. 基于联盟是否涉及股权投资的分类

本书根据建立的战略联盟是否涉及股权投资,将战略联盟分为股权式联盟和契约式联盟。经统计发现，374 对战略联盟中，战略联盟涉及股权投资的有 88 对，占 24%；战略联盟不涉及股权投资的纯契约式联盟 286 对，占 76%。也就是说，尽管大部分上市公司选择方便、快捷、松散的契约式联盟方式，但仍有部分上市出于联盟稳定性考虑，选择股权式联盟，如图 2-4 所示。

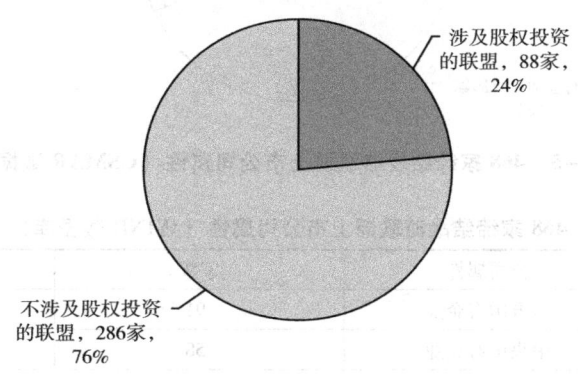

图 2-4 374 对战略联盟基于是否涉及股权投资的分类

二、缔结战略联盟上市公司的公司属性及行业分布

（一）缔结战略联盟上市公司的公司属性

1. 缔结战略联盟上市公司的公司属性

按照 CSMAR 数据库显示上市公司终极控制人属性，将上市公司划分为国有企业和非国有企业，即若终极控制人为各级政府或相关事业单位，则认定为国有企业，否则为非国有企业。根据该分类方法，本书对 374 组战略联盟涉及 468 家上市公司的公司属性进行统计发现，非国有上市公司 319 家，占 68%；国有上市公司 149 家，占 32%，如图 2-5 所示。

按照 WIND 数据库关于上市公司终极控制人属性，将上市公司属性进一步细分为中央国有企业、地方国有企业、集体企业、公众企业、民营企业、外资企业和其他企业七大类。根据该分类方法，本书对 468 家上市公司的公司属性进行统计发现，约 70% 为非国有上市公司，其他约 30% 为国有上市公司，同时国有上市公司中，地方国有企业占比要明显高于中央国有企业，统计结果见表 2-8。

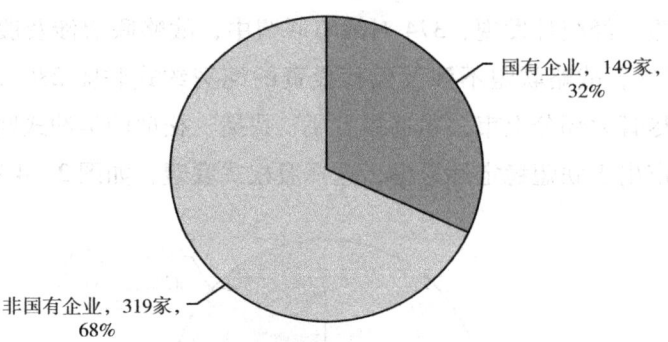

图 2-5　468 家缔结战略联盟上市公司属性（CSMAR 数据库）

表 2-8　468 家缔结战略联盟上市公司属性（WIND 数据库）

序号	公司属性	家数	占比
1	地方国有企业	91	19%
2	中央国有企业	58	12%
3	民营企业	253	54%
4	公众企业	51	11%
5	外资企业	10	2%
6	集体企业	3	1%
7	其他企业	2	0
	合计	468	100%

2. 同公司属性结盟抑或不同公司属性结盟

374 对战略联盟中，212 对战略联盟选择了与自身相同公司属性的上市公司结盟，占比 57%，其中双方都为非国有上市公司的联盟 156 组，双方都为国有上市公司的联盟 56 组；另外 162 对战略联盟选择了与自身不同公司属性的上市公司结盟，占比 43%。

表 2-9　　　　　　　战略联盟伙伴公司属性

联盟类型	联盟伙伴的公司属性	对数	占比
同公司属性结盟	非国有上市公司 + 非国有上市公司	156	42%
	国有上市公司 + 国有上市公司	56	15%
	小计	212	57%
不同公司属性结盟	国有上市公司 + 非国有上市公司	162	43%
	合计	374	100%

表2-9显示,374对战略联盟中,结盟一方为非国有上市公司、另一方为国有上市公司的联盟162组,占全部联盟43%;结盟双方都为非国有上市公司的联盟156组,占全部联盟42%;双方都为国有上市公司的联盟56组,占全部联盟15%。由此可见,中国上市公司,不论其自身是国有企业还是非国有企业,均更愿意选择非国有上市公司作为联盟伙伴。

3. 具有联盟偏好上市公司的公司属性

374对战略联盟涉及468家上市公司,其中具有联盟偏好上市公司126家,占结盟上市公司27%,整体来看,联盟上市公司中超四成的上市公司有多结交战略联盟的偏好。从公司属性来看,国有上市公司在这方面的偏好更明显,而民营上市公司,尤其是外资上市公司对更多的寻求战略联盟兴趣不大,见表2-10。

表2-10　　　125家具有结盟偏好上市公司的公司属性

序号	公司属性	具有结盟偏好上市公司		联盟所有上市公司		具有结盟偏好上市公司占比
		家数	占比	家数	占比	
1	地方国有企业	28	22%	91	19%	31%
2	中央国有企业	18	14%	58	12%	31%
3	民营企业	63	50%	255	54%	24%
4	公众企业	16	13%	51	11%	31%
5	外资企业	1	1%	10	2%	10%
6	集体企业	0	0	3	1%	0
7	其他企业	0	0	2	0	0
	合计	126	100%	468	100%	27%

(二)缔结战略联盟上市公司的行业分布

1. 缔结战略联盟上市公司的行业分布总体情况

按照中国证券监督管理委员会2012年所修订的《上市公司行业分类指引》,对374组战略联盟公告涉及的468家上市公司进行分类发现,上市公司行业分类指引涉及的19大门类,联盟上市公司除"居民服务、修理和其他服务业"和"教育"两大门类不涉及外,其余17大门类均有涉及。

468家缔结战略联盟上市公司分布在17大行业门类,主要集中在制造业,信息传输、软件和信息技术服务业和金融业三大行业，其中制造业占比高达52%；信息传输、软件和信息技术服务业占比13%；金融业占比6%，这三大行业上市公司合计337家，合计占比72%。其他14个行业上市公司合计132家，合计占比28%，且单个行业占比均在5%以下，尤其住宿和餐饮业，农、林、牧、渔业以及综合三大行业涉及上市公司联盟的非常有限，行业分布情况具体如表2-11所示：

表2-11　　468家战略联盟上市公司的行业分布

序号	上市公司所属行业门类	行业门类代码	联盟上市公司 家数	联盟上市公司 占比	A股上市公司 家数	A股上市公司 占比	联盟上市公司占A股上市公司比
1	农、林、牧、渔业	A	2	0	39	1%	5%
2	采矿业	B	13	3%	75	2%	17%
3	制造业	C	244	52%	2230	63%	11%
4	电力、热力、燃气及水生产和供应业	D	12	3%	108	3%	11%
5	建筑业	E	16	3%	96	3%	17%
6	批发和零售业	F	16	3%	159	5%	10%
7	交通运输、仓储和邮政业	G	8	2%	97	3%	8%
8	住宿和餐饮业	H	2	0	9	0	22%
9	信息传输、软件和信息技术服务业	I	62	13%	257	7%	24%
10	金融业	J	30	6%	91	3%	33%
11	房地产业	K	17	4%	123	3%	14%
12	租赁和商务服务业	L	10	2%	50	1%	20%
13	科学研究和技术服务业	M	6	1%	49	1%	12%
14	水利、环境和公共设施管理业	N	7	1%	49	1%	14%
15	居民服务、修理和其他服务业	O	0	0	1	0	0
16	教育	P	0	0	3	0	0
17	卫生和社会工作	Q	5	1%	10	0	50%
18	文化、体育和娱乐业	R	17	4%	57	2%	30%
19	综合	S	1	0	21	1%	5%
	总计		468	100%	3524	100%	13%

表 2-11 中 A 股上市公司家数系截至 2018 年 12 月 31 日中国 A 股上市公司户数（下同）。整体而言，缔结战略联盟上市公司占 A 股上市公司 13%。分行业大类来看，信息传输、软件和信息技术服务业，金融业，房地产业等 10 个行业上市公司缔结战略联盟比例在 13% 以上，超过 A 股上市公司平均水平，其中卫生和社会工作行业上市公司缔结战略联盟的比例达到 50%，金融业，文化、体育和娱乐业 2 个行业上市公司缔结战略联盟比例达到 30% 及以上。制造业、批发和零售业、电力、热力、燃气、水生产和供应业 7 个行业上市公司缔结战略联盟比例不足 13%，低于 A 股上市公司平均水平。

制造业，信息传输、软件和信息技术服务业两大行业缔结战略联盟上市公司家数多，主要是因为这两大行业上市公司多，基数大。而金融业和文化、体育和娱乐业两大行业上市公司本身不算特别多，但联盟家数相对较多，尤其是金融业，这可能与金融行业特殊性有关，毕竟大多数公司都是有融资需求的，这些有融资需求的公司天然有与金融业上市公司结盟的动因，上市公司也不例外。对于电力、热力、燃气及水生产和供应业以及交通运输、仓储和邮政业，虽然上市公司较多，但这些行业上市公司对结盟偏好不明显，这可能与这两大行业上市公司生产经营具有一定的地域性，且经营更多依赖于自身资源有关。

2. 缔结战略联盟制造业上市公司的行业大类情况

按照中国证券监督管理委员会 2012 年所修订的《上市公司行业分类指引》，制造业门类包括 13 ~ 43 大类一共 30 个大类，截至 2018 年 12 月 31 日，A 股 2230 家制造业上市公司共覆盖 29 大类，"烟草制品业"大类尚无上市公司。缔结战略联盟的 244 户制造业上市公司涉及其中 25 大类，"酒、饮料和精制茶制造业""皮革、毛皮、羽毛及其制品和制鞋业""石油加工、炼焦和核燃料加工业"以及"其他制造业" 4 大类尚无上市公司缔结战略联盟。

缔结战略联盟制造业上市公司涉及的 25 个行业大类中，单个行业占比 5% 以上共 6 个，分别是计算机、通信和其他电子设备制造业，电气机械及器材制造业，专用设备制造业，医药制造业，汽车制造业，化学原料及化学制品制造业。上述 6 大行业合计 175 家上市公司，占联盟制造业上市公司 72%。其余 19 个行业合计 69 家上市公司，占联盟制造业上市公司 28%，详细统计结果表 2-12。

表 2-12　缔结战略联盟的制造业上市公司所属细分行业

序号	制造业上市公司所属行业大类	行业大类代码	联盟上市公司 家数	联盟上市公司 占比	A股上市公司 家数	A股上市公司 占比	联盟上市公司占A股上市公司比
1	农副食品加工业	C13	3	1%	47	2%	6%
2	食品制造业	C14	2	1%	42	2%	5%
3	酒、饮料和精制茶制造业	C15	0	0	43	2%	0
4	烟草制品业	C16	0	0	0	0	0
5	纺织业	C17	5	2%	39	2%	13%
6	纺织服装、服饰业	C18	4	2%	37	2%	11%
7	皮革、毛皮、羽毛及其制品和制鞋业	C19	0	0	11	0	0
8	木材加工及木、竹、藤、棕、草制品业	C20	1	0	8	0	13%
9	家具制造业	C21	2	1%	23	1%	9%
10	造纸及纸制品业	C22	2	1%	27	1%	7%
11	印刷和记录媒介复制业	C23	1	0	12	1%	8%
12	文教、工美、体育和娱乐用品制造业	C24	2	1%	14	1%	14%
13	石油加工、炼焦和核燃料加工业	C25	0	0	16	1%	0
14	化学原料及化学制品制造业	C26	18	7%	233	10%	8%
15	医药制造业	C27	23	9%	214	10%	11%
16	化学纤维制造业	C28	2	1%	23	1%	9%
17	橡胶和塑料制品业	C29	7	3%	73	3%	10%
18	非金属矿物制品业	C30	5	2%	83	4%	6%
19	黑色金属冶炼及压延加工	C31	2	1%	31	1%	6%
20	有色金属冶炼及压延加工	C32	10	4%	68	3%	15%
21	金属制品业	C33	3	1%	60	3%	5%
22	通用设备制造业	C34	9	4%	126	6%	7%

续表

序号	制造业上市公司所属行业大类	行业大类代码	联盟上市公司 家数	联盟上市公司 占比	A股上市公司 家数	A股上市公司 占比	联盟上市公司占A股上市公司比
23	专用设备制造业	C35	26	11%	199	9%	13%
24	汽车制造业	C36	21	9%	125	6%	17%
25	铁路、船舶、航空航天和其他运输设备制造业	C37	3	1%	47	2%	6%
26	电气机械及器材制造业	C38	36	15%	226	10%	16%
27	计算机、通信和其他电子设备制造业	C39	52	21%	336	15%	15%
28	仪器仪表制造业	C40	4	2%	45	2%	9%
29	废弃资源综合利用业	C42	1	0	4	0	25%
30	金属制品、机械和设备修理业	C43	0	0	18	1%	0
	合计		244	100%	2230	100%	11%

由表2-12可以清晰地看到，19个联盟上市公司占比较低的行业主要为传统制造业，如农副食品制造业、纺织服装业、家具制造业、化学纤维制造业、木材加工业等均属于比较典型的中国传统制造业，而6个占比较高的行业主要是现代制造业，如计算机、通信和其他电子设备制造业，电气机械及器材制造业，专用设备制造业，医药制造业，通用设备制造业均属于新兴制造业，也就是说，现代制造业可能出于新技术、新工业、新供应链、新市场以及更多的资金需求等诉求，更有动力积极在市场上寻求联盟，而传统制造业这些方面都已经相对成熟，因此结盟动力不足。

3. 缔结战略联盟信息传输、软件和信息技术服务业上市公司的行业大类情况

按照中国证券监督管理委员会2012年所修订的《上市公司行业分类指引》，信息传输、软件和信息技术服务业门类包括63~65大类一共3个大类，缔结战略联盟的62家信息传输、软件和信息技术服务业上市公司，对该3个大类均有涉及，明细情况见表2-13。

表2-13 缔结战略联盟信息传输、软件和信息技术服务业上市公司所属细分行业

序号	信息传输、软件和信息技术服务业上市公司所属行业大类	行业大类代码	联盟上市公司 家数	联盟上市公司 占比	A股上市公司 家数	A股上市公司 占比	联盟上市公司占A股上市公司比
1	电信、广播电视和卫星传输服务	I63	8	13%	14	5%	57%
2	互联网和相关服务	I64	17	27%	57	22%	30%
3	软件和信息技术服务业	I65	37	60%	186	72%	20%
	合计		62	100%	257	100%	24%

从行业大类来看，软件和信息技术服务业联盟上市公司37家，占整个行业比重达到60%，但从A股上市公司行业大类分布来看，互联网和相关服务，电信、广播电视和卫星传输服务两大行业上市公司缔结战略联盟整体比重较高，尤其是电信、广播电视和卫星传输服务，该行业A股上市公司总共14家，其中8家缔结了战略联盟。

4. 同行结盟抑或跨行结盟

前文分析了374对战略联盟所属468家上市公司的行业分布，那么各行业上市公司在考虑联盟伙伴所属行业时，会做何种选择呢？他们是会选择跟自己相同行业上市公司结盟，还是选择不同行业上市公司结盟呢？

（1）同行结盟上市公司的占比

374对战略联盟中，209对联盟伙伴隶属不同行业门类，占比56%，另外165对联盟伙伴隶属相同行业门类，占44%，即56%上市公司选择跨行业门类结盟，44%上市公司选择同行业门类结盟。进一步查看发现，165对同行业门类战略联盟中，68对属于同行业门类且相同行业大类，另外97对属于同行业门类但不同行业大类，如图2-6所示。

（2）同行结盟上市公司的行业分布

同行业门类结盟主要集中在制造业，信息传输、软件和信息技术服务业，金融业等9个行业门类，尤以制造业居多。另外，建筑业，电力、热力、燃气及水生产和供应业，租赁和商务服务业等8个行业门类全部是跨行业门类结盟，未见有同行业门类结盟的情况，具体情况详见表2-14。

第二章 中国上市公司之间战略联盟：现状及共赢概念的提出

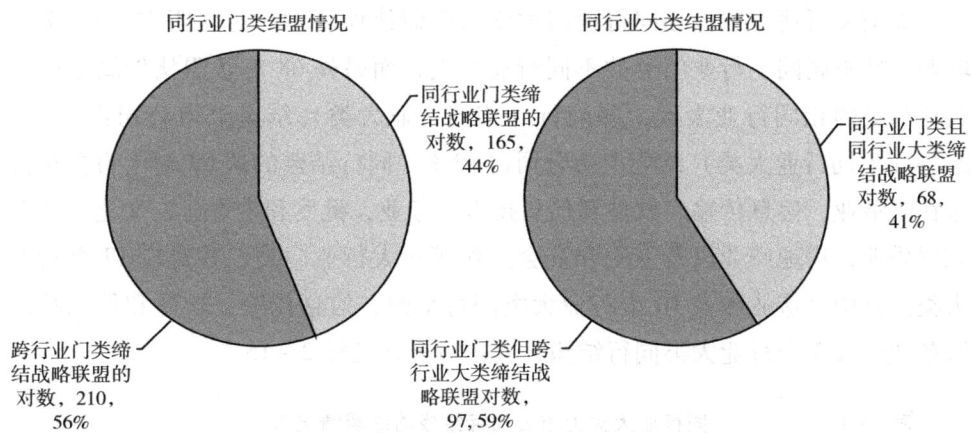

图2-6 374对战略联盟同行结盟情况

表2-14 同行业门类上市公司缔结战略联盟情况表

序号	同行（行业门类）结盟排行榜	行业门类代码	同行联盟对数
1	农、林、牧、渔业	A	0
2	采矿业	B	4
3	制造业	C	115
4	电力、热力、燃气及水生产和供应业	D	0
5	建筑业	E	0
6	批发和零售业	F	5
7	交通运输、仓储和邮政业	G	2
8	住宿和餐饮业	H	0
9	信息传输、软件和信息技术服务业	I	24
10	金融业	J	7
11	房地产业	K	1
12	租赁和商务服务业	L	0
13	科学研究和技术服务业	M	0
14	水利、环境和公共设施管理业	N	0
15	居民服务、修理和其他服务业	O	0
16	教育	P	0
17	卫生和社会工作	Q	1
18	文化、体育和娱乐业	R	6
19	综合	S	0
	合计		165

67

如前文所述，选择相同行业门类作为联盟伙伴的165对联盟中，有97对联盟伙伴隶属同一行业门类的不同行业大类，而另外68对联盟伙伴属于同一行业门类的相同行业大类，即同行（相同行业大类）结盟上市公司占18%，跨行（不同行业大类）结盟上市公司占82%。同行结盟的这68对上市公司分布在制造业，信息传输、软件和信息技术服务业，批发和零售业，文化、体育和娱乐业，房地产业以及卫生和社会工作等6大行业门类，并对应17个行业大类。其中制造业涉及10个行业大类同行结盟，信息传输、软件和信息技术服务业涉及3个行业大类同行结盟，具体情况详见标2-15。

表2-15　　　同行业大类上市公司缔结战略联盟情况表

序号	同行（行业大类）结盟排行榜	行业大类代码	联盟对数
1	纺织服装、服饰业	C18	1
2	家具制造业	C21	1
3	化学原料及化学制品制造业	C26	2
4	医药制造业	C27	4
5	有色金属冶炼及压延加工	C32	3
6	通用设备制造业	C34	1
7	专用设备制造业	C35	2
8	汽车制造业	C36	7
9	电气机械及器材制造业	C38	8
10	计算机、通信和其他电子设备制造业	C39	15
11	零售业	F52	5
12	电信、广播电视和卫星传输服务	I63	8
13	软件和信息技术服务业	I65	4
14	互联网和相关服务	I64	1
15	房地产业	K70	1
16	广播、电视、电影和影视录音制作业	R86	4
17	卫生	Q83	1
	合计		68

由表2-15可见，制造业门类所属计算机、通信和其他电子设备制造业，电气机械及器材制造业和汽车制造业三大行业大类，信息传输、软件和信息技术服务业门类所属电信、广播电视和卫星传输服务行业大类以及批发和零售行

业门类所属零售业行业大类均偏爱选择与同行结盟。

（3）制造业上市公司联盟伙伴的行业分布

374对战略联盟中，有238对战略联盟上市公司隶属制造业，其中联盟双方均为制造业的115对，联盟双方有一方为制造业的联盟123对，即制造业上市公司的联盟伙伴238家。这些联盟伙伴有115家系制造业上市公司，另外123家伙伴分布在信息传输、软件和信息技术服务业，金融业，房地产业、采矿业等14个行业门类，具体情况见表2-16。

表2-16　　　　制造业上市公司联盟伙伴的行业分布

序号	制造业上市公司联盟伙伴行业排行榜	行业门类代码	联盟对数	占比
1	采矿业	B	10	4%
2	制造业	C	115	48%
3	电力、热力、燃气及水生产和供应业	D	7	3%
4	建筑业	E	8	3%
5	批发和零售业	F	8	3%
6	住宿和餐饮业	H	1	0
7	信息传输、软件和信息技术服务业	I	36	15%
8	金融业	J	21	9%
9	房地产业	K	9	4%
10	租赁和商务服务业	L	4	2%
11	科学研究和技术服务业	M	3	1%
12	水利、环境和公共设施管理业	N	3	1%
13	卫生和社会工作	Q	4	2%
14	文化、体育和娱乐业	R	8	3%
15	综合	S	1	0
	合计		238	100%

由表2-16可见，制造业上市公司在选择联盟伙伴时，首先，是同行业上市公司，伙伴为同行业门类上市公司的联盟115组；其次，是信息传输、软件和信息技术服务业门类，伙伴为该行业门类上市公司的联盟36组；最后，是金融业上市公司，伙伴为金融业上市公司的联盟21组。这三类伙伴涉及联盟合计172组，占制造业全部伙伴的72%。

(4) 信息传输、软件和信息技术服务业上市公司联盟伙伴的行业分布

374 对战略联盟中，有 96 对战略联盟上市公司隶属信息传输、软件和信息技术服务业，其中联盟双方均为信息传输、软件和信息技术服务业的 24 对，联盟双方有一方为信息传输、软件和信息技术服务业上市公司的联盟 72 对，即信息传输、软件和信息技术服务业联盟伙伴 96 家。这些联盟伙伴有 24 家系信息传输、软件和信息技术服务业上市公司，另外 72 家伙伴分布在制造业，金融业，文化、体育和娱乐业，金融业等 13 个行业门类，具体情况见表 2 – 17。

表 2 – 17　信息传输、软件和信息技术服务业上市公司联盟伙伴的行业分布

序号	信息传输、软件和信息技术服务业上市公司联盟伙伴行业排行榜	行业门类代码	联盟对数	占比
1	制造业	C	36	38%
2	电力、热力、燃气及水生产和供应业	D	1	1%
3	建筑业	E	1	1%
4	批发和零售业	F	3	3%
5	交通运输、仓储和邮政业	G	2	2%
6	住宿和餐饮业	H	2	2%
7	信息传输、软件和信息技术服务业	I	24	25%
8	金融业	J	9	9%
9	房地产业	K	2	2%
10	租赁和商务服务业	L	2	2%
11	科学研究和技术服务业	M	1	1%
12	水利、环境和公共设施管理业	N	1	1%
13	卫生和社会工作	Q	1	1%
14	文化、体育和娱乐业	R	11	11%
	合计		96	100%

由表 2 – 17 可见，信息传输、软件和信息技术服务业上市公司在选择联盟伙伴时，首先，是制造业上市公司，伙伴为制造业上市公司的联盟 36 组，其次，是同行业上市公司，伙伴为同行业门类上市公司的联盟 24 组；再次，是文化、体育和娱乐业上市公司，伙伴为该行业门类上市公司的联盟 11 组；最后，是金融业上市公司，伙伴为金融业上市公司的联盟 9 组，这四类伙伴涉及联盟合

计80组,占信息传输、软件和信息技术服务业全部伙伴的83%。

(5) 金融业上市公司联盟伙伴的行业分布

374对战略联盟中,有65对战略联盟上市公司隶属金融业,其中联盟双方均为金融业的21对,联盟双方有一方为金融业的联盟44对,即金融业上市公司的联盟伙伴65家。这些联盟伙伴有7家系金融业上市公司,另外58家伙伴分布在制造业,房地产,信息传输、软件和信息技术服务业等12个行业门类,具体情况见表2-18。

表2-18　　金融业上市公司联盟伙伴的行业分布

序号	金融业上市公司联盟伙伴行业排行榜	行业门类代码	联盟对数	占比
1	采矿业	B	1	2%
2	制造业	C	21	32%
3	电力、热力、燃气及水生产和供应业	D	3	5%
4	建筑业	E	8	12%
5	批发和零售业	F	1	2%
6	信息传输、软件和信息技术服务业	I	9	14%
7	金融业	J	7	11%
8	房地产业	K	10	15%
9	租赁和商务服务业	L	1	2%
10	科学研究和技术服务业	M	1	2%
11	水利、环境和公共设施管理业	N	1	2%
12	卫生和社会工作	Q	1	2%
13	文化、体育和娱乐业	R	1	2%
	合计		65	100%

由表2-18可见,金融业上市公司在选择联盟伙伴时,首先,是制造业上市公司,伙伴为制造业上市公司的联盟21组;其次,是房地产业上市公司,伙伴为该行业门类上市公司的联盟10组;再次,是信息传输、软件和信息技术服务业上市公司,伙伴为该行业门类上市公司的联盟9组;再其次,是建筑业上市公司,伙伴为该行业门类上市公司的联盟8组;最后,是金融业上市公

司,伙伴为金融业上市公司的联盟 7 组。这五类伙伴涉及联盟合计 55 组,占金融业全部伙伴的 85%,并且金融业上市公司在选择后四大行业门类上市公司作为联盟伙伴时,优先级次差异不如选择制造业时那么明显。

(6) 具有联盟偏好上市公司的行业分布

根据前文所述,568 个联盟公告涉及 468 家上市公司,其中 342 家上市公司缔结了 1 个联盟,126 家上市公司缔结了 2 个或 2 个以上联盟,本书认为缔结 2 个及 2 个以上联盟的上市公司具有结盟偏好。

126 家具有联盟偏好的上市公司分布在 14 个行业门类,交通运输、仓储和邮政业,农、林、牧、渔业和综合 3 个门类上市公司对缔结多个联盟兴趣不大。制造业,信息传输、软件和信息技术服务业,金融业排名前三的联盟上市公司行业门类中,上市公司缔结 2 个及以上联盟家数也是最多的,这 3 个行业具有结盟偏好上市公司合计 93 家,占具有结盟偏好上市公司 74%。其余 11 个行业具有结盟偏好上市公司不多,合计 33 家,占具有结盟偏好上市公司 26%,见表 2-19。

表 2-19　126 家具有结盟偏好上市公司的行业分布

序号	上市公司所属行业门类	具有结盟偏好上市公司 家数	占比	结盟所有上市公司 家数	占比	具有结盟偏好上市公司占比
1	制造业	59	46%	245	52%	24%
2	信息传输、软件和信息技术服务业	19	15%	62	13%	31%
3	金融业	15	12%	30	6%	50%
4	文化、体育和娱乐业	6	5%	17	4%	35%
5	采矿业	5	4%	17	4%	29%
6	房地产业	4	3%	16	3%	25%
7	建筑业	3	2%	16	3%	19%
8	科学研究和技术服务业	3	2%	13	3%	23%
9	批发和零售业	3	2%	12	3%	25%
10	租赁和商务服务业	3	2%	10	2%	30%

续表

序号	上市公司所属行业门类	具有结盟偏好上市公司		结盟所有上市公司		具有结盟偏好上市公司占比
		家数	占比	家数	占比	
11	水利、环境和公共设施管理业	2	2%	8	2%	25%
12	卫生和社会工作	2	2%	7	1%	29%
13	电力、热力、燃气及水生产和供应业	1	1%	6	1%	17%
14	住宿和餐饮业	1	1%	5	1%	20%
15	农、林、牧、渔业	0	0	2	0	0
16	住宿和餐饮业	0	0	2	0	0
17	综合	0	0	1	0	0
	合计	126	100%	469	100%	27%

分行业大类来看，信息传输、软件和信息技术服务业，金融业，文化、体育和娱乐业等6个行业主动披露联盟事项上市公司占比在27%以上，超过主动披露上市公司平均水平，其中金融业具有结盟偏好上市公司达到50%，信息传输、软件和信息技术服务业，文化、体育和娱乐业，租赁和商务服务业3个行业结盟上市公司占比达到30%及以上。制造业，建筑业，房地产业等8个行业具有结盟偏好上市公司相对较少。

三、缔结战略联盟上市公司的地域分布及年龄特征

（一）中国上市公司战略联盟的地域分布

1. 缔结战略联盟上市公司的地域分布

根据 WIND 数据库显示上市公司所处省份，统计分析374组战略联盟涉及468家上市公司的所属省份发现，这些上市公司分布在中国广东省、江苏省、浙江省等22个省；内蒙古自治区、广西壮族自治区、西藏自治区3个自治区和北京市、上海市、天津市、重庆市4个直辖市，与A股上市公司在全国各地域分布情况整体一致，可以说，国内有上市公司的地方就有上市公司战略联盟，详见表2-20。

表2-20　　　468家战略联盟上市公司的地域分布

序号	省份	联盟上市公司		A股上市公司		联盟上市公司占A股上市公司比
		家数	占比	家数	占比	
1	广东省	99	21%	578	16%	17%
2	北京市	71	15%	307	9%	23%
3	江苏省	40	9%	386	11%	10%
4	浙江省	38	8%	430	12%	9%
5	上海市	26	6%	276	8%	9%
6	福建省	21	4%	134	4%	16%
7	湖北省	20	4%	100	3%	20%
8	四川省	17	4%	118	3%	14%
9	山东省	17	4%	194	6%	9%
10	安徽省	15	3%	103	3%	15%
11	河南省	11	2%	78	2%	14%
12	湖南省	11	2%	104	3%	11%
13	辽宁省	9	2%	69	2%	13%
14	河北省	8	2%	55	2%	15%
15	天津市	8	2%	52	1%	15%
16	重庆市	8	2%	49	1%	16%
17	广西壮族自治区	6	1%	36	1%	17%
18	海南省	6	1%	32	1%	19%
19	陕西省	6	1%	47	1%	13%
20	黑龙江省	5	1%	35	1%	14%
21	吉林省	5	1%	40	1%	13%
22	新疆维吾尔自治区	5	1%	55	2%	9%
23	甘肃省	3	1%	33	1%	9%
24	云南省	3	1%	34	1%	9%
25	内蒙古自治区	2	0	25	1%	8%
26	宁夏回族自治区	2	0	13	0	15%
27	青海省	2	0	11	0	18%
28	贵州省	1	0	29	1%	3%

续表

序号	省份	联盟上市公司 家数	占比	A股上市公司 家数	占比	联盟上市公司占A股上市公司比
29	江西省	1	0	46	1%	2%
30	山西省	1	0	38	1%	3%
31	西藏自治区	1	0	17	0	6%
	合计	468	100%	3524	100%	13%

从整体来看，468家缔结战略联盟的上市公司，主要集中在广东省、江苏省、浙江省3个省和北京市、上海市2个直辖市，这三省两市结盟上市公司合计274家，占所有结盟上市公司比例近六成，而其余24个省份和天津、重庆2个直辖市占比约四成。两直辖市及三省份战略联盟更集中，与该五地的经济发达程度、企业活跃程度以及上市公司家数等因素密不可分。

从单个地域来看，北京市、湖北省两地缔结战略联盟上市公司比例相对更高，达到了20%以上，即10家上市公司中有2家上市公司缔结战略联盟；而江苏省、浙江省和上海市联盟上市公司占A股上市公司比例接近或不足10%，这三地上市公司结盟积极性不高。

2. 同城结盟抑或跨城结盟

（1）同城结盟上市公司的占比

374对战略联盟中，286对联盟伙伴地处不同省份，占比77%，另外88对联盟伙伴来自相同省份，占23%，即77%上市公司跨省结盟，23%上市公司选择同省结盟。进一步分析发现，选择同省上市公司作为联盟伙伴的88对联盟中，有65对联盟伙伴地处同一城市，而另外23对联盟伙伴地处相同省份不同城市，即同城市结盟上市公司占74%，跨城市结盟上市公司占26%。从全样本来看，跨省联盟286对，占全部战略联盟77%；同省且同城市联盟65对，占全部战略联盟17%；同省但不同城市联盟23对，占全部战略联盟6%。可见，异地结盟是主流，同城结盟占比不足四分之一，如图2-7所示。

（2）同城结盟上市公司的地域分布

汇总这65对同城市联盟上市公司可知，他们分布在深圳市、北京市和合肥市等15个城市，374对战略联盟上市公司所处其他99个城市均是异城结盟，如表2-21所示。

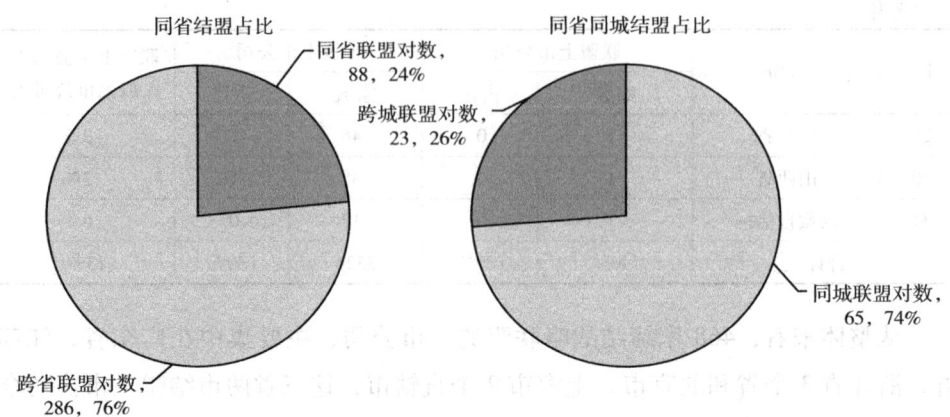

图 2-7 374 对战略联盟同城结盟情况

由表 2-21 可见，合肥市、南京市和温岭市缔结战略联盟上市比较偏好选择同城上市公司作为联盟伙伴；深圳市、杭州市、成都市和重庆市上市公司次之；武汉市、福州市和广州市上市公司更愿意跨城市选择联盟伙伴。

表 2-21　　　　　　　同城市联盟上市公司分布

序号	城市	同城结盟上市公司		结盟所有上市公司		同城结盟上市公司占比
		对数	占比	家数	占比	
1	深圳市	17	26%	109	15%	31%
2	北京市	14	22%	135	18%	21%
3	合肥市	7	11%	29	4%	48%
4	杭州市	5	8%	28	4%	36%
5	上海市	5	8%	42	6%	24%
6	成都市	3	5%	18	2%	33%
7	南京市	3	5%	15	2%	40%
8	重庆市	3	5%	16	2%	38%
9	武汉市	2	3%	25	3%	16%
10	福州市	1	2%	15	2%	13%
11	广州市	1	2%	16	2%	13%
12	青岛市	1	2%	8	1%	25%
13	天津市	1	2%	10	1%	20%

续表

序号	城市	同城结盟上市公司		结盟所有上市公司		同城结盟上市公司占比
		对数	占比	家数	占比	
14	温岭市	1	2%	2	0	100%
15	张家港市	1	2%	8	1%	25%
16	其他99市	0	0	273	37%	0
	合计	65	100%	748	100%	17%

(3) 北京市上市公司联盟伙伴的城市分布

374 对战略联盟中,联盟一方来自北京市上市公司的联盟135 对,考察这135 家北京市上市公司的联盟伙伴属地发现,这些伙伴分布在北京市、杭州市等44 个城市,但联盟伙伴在5 家以上的城市主要集中在北京市、廊坊市、上海市、深圳市、武汉市、杭州市和西安市7 座城市,这7 座城市联盟伙伴合计77 家,占比接近六成。另外37 座城市合计涉及联盟伙伴58 家,分别是克拉玛依市和沈阳市各4 家;龙口市、南京市、石家庄市和张家港市4 市各3 家;东营市、福州市和广州市等7 市各2 家;常州市、成都市等其余24 市各1 家,具体情况见表2-22。

表2-22　135 家北京市上市公司联盟伙伴的地域分布

序号	北京市上市公司联盟伙伴所处城市	家数	占比
1	北京市	28	21%
2	廊坊市	10	7%
3	上海市	9	7%
4	深圳市	9	7%
5	武汉市	9	7%
6	杭州市	7	5%
7	西安市	5	4%
8	其他37市	58	43%
	合计	135	100%

从选择联盟伙伴地域倾向性来看,首先,北京市上市公司首选当地上市公司作为联盟伙伴;其次,是选择北京市周边地区的廊坊市;再次,是选择上海

市、深圳市和武汉市,并且在这3座城市的选择优先秩序上未见有差异;最后,是杭州市和西安市。

(4) 深圳市上市公司联盟伙伴的城市分布

374对战略联盟中,联盟一方来自深圳市上市公司的联盟109对,考察这109家深圳市上市公司的联盟伙伴所处城市发现,这些伙伴分布在深圳市、北京市等44个城市,但联盟伙伴在5家以上的城市主要集中在深圳市、北京市、上海市、长沙市和武汉市5座城市,这5座城市联盟伙伴合计66家,占比55%。另外39座城市合计涉及联盟伙伴49家,分别是漳州市3家;东莞市、广州市、杭州市等8市各2家;潮州市、成都市、佛山市等其余30市各1家,具体情况见表2-23。

表2-23　　135家北京市上市公司合作伙伴的地域分布

序号	深圳市上市公司联盟伙伴所处城市	家数	占比
1	深圳市	34	31%
2	北京市	9	8%
3	上海市	6	6%
4	长沙市	6	6%
5	武汉市	5	5%
6	其他39市	49	45%
	合计	109	100%

从选择联盟伙伴地域倾向性来看,首先,深圳市上市公司首选当地上市公司作为联盟伙伴;其次,是选择北京市;最后,是选择上海市、长沙市和武汉市,并且在这3市的选择优先秩序上差异很小。

(5) 上海市上市公司联盟伙伴的城市分布

374对战略联盟中,联盟一方来自上海市上市公司的联盟42家,考察这42家上海市上市公司的联盟伙伴所处城市发现,这些伙伴分布在上海市、北京市等20个城市,但联盟伙伴在5家以上的城市主要集中在上海市、北京市和深圳市3座城市,这3座城市联盟伙伴合计25家,占比接近六成。其余17座城市合计涉及联盟伙伴17家,分别是成都市、大连市和福州市等17市各1家,具体情况见表2-24。

表2-24　　　135家北京市上市公司合作伙伴的地域分布

序号	上海市上市公司联盟伙伴所处城市	家数	占比
1	上海市	10	24%
2	北京市	9	21%
3	深圳市	6	14%
4	其他17市	17	40%
	合计	42	100%

从选择联盟伙伴地域倾向性来看，首先，上海市上市公司首选当地上市公司作为联盟伙伴；其次，是选择北京市上市公司；最后，是选择深圳市上市公司。除这3座城市外，其他城市的联盟伙伴均只有1家。

由上面的分析可见，北京市、深圳市和上海市上市公司在选择联盟伙伴时，都具有一定的地域倾向性，且倾向性特征比较类似。出现这一特征的原因大致包含两个：一是这3座城市上市公司均是首选同城上市公司作为联盟伙伴；二是深圳市和上海市上市公司均将北京市作为第二层次伙伴选择属地，而北京市上市公司同时将深圳市和上海市作为第二层次伙伴选择属地。

（6）具有联盟偏好上市公司的地域分布

374对战略联盟涉及468家上市公司，其中具有联盟偏好上市公司126家。这126家上市公司主要分布在北京市、广东省和浙江省等21个省市，河南省、广西壮族自治区和甘肃省等11个省区结盟上市公司对寻求多个联盟伙伴暂无兴趣。从具有联盟偏好上市公司所处地域来看，北京市、安徽省和陕西省等省市具有联盟偏好上市公司相对较高，占比超过40%；而江苏省、上海市和湖北省等省市具有联盟偏好上市公司相对较低，占比不足20%，见表2-25。

表2-25　　　125家具有联盟偏好上市公司的地域分布

序号	省级行政区	具有结盟偏好上市公司		结盟所有上市公司		具有结盟偏好上市公司占比
		家数	占比	家数	占比	
1	北京市	33	26%	70	15%	45%
2	广东省	31	25%	99	21%	31%
3	浙江省	8	6%	38	8%	21%
4	安徽省	6	5%	15	3%	40%
5	福建省	5	4%	21	4%	24%

续表

序号	省级行政区	具有结盟偏好上市公司		结盟所有上市公司		具有结盟偏好上市公司占比
		家数	占比	家数	占比	
6	江苏省	5	4%	40	9%	13%
7	山东省	5	4%	17	4%	29%
8	上海市	5	4%	26	6%	19%
9	陕西省	4	3%	6	1%	67%
10	四川省	4	3%	18	4%	22%
11	湖北省	3	2%	20	4%	15%
12	湖南省	3	2%	11	2%	27%
13	辽宁省	3	2%	9	2%	33%
14	河北省	2	2%	8	2%	25%
15	新疆维吾尔自治区	2	2%	5	1%	40%
16	重庆市	2	2%	8	2%	25%
17	海南省	1	1%	6	1%	17%
18	黑龙江省	1	1%	5	1%	20%
19	吉林省	1	1%	5	1%	20%
20	内蒙古自治区	1	1%	2	0	50%
21	天津市	1	1%	8	2%	13%
22	河南省	0	0	11	2%	0
23	广西壮族自治区	0	0	6	1%	0
24	甘肃省	0	0	3	1%	0
25	云南省	0	0	3	1%	0
26	宁夏回族自治区	0	0	2	0	0
27	青海省	0	0	2	0	0
28	贵州省	0	0	1	0	0
29	江西省	0	0	1	0	0
30	山西省	0	0	1	0	0
31	西藏自治区	0	0	1	0	0
	合计	126	100%	468	100%	27%

(二) 中国上市公司战略联盟的年龄特征

1. 缔结战略联盟上市公司的成立时间分布

根据 WIND 数据库显示上市公司成立时间，统计分析 374 组战略联盟涉及

468家上市公司的成立时间发现，这些上市公司分布在1979~2015年的37年间，但不涉及成立于2009年、2012年、2013年和2014年4年上市公司。观测结果详见图2-8，横轴表示上市公司成立年限，纵轴表示联盟上市公司的家数。

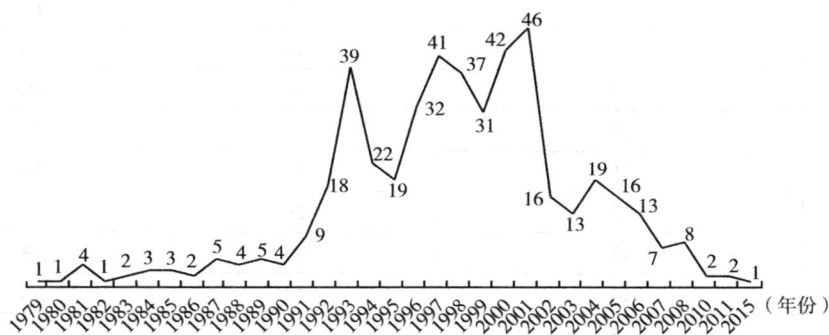

图2-8　468家联盟上市公司的成立时间分布

由图2-8可见，468家上市公司成立时间虽然分布在1979~2015年间的33个年份，但分布并不均匀：站在2018年这个时点上来看，"年长（成立时间较长）"的上市公司，如成立时间在1992年之前的上市公司，以及"年少"（成立时间较短）的上市公司，如2006年之后成立的上市公司，缔结战略联盟的均较少。而"年轻（成立时间不是太长也不是太短）"的上市公司，如成立时间在1992~2006年的上市公司，缔结战略联盟的相对较多。

2. 上市公司缔结战略联盟时的年龄分布

统计发现，374对缔结战略联盟上市公司结盟时的年龄①分布在"1岁"至"35岁"的34年间，唯独未见"5岁"结盟的上市公司，其他年龄均囊括在内，具体情况见表2-26。

表2-26　　　　374对缔结战略联盟上市公司的结盟"年龄"

序号	上市公司结盟时的年龄	联盟上市公司家数	占比
1	1	1	0
2	2	1	0
3	3	1	0

---

① 本书所述上市公司结盟时的年龄指上市公司成立年份至上市公司结盟年份所间隔的年限。

续表

序号	上市公司结盟时的年龄	联盟上市公司家数	占比
4	4	3	0
5	6	4	1%
6	7	11	1%
7	8	19	3%
8	9	14	2%
9	10	23	3%
10	11	27	4%
11	12	29	4%
12	13	36	5%
13	14	48	6%
14	15	51	7%
15	16	57	8%
16	17	58	8%
17	18	48	6%
18	19	53	7%
19	20	42	6%
20	21	49	7%
21	22	28	4%
22	23	28	4%
23	24	32	4%
24	25	20	3%
25	26	10	1%
26	27	13	2%
27	28	8	1%
28	29	11	1%
29	30	6	1%
30	31	3	0
31	32	4	1%
32	33	7	1%
33	34	2	0
34	35	1	0
合计		748	100%

由表 2-26 可见，尽管 374 对缔结战略联盟的上市公司结盟时出现了 34 个不同的年龄，但是结盟年龄相对比较集中，主要分布在"13 岁"至"21 岁"这 9 个年龄。"13 岁"至"21 岁"这 9 个年龄结盟上市公司家数合计 442 家，占全部结盟上市公司 59%，且每个年龄的上市公司家数占比都在 5% 以上；其他 25 个年龄的结盟上市公司合计 306 家，占全部结盟上市公司 41%。也就是说，更多的上市公司选择在"青年时"（"13 岁"至"21 岁"）缔结战略联盟，年龄小于"13 岁"尤其是小于"8 岁"的上市公司，以及年龄长于"21 岁"尤其是长于"25 岁"上市公司，缔结战略联盟的较少。

出现上述现象可能与公司成长周期有关，成立初期的上市公司，可能将更多的精力放在"苦练内功"上，并且成长期的公司因初创期规模、实力、资源等有限，想要寻求资源优势明显且愿与其结盟的上市公司具有较高的难度。另外，成立时间较长的上市公司，或因自身优势明显，或是进入稳定发展期，而对结盟兴趣不大。因此成立有一段时间但不太久的上市公司，往往已经具备一定实力，其想要巩固发展壮大，在内部挖潜受限的情况下，更愿意在资本市场上寻找伙伴结盟以求获取更多的资源。

3. 同龄结盟抑或跨龄结盟

逐一对比计算 374 组战略联盟伙伴双方的成立年份，了解双方是否存在年龄差或存在多大的年龄差，探究上市公司在缔结战略联盟时，对联盟伙伴的年龄选择。

（1）联盟伙伴之间的"年龄"差

374 对战略联盟中，联盟伙伴之间年龄差最小为 0，即联盟双方成立于同一年份，伙伴之间年龄差最大为 24 年。伙伴之间年龄差 0~24 年，除未见 21 年和 23 年两个年龄差外，其余 23 个年龄差均有涉及，详细情况见表 2-27。

表 2-27　　　　　　　战略联盟伙伴"年龄"差

序号	联盟双方年龄差	联盟对数	占比
1	0	54	14%
2	1	41	11%
3	2	32	9%
4	3	38	10%

续表

序号	联盟双方年龄差	联盟对数	占比
5	4	30	8%
6	5	30	8%
7	6	18	5%
8	7	23	6%
9	8	18	5%
10	9	18	5%
11	10	12	3%
12	11	22	6%
13	12	6	2%
14	13	6	2%
15	14	4	1%
16	15	5	1%
17	16	3	1%
18	17	4	1%
19	18	3	1%
20	19	2	1%
21	20	1	0
22	22	1	0
23	24	3	1%
合计		374	100%

表2-27显示，23个年龄差中，首先，年龄差为0的战略联盟组数最多，有54对；其次，年龄差为1年的战略联盟，有41对；最后，是年龄差为3年的战略联盟，有39对。将伙伴之间年龄差分段来看，年龄差在0~5年的联盟合计225对，占全部联盟60%；年龄差在6~11年的联盟合计111对，占全部联盟30%；年龄差在12~24年的联盟合计38对，占全部联盟10%。由此可见，A股上市公司在缔结战略联盟时，更倾向于选择"同龄"上市公司作为联盟伙伴，"年龄"差异较大的战略联盟占少数。

（2）"同龄"结盟上市公司的成立年限

进一步探查"同龄"结盟的54组战略联盟伙伴发现，他们分别是成立于

1992~2005年14年间的上市公司，首先，成立于1997年的上市公司"同龄"联盟最多，多达10组；其次，是成立于1999年的上市公司"同龄"联盟，8组；最后，是成立于2001年的上市公司"同龄"联盟，7组。

探究成立于1992~2005年的54组"同龄"上市公司，缔结战略联盟时的"年龄"，成立于1998年及以前年度的上市公司，结盟时"年龄"为"19岁""20岁"和"21岁"的较多；成立于1999年及以后年度的上市公司，结盟时"年龄"为"14岁""15岁"和"16岁"的较多，具体情况见表2-28。

表2-28　　　　　"同龄"战略联盟伙伴结盟年龄分布表

序号	成立年份	联盟对数	缔结战略联盟时上市公司年龄													
			8	9	10	11	12	13	14	15	16	17	18	19	20	21	23	24	25
1	1992	3												2	1				
2	1993	5													1	2	1	1	
3	1994	2						1								1			
4	1995	1								1									
5	1996	4									1	2	1						
6	1997	10				2			1			2	2	2	1				
7	1998	4												2	2				
8	1999	8	1				1	2	1		2								
9	2000	6		1		1		1	1		1	1							
10	2001	7					1	1	2	3									
11	2002	1								1									
12	2003	1						1											
13	2004	1			1														
14	2005	1				1													
合计		54	1	1	2	3	2	3	4	5	5	3	2	6	6	5	3	2	1

由表2-29可知，54组"同龄"结盟上市公司，缔结战略联盟时"年龄"分布在"8岁"至"25"岁期间的多个"年龄"，整体分布较为分散。但换一个维度来看，这54组"同龄"结盟上市公司多选择在2014~2018年结盟，这与上市公司之间联盟多寡规律大致一致。

表 2-29　　"同龄"战略联盟伙伴结盟年限分布表

序号	成立年份	联盟对数	缔结战略联盟的年份										
			2008	2009	2010	2011	2012	2013	2014	2015	2016	2017	2018
1	1992	3							2	1			
2	1993	5								1	2	1	1
3	1994	2			1							1	
4	1995	1						1					
5	1996	4									1	3	
6	1997	10		2			2			1	2	2	2
7	1998	4										1	3
8	1999	8	1					1	2	1		2	
9	2000	6		1		1			1		1	1	
10	2001	7							1	1	1	2	2
11	2002	1											1
12	2003	1											1
13	2004	1						1					
14	2005	1								1			
合计		54	1	3	1	1	2	1	6	7	8	13	11

4. 具有联盟偏好上市公司的"年龄"分布

374 对战略联盟涉及 468 家上市公司，其中具有联盟偏好上市公司 126 家。这 126 家上市公司成立时间分布在 1980 年、1983 年等 27 个年份，成立于 1979 年、1981 年和 1982 年等 7 个年份的上市公司对寻求多个联盟伙伴暂无兴趣。从具有联盟偏好上市公司"年龄"来看，成立时间在 1992～2001 年的上市公司具有联盟偏好的相对较高，合计 88 家，占比 70%；而 1992 年之前以及 2001 年之后成立的上市公司中具有联盟偏好上市公司相对较少，合计占比 30%，见表 2-30。

表 2-30　　125 家具有联盟偏好上市公司的成立时间分布

序号	成立年份	具有结盟偏好上市公司		结盟所有上市公司		具有结盟偏好上市公司占比
		家数	占比	家数	占比	
1	1979	0	0	1	0	0
2	1980	1	1%	1	0	100%
3	1981	0	0	4	1%	0

续表

序号	成立年份	具有结盟偏好上市公司		结盟所有上市公司		具有结盟偏好上市公司占比
		家数	占比	家数	占比	
4	1982	0	0	1	0	0
5	1983	1	1%	2	0	50%
6	1984	2	2%	3	1%	67%
7	1985	1	1%	3	1%	33%
8	1986	0	0	2	0	0
9	1987	3	2%	5	1%	60%
10	1988	3	2%	4	1%	75%
11	1989	1	1%	5	1%	20%
12	1990	1	1%	4	1%	25%
13	1991	4	3%	9	2%	44%
14	1992	6	5%	18	4%	33%
15	1993	8	6%	39	8%	21%
16	1994	5	4%	22	5%	23%
17	1995	5	4%	19	4%	26%
18	1996	11	9%	32	7%	34%
19	1997	10	8%	41	9%	24%
20	1998	5	4%	38	8%	13%
21	1999	12	10%	31	7%	39%
22	2000	9	7%	42	9%	21%
23	2001	17	13%	45	10%	35%
24	2002	2	2%	16	3%	13%
25	2003	4	3%	13	3%	31%
26	2004	5	4%	19	4%	26%
27	2005	4	3%	16	3%	25%
28	2006	2	2%	13	3%	15%
29	2007	3	2%	7	1%	43%
30	2008	0	0	8	2%	0
31	2010	1	1%	2	0	50%
32	2011	0	0	2	0	0%
33	2015	0	0	1	0	0
	合计	126	100%	468	100%	27%

由表 2-30 可见，整体来看，1992~2001 年成立的上市公司普遍具有联盟偏好，但年份之间也存在一定的差异，"年龄相仿"的上市公司，可能一个年份具有较明显的联盟偏好，而另一个年份则不明显，如 1999 年成立的上市公司，具有联盟偏好上市公司占比 39%，高于平均水平；而 1998 年成立的上市公司，具有联盟偏好上市公司占比 13%，远低于平均水平。

第三节　战略联盟共赢概念的提出

一、中国上市公司之间战略联盟的特征

本章前文通过梳理中国 A 股上市公司之间战略联盟的现状发现，中国上市公司面对蜂拥而至的竞争者以及走出去的新机会，逐步建立起自己的联盟，既包括非竞争者之间的战略联盟合作，也包括竞争者之间的联盟合作，并且这些联盟在成立时间、联盟类型、行业、地域等方面均呈现出鲜明的特点：

1. 中国 A 股上市公司之间战略联盟蓬勃发展，数量与日俱增。梳理 2000~2018 年的中国上市公司公告得到 568 个上市公司之间的战略联盟公告，其中 2000~2007 年战略联盟 0 个，2008~2013 年战略联盟 60 个，2014~2018 年战略联盟 508 个，可见近年来上市公司之间的战略联盟增长较快。

568 个联盟公告共形成 374 对战略联盟，其中 194 对为对称的联盟公告，其余 180 对为非对称联盟公告。并且这 568 个联盟公告总共涉及 468 家 A 股上市公司，其中 342 家上市公司参与了 1 对上市公司之间战略联盟缔结，126 家上市公司缔结了 2 对或 2 对以上战略联盟。

2. 中国 A 股上市公司之间战略联盟形式多样，目的多重。从战略联盟的目的出发，战略联盟分为研发联盟、供应链联盟、生产联盟、营销联盟、资本联盟五种类型。细分 748 个战略联盟发现，288 个联盟基于单一目的缔结战略联盟，占上市公司联盟 39%；460 个联盟基于多重目的缔结战略联盟，占上市公司联盟 61%。五种战略联盟类型在 748 个联盟中累计出现 1468 次，其中生

产联盟出现428次，营销联盟421次，供应链联盟243次，研发联盟216次，资本联盟160次。

从联盟双方是否为关联方来看，374对战略联盟中，353对战略联盟伙伴在缔结战略联盟时不存在关联方关系，即94%的联盟上市公司更愿意在资本市场上寻求非关联方作为自身战略联盟合作伙伴，而另外6%的联盟上市公司选择与关联方缔结结盟。

从联盟是否涉及股权投资来看，374对战略联盟中，286对战略联盟不涉及股权投资，即77%的联盟上市公司选择方便、快捷、松散的契约式联盟方式结盟，剩余23%的联盟上市公司选择股权式联盟。

3. 中国A股上市公司更愿意选择与非国有企业结盟。374对战略联盟中，212对战略联盟选择了与自身相同公司属性的上市公司结盟，占比57%；另外162对战略联盟选择了与自身不同公司属性的上市公司结盟，占比43%。

374对战略联盟中，结盟一方为非国有上市公司、另一方为国有上市公司的联盟162组，占全部联盟43%；结盟双方都为非国有上市公司的联盟156组，占全部联盟42%；双方都为国有上市公司的联盟56组，占全部联盟15%。由此可见，中国上市公司，不论其自身是国有企业还是非国有企业，均更愿意选择非国有上市公司作为联盟伙伴。

4. 中国A股上市公司更倾向于跨行结盟。根据中国证监会的分类，截至2018年12月21日，中国A股3524家上市公司共涉及19个行业门类，468家缔结战略联盟上市公司除"居民服务、修理和其他服务业"和"教育"两个行业外，其他17个行业门类均有涉及，可以说，中国上市公司基本上各行各业均有战略联盟。

468家缔结战略联盟上市公司主要集中在制造业，信息传输、软件和信息技术服务业和金融业三大行业，其中制造业占比高达52%；信息传输、软件和信息技术服务业占比13%；金融业占比6%，这三大行业上市公司合计337家，合计占比72%。其他14个行业联盟上市公司合计132家，合计占比28%，且单个行业占比均在5%以下，尤其住宿和餐饮业，农、林、牧、渔业以及综合三大行业涉及上市公司联盟的非常有限。

374对战略联盟中，209对联盟伙伴隶属不同行业门类，占比56%，另外

165对联盟伙伴隶属相同行业门类,占44%,即56%上市公司选择跨行业门类结盟,44%上市公司选择同行业门类结盟。并且165对同行业门类战略联盟中,68对属于同行业门类且同行业大类,另外97对属于同行业门类但不同行业大类。

374对战略联盟中,有238对战略联盟上市公司隶属制造业,其中联盟双方均为制造业的115对,联盟双方有一方为制造业的联盟123对。制造业上市公司在选择联盟伙伴时,首先,是同行业上市公司,伙伴为同行业门类上市公司的联盟115对;其次,是信息传输、软件和信息技术服务业门类,伙伴为该行业门类上市公司的联盟36对;最后,是金融业上市公司,伙伴为金融业上市公司的联盟21对,这三类伙伴涉及联盟合计172对,占制造业全部伙伴的72%。

5. 中国A股上市公司更愿意异地结盟。缔结战略联盟的468家上市公司分布在中国广东省、江苏省、浙江省等22个省,内蒙古自治区、广西壮族自治区和西藏自治区3个自治区,北京市、上海市、天津市、重庆市4个直辖市,与A股上市公司在全国各地域分布情况整体一致,可以说,国内有上市公司的地方就有上市公司战略联盟。

468家缔结战略联盟的上市公司主要集中在广东省、江苏省、浙江省3个省和北京市、上海市2个直辖市,这三省两市结盟上市公司合计274家,占所有结盟上市公司比例近六成,而其余26个省份占比约四成。两直辖市及三省份战略联盟更集中,与该五地的经济发达程度、企业活跃程度以及上市公司家数等因素密不可分。

374对战略联盟中,286对联盟伙伴地处不同省份,占比77%;另外88对联盟伙伴来自相同省份,占23%。即77%上市公司跨省结盟,23%上市公司选择同省结盟。选择同省上市公司作为联盟伙伴的88对联盟中,有65对联盟伙伴地处同一城市,而另外23对联盟伙伴地处相同省份不同城市,即同城市结盟上市公司占74%,跨城市结盟上市公司占26%。从全样本来看,跨省联盟286对,占全部联盟77%;同省且同城市联盟65对,占全部联盟17%;同省但不同城市联盟23对,占全部联盟6%。

6. 中国A股上市公司更偏爱同龄结盟。374对缔结战略联盟上市公司结时的年龄主要分布在"13 岁"至"21 岁"。"13 岁"至"21 岁"结盟上市公司合计 442 家，占全部结盟上市公司 59%，且每个年龄的上市公司家数占比都在 5% 以上。其余 25 个年岁的结盟上市公司合计 306 家，占全部结盟上市公司 41%。也就是说，更多的上市公司选择在"青年时"（"13 岁"至"21 岁"）缔结战略联盟，年龄小于"13 岁"尤其是小于"8 岁"的上市公司，以及年龄长于"21 岁"尤其是长于"25 岁"的上市公司，缔结战略联盟的较少。

374 对战略联盟中，联盟伙伴之间年龄差最小为 0，即联盟双方成立于同一年份，伙伴之间年龄差最大为 24 年。将伙伴之间年龄差分段来看，年龄差在 0~5 年的联盟合计 225 对，占全部联盟 60%；伙伴之间年龄差在 6~11 年的联盟合计 111 对，占全部联盟 30%；伙伴之间年龄差在 12~24 年的联盟合计 38 对，占全部联盟 10%。由此可见，A 股上市公司在缔结战略联盟时，更倾向于选择"同龄"上市公司作为联盟伙伴，"年龄"差异较大的战略联盟占少数。

二、战略联盟的经济后果：合作共赢概念的提出

（一）上市公司基于共赢目标缔结战略联盟

随着国际竞争环境和竞争方式的改变，许多企业已挣脱地域限制实现了跨国跨区域的扩张。即便尚未走出国门的企业，也往往依托其先进科技水平、市场优势，得以在全国范围内寻求和获取资源，而战略联盟成为诸多中国企业，尤其是上市公司获取资源、降低成本、持续学习的重要战略手段。

首先，基于资源基础理论，战略联盟能够帮助企业获取资源，联盟伙伴之间通过资源共享实现共赢。一家企业不论是实现产业价值链延伸、产业多元化，还是在原有价值链深耕，都需要源源不断的资金、技术、人才、市场、供应等诸多资源，而有价值的资源往往具有稀缺性、不可复制性和不可模仿性，战略联盟为企业提供了一种获取优质资源的方式（Wernerfelt, 1984）。这也许可以用来解释：为什么中国 A 股上市公司更倾向于跨行结盟，因为与不同行业上市公司结盟，可以让其快速拥有接触不同行业的市场、技术、人才资源的

机会；为什么中国 A 股上市公司更愿意异地结盟，因为来自不同地域的上市公司必然掌握着更多的当地资源。

其次，基于交易费用理论，战略联盟能够降低企业的成本，联盟伙伴通过建立长期、固定的合作关系降低双方的交易成本。一方面，一个企业通常只在产业价值链的某一个或少数几个环节上拥有优势，而不可能在全部环节上都处于优势。在企业的劣势环节上，可能有别的企业处于优势，因此企业通过与其在各自具有优势的环节上进行合作，以达到联盟整体利益的最大化。另一方面，随着技术更新换代速度的加快，企业需要不断提高研发速度，而新技术的研发从来伴随着高投入和高风险，建立研发联盟为企业进行技术合作提供了一条有效的途径。研发联盟不仅可以让伙伴分摊研发成本，还可以降低单个企业的技术开发风险（Hagedoorn and Narula，1996）。

最后，基于组织学习理论，战略联盟可以为企业提供大量的学习机会，联盟伙伴通过相互学习，取长补短实现共赢。新技术的发展日新月异，使企业越来越重视技术研发和新知识的获取。然而，技术、技能和知识很难在市场上直接获取，也很难被定价，而缔结战略联盟为获取新技术和新知识提供了一条新的有效途径（Mowery et al.，1996）。

总而言之，联盟企业可以自联盟伙伴获取资本、研发、供应、生产以及营销等互补性资源，从而提高彼此未来的经营业绩。此外，投资者会认为发布战略联盟公告的企业未来收益会增加，其公告就会在证券市场上产生正向的预期，也就能拉动股价的上涨，带来正向市场反应。

（二）正视战略联盟存在的风险和负面效应

尽管企业缔结战略联盟均基于美好而明确的战略愿景，实践中战略联盟也确实为联盟企业带来了市场份额提升、供应链优化、生产协同效益提高以及研发效益增加等一系列正面效益，但不得不承认，战略联盟也存在风险和负面效应。这些负面效益的产生原因及表现形式大致包括以下三类：

首先，战略联盟合作中的冲突和矛盾不可避免。尽管战略联盟因联盟双方某一或某些共同目标而产生，但由于每个伙伴企业都保持了自己的独立身份，因此，每个企业都会尽最大努力保全自身的利益和目标。为此，在联盟合作中，伙伴企业会就一些目标达成一致意见，并形成联盟追求的共同目标，但联盟伙伴双方设定的共同目标，并不是每个伙伴企业的全部目标。为了实现各自利益的最大化，伙伴企业必然在合作方式、广度和深度以及合作项目的选择、管理和控制等诸多方面展开复杂的博弈，并带来不可避免的冲突。

其次，战略联盟具有很强的可退出性，这也决定了其具有不稳定性。近年来，战略联盟的不稳定性一直备受理论界和企业管理层的关注。上述中国上市公司之间的374对战略联盟中，非股权式联盟占76%，股权式联盟仅占24%。也就是说，大部分上市公司选择可退出性强的契约式联盟，那么相应的，不稳定性是战略联盟可退出性的必然结果。

最后，战略联盟在帮助企业实现战略目标的同时，也存在不同程度的风险（李东红，2002）。一是战略联盟中不可避免的冲突和矛盾，可能出现一方通过损害另一方利益以谋求自身的利益的情况。二是战略联盟可能培养壮大竞争对手的技术、市场等核心力量，从而恶化企业所面临的市场竞争环境。三是战略联盟可能会促使潜在竞争者更快地向实现竞争者转变，从而加剧行业竞争。四是战略联盟可能带来关键技术人才和管理人才的流失。

（三）中国上市公司之间战略联盟共赢的经济后果有待检验

如本章前文所述，战略联盟在中国上市公司中具有一定的普遍性，并且缔结联盟的双方均基于合作共赢的目标，然而战略联盟的风险和可能带来的负面效应也是客观存在的。换句话说，任何事务都均有两面性，战略联盟的经济后果也不例外。因此，中国上市公司之间的战略联盟能否实现合作共赢目标，有待检验。

关于战略联盟的经济后果，已有文献主要从两个方向进行了探究：一是从联盟上市公司的股价波动，即上市公司的市场反应评估联盟的经济后果；二是从联盟公司的财务结果评价联盟的经济后果。

对于上市公司战略联盟市场反应的经济后果，国内外已有较多学者基于诸多国家的经济背景或特色行业，开展了丰富的研究，这些研究结果大多表明上市公司发布战略联盟公告可以带来积极的市场反应。

对于上市公司战略联盟财务效应的经济后果，可以把现有研究分为收益类财务效应和成本类财务效应。收益类财务效应又分为短期收益类财务效益和长期收益类财务效应两种，主要以净资产收益率、总资产收益率、营业收入增长率等综合财务指标作为评价指标；成本类财务效主要以融资成本（多计入财务费用）、税收负担（多计入税金及附加）和审计费用（多计入管理费用）等单一指标作为评价指标。

整体而言，基于新兴国家的战略联盟市场反应的实证研究，尤其是基于中国上市公司之间战略联盟的证据尚不多见，因此研究中国上市公司战略联盟的市场反应具有理论和现实意义。同时国内关于战略联盟财务业绩的研究较少，且不够系统，存在进一步探究的必要性。下文将分别从战略联盟的市场反应和财务效应探究中国上市公司之间战略联盟的经济后果。

第三章

中国上市公司之间战略联盟的市场反应

第一节 引言

企业价值创造是企业管理研究的核心概念，也是战略管理研究的重点，已有战略联盟价值的研究主要集中在股东对公司参与联盟所作出的市场反应方面。一部分研究表明战略联盟能够提高企业价值。即上市公司在发布联盟公告后有更高的异常股票回报，这表明股东认为战略联盟有利于提升公司的价值。Chan 等（1997）调查了 1983~1992 年 345 个战略联盟对股价造成的影响，发现不论是同行业联盟还是跨行业联盟，公司发布战略联盟公告会产生显著正向的异常收益，并且技术联盟比非技术联盟异常收益高，规模较小的联盟伙伴比规模较大的联盟伙伴异常收益率高。

后来众多国内外学者借鉴 Chan 等（1997）研究方法，基于诸国的战略联盟场景和数据，进行了大量的拓展性研究。虽然绝大多数学者认同战略联盟对于企业价值的创造效益，但进一步研究发现，不同联盟类型对企业的价值创造存在较大的差异，相同联盟类型对不同企业的价值影响结果也不相同。Das 等（1998）分析研究 1987~1991 年 119 个战略联盟发现，技术联盟的公告比营销联盟的公告具有更大的异常收益，但结果并不显著，因为联盟带来的收益可能会被其成本所抵消，并且异常收益与公司盈利能力和规模呈负相关，这说明在投资者看来，规模更小、盈利能力更弱的公司将从战略联盟中获得更高的收益。

在现实中,当联盟上市公司双双进行联盟公告时,可能出现投资者对联盟双方均给予正向的市场反应,也有可能出现联盟一方市场反应为正而另一方市场反应却为负的情形。第一种情形如佛慈制药(002644)①与红日药业(300026),在双方公告缔结战略联盟的前一天(2018年2月12日),佛慈制药股价涨停,红日药业股价也出现了较大幅度上涨,超过当日深市股票大盘涨幅。而在联盟公告的当日及后一天,两家上市公司股价回归理性,都出现了小幅下跌回调,统计结果见表3-1。可见投资者普遍看好两家上市公司的联盟,但相较而言,投资者认为佛慈制药可能会收益更大,另外,两家公司股价在公告前一天出现大涨,说明存在信息泄露。

表3-1　　　　佛慈制药与红日药业公告联盟前后股价波动

当日股价涨跌幅度	t=-1	t=0(2018.2.13)	t=1	3天累计波动
联盟公司A:佛慈制药(002644)	10.27%	-0.19%	-0.48%	9.60%
联盟公司B:红日药业(300026)	3.09%	-0.54%	-0.55%	2.00%
深证成指	2.91%	0.69%	0.67%	4.27%

第二种情形如汇洁股份(002763)②与星期六(002291),在双方公告缔结战略联盟的当天(2018年7月18日),汇洁股份股价出现较大幅度的上涨,而其联盟伙伴星期六股价却出现大幅下跌,且其股价下跌幅度大于当日深市股票大盘跌幅。在联盟公告的前一天,汇洁股份股价出现小幅下跌,星期六出现较大幅度下跌;在联盟公告的后一天,汇洁股份和星期六股价都出现了大于大盘跌幅的下跌,且星期六跌幅大于汇洁股份跌幅,统计结果见表3-2。可见在该项战略联盟中,投资者普遍更倾向于认为汇洁股份将从中受益,而对星期

---

① 2018年2月13日,佛慈制药发布《关于与红日药业达成战略合作意向的公告》称,与红日药业达成战略合作意向,双方拟在中药配方颗粒科研、生产、销售及国内外市场开拓等方面开展战略合作。同日,红日药业发布《关于与佛慈制药达成战略合作意向的公告》,公告内容与佛慈制药相关公告大致相同。

② 2018年7月18日,汇洁股份发布《关于对外签署战略合作框架协议的提示性公告》称,将与星期六共同出资设立一家专门从事鞋类产品开发设计、品牌推广、产品销售的项目公司;项目公司首期注册资金为1亿元,双方均以现金出资,汇洁股份占51%,星期六占49%;通过"现金收购"的形式,将星期六现有的相关品牌、销售渠道以及存货等经营性资产转移至项目公司;项目公司通过"委托加工""成品定制"等形式,委托星期六负责组织相关产品的生产。同日,星期六发布《关于对外签署战略合作框架协议的提示性公告》,公告内容与汇洁股份相关公告大致相同。

六缔结的此项战略联盟却"不以为然"。

表3-2　　汇洁股份与星期六公告联盟前后股价波动

当日股价涨跌幅度	t=-1	t=0(2018.7.18)	t=1	3天累计波动
联盟公司A：汇洁股份（002763）	-0.11%	4.34%	-1.49%	2.74%
联盟公司B：星期六（002291）	-3.09%	-1.50%	-2.66%	-7.25%
深证成指	-0.35%	-0.97%	-0.51%	-1.83%

与第二种情形比较相似的中文在线（300364）[①]与号百控股（600640），在双方公告缔结战略联盟的当天（2018年6月20日），中文在线股价出现较大幅度的上涨，而其联盟伙伴号百控股股价几乎未出现波动，其股价上涨幅度小于当日深市股票大盘涨幅。在联盟公告的前一天，中文在线股价出现小幅下跌，号百控股几乎跌停；在联盟公告的后一天，中文在线股价出现一定幅度下跌，但下跌幅度仍小于深市大盘跌幅，号百控股仍然继续大跌，统计结果见表3-3。

表3-3　　中文在线与号百控股公告联盟前后股价波动

当日股价涨跌幅度	t=-1	t=0(2018.6.20)	t=1	3天累计波动
联盟公司A：中文在线（300364）	-0.81%	5.92%	-1.48%	3.63%
深证成指	-5.31%	0.92%	-1.94%	-6.33%
联盟公司B：号百控股（600640）	-9.65%	0.10%	-7.35%	-16.90%
上证指数	-3.78%	0.27%	-1.37%	-4.88%

第二节　理论分析与研究假说

Fama（1965）最早提出"有效市场"概念，他指出"在一个有大量不断相互竞争、尽量提高利润的理性交易者的市场中，每一个交易者在这里都尝试

---

① 2018年6月20日，中文在线发布《关于与号百控股股份有限公司签订战略合作协议的公告》，出于双方长远发展战略上的考虑，共同致力打造数字媒体生态产业，将双方在内容版权、渠道分发、核心技术、文化娱乐、积分合作、商旅酒店、运营经验等各方面的优势充分结合，共同发展。同日，号百控股发布《与中文在线数字出版集团股份有限公司签订战略合作框架协议的公告》，公告内容与汇洁股份相关公告大致相同。

预测证券的未来市场价值,任何重要的即时信息都差不多是可以免费得到的,一般说来,有效市场内的竞争会令新信息对内在价值的影响立刻在价格内反映出来"。

战略联盟是介于企业和市场之间的一种组织方式。其对上市公司价值的正向影响存在着多种解释(Todeva and Knoke,2005):战略联盟可以减少企业间的信息不对称,减少未来的交易成本;战略联盟作为组织间的合作形式,给上市公司带来接触利用各种资源,对联盟内资源和能力进行整合的机会;战略联盟带来的学习效应,有利于上市公司迅速的掌握和创造新知识和新技术,这些都有益于增加上市公司的价值。

价值理论认为公司的市场价值,主要取决于公司现有资产可能产生未来现金流的净现值和公司未来将利用的投资机会产生的现金流的净现值。因此,在有效市场中,联盟企业可以通过战略联盟获取资本、研发、供应、生产以及营销等互补性资源,从而提高公司未来的经营业绩,那么投资者会认为发布战略联盟公告的企业未来收益会增加,其公告就会在证券市场上产生正向的预期,也就能拉动股价的上涨。战略联盟宣告带来的股价上涨,具体体现为股票在公告日前后所取得的异常收益率。通过对累积异常收益率的计算,即可研究战略联盟宣告对股东财富的影响。

现有文献已就国内外股票市场中战略联盟宣告对股东财富的影响进行了研究。Chan等(1997)以美国上市公司的数据,研究发现战略联盟在宣告日会产生显著正向的超额收益;Bruce(2005)以英国上市公司的数据,研究战略联盟宣告得到股价显著正相关的结论;Chiou和White(2005)用日本金融行业的数据同样发现战略联盟具有显著正向的宣告效应;郑少斌和徐飞(2006)以中国上市公司的数据检验发现,战略联盟的宣告能够正向改变股东的预期,但公司财富的增加与联盟公司的规模以及是否为高新技术企业无显著的相关关系。

郭朝阳等(2014)从资源基础理论出发,研究了不同类型战略联盟对企业创造价值的差异:不对称的规模联盟为联盟企业创造的短期价值优于对称的规模联盟、不对称的范围联盟以及对称的范围联盟,并且不对称联盟中,采用规模资源整合方式比采用范围资源整合方式能为联盟企业创造更高的价值,即企业寻求同质资源合作时，选择与自身规模差异较大的联盟伙伴更能被投资者看好。Qi等（2015）研究结果表明，具有战略联盟经验的收购目标比没有联盟经验的收购目标具有更高的溢价，并且距离收购时间越近的联盟经验以及同行业的联盟也有助于收购目标实现更大的收益。同样，IPO[①]中，有战略联盟经验的公司比没有联盟经验的公司获得更高的估值。Moghaddam等（2016）研究发现，战略联盟数量与公司市场估值呈现倒"U"形状的关系，即适量的联盟有助于提升增加公司价值，但过多的战略会损害公司的估值。

根据有效市场假说，股票价格会对信息的发布做出反应：不管是利好消息还是利空消息，只要信息被发布，投资者就会评估该信息对公司未来收益的影响，做出理性决策，买入或卖出股票，股价从而随之发生波动。因此，当上市公司公告其缔结战略联盟消息后，股票投资者在进行投资选择时，会竭尽全力了解与战略联盟有关的信息，包括联盟伙伴、联盟类型、联盟方式等，并评估战略联盟的这些方面可能对上市公司未来收益带来的影响，从而做出买入或卖出的决定。

也就是说，事件研究法认为，股票市场拥有足够的信息来判断某重大事件带来的影响并迅速做出反应，即受事件影响的股票实际收益会偏离未受影响的正常收益。因此，本书认为中国上市公司发布战略联盟公告能够让股票市场产生积极的反应。基于上述分析，本书提出3-a研究假设：

假设3-a：中国上市公司战略联盟公告对股票超额收益有正向影响。

另外，企业是异质的，各缔结战略联盟的上市公司也不例外。联盟双方不仅在拥有和控制的资源、掌握的知识和技能上天然存在着差异，在获取伙伴企业资源、学习伙伴企业知识和技能，并将其转化为生产力的效率和时间等方面也必然存在差异。这些差异势必带来投资者对联盟市场反应的差异，为此，本书提出以下有待检验的研究假设：

假设3-b：中国上市公司在缔结联盟时，联盟双方具有非对称的市场反应。

---

① IPO全称Initial Public Offerings，即首次公开募股，是指某公司首次向社会公众公开招股的发行方式。

第三节 研究设计

一、样本选择与数据来源

本书以 2001~2018 年中国 A 股上市公司为研究对象,并根据上市公司发布的公告来确认它是否缔结了战略联盟。本书以上交所和深交所上市公司信息披露系统中收录的 2001~2018 年 A 股上市公司的公告为初始样本,根据公告的标题和内容逐项筛选出 4404 个关于战略联盟的公告,并按照表 3-4 描述的步骤进行逐项识别:第一,拆分一份联盟公告中涉及三个及以上联盟方的公告;第二,剔除上市公司公告的其关联公司签署的战略联盟;第三,剔除失败、停止实施、无任何进展的战略联盟公告;第四,剔除联盟伙伴为政府或非营利组织的战略联盟公告;第五,剔除联盟伙伴为非 A 股上市公司的战略联盟公告。最终本书获得 468 家上市公司披露的 568 个上市公司之间的战略联盟公告。

表 3-4　　　　　　　　　　战略联盟样本的识别

A 股上市公司战略联盟公告的识别过程	联盟公告数量(个)	公司家数(家)
2001~2018 年上市公司披露的联盟公告	4404	1505
加:拆分一份联盟公告中涉及三个及以上联盟方的公告	825	—
减:剔除上市公司公告的其关联公司签署的战略联盟	105	—
剔除失败、停止实施、无任何进展的战略联盟公告	88	—
剔除联盟伙伴为政府或非营利组织的战略联盟公告	645	—
剔除联盟伙伴为非 A 股上市公司的战略联盟公告	3823	—
中国 A 股上市公司之间的战略联盟公告数量	568	468

进一步分析发现,上述 568 个战略联盟公告中,对称性联盟公告(联盟双方均进行了公告)194 对,非对称性联盟公告 180 对。为研究战略联盟宣告对联盟双方股票市场的影响的对称性,本章以 194 对,388 个对称性战略联盟公告为基础,进行样本筛选,过程如下:事件研究法要求每个事件的窗口期内必

须有连续的市场交易数据,因此将在事件窗口期内没有市场交易数据及停牌的上市公司样本剔除:对称性公告 388 个,涉及联盟 194 对,其中因其他重大事项停牌的样本 27 个,分散在 25 对联盟中,故剔除了 50 个公告、25 对样本,最终保留 338 条数据,共 169 对。

二、模型设计与变量说明

事件研究法具体过程及相关变量说明如下:

(一) 事件窗口的选择

目前,学术界对事件窗口的选择没有统一的参考范围。一般而言,学者们希望选择的事件窗口既能包含信息泄露引起的股价提前反应,又能排除事件信息之外的干扰因素(Swaminathan and Moorman, 2009)。为了检验战略联盟信息发布对股价的影响,需要考察联盟消息发布日前后一段时间内股价的变动,因而需要确定对公告日前后多长时间的股价进行检验,也就是事件期的确定,事件期太长,无法剔除其他因素对股价的影响。本章将事件窗口期定为 3 天或 5 天,即对公告前 1 个或 2 个交易日至公告后 1 个或 2 个交易日共 3 个或 5 个窗口期内的异常收益率进行观测,并选择 t 检验结果最为显著的事件窗口进行报告。

(二) 预期正常收益的计算

本章采用市场模型计算正常收益率,即选择事前估计期(联盟公告前一段时间)的股票数据作为样本,以市场指数收益为自变量,个股收益为因变量,进行回归获取个股的预期正常收益,即:$R_{it} = \alpha_i + \beta_i R_i M_t + \varepsilon_{it}$。其中,$R_{it}$ 为股票 i 在交易日 t 的收益;$R_i M_t$ 为股票 i 所处股票市场 M 在交易日 t 的市场指数收益;α_i、β_i 是股票 i 的收益对市场指数收益的回归系数;ε_{it} 为回归残差(Brown and Warner, 1985)。本章选择联盟公告前 240 个交易日至公告前 10 个交易日的股票数据对 α_i、β_i 的值进行回归估计(Swaminathan and Moorman, 2009)。如果 α_i、β_i 在估计期内保持稳定,则可以计算出个股 i 的预期正常收益

$$R_{it} = \alpha_i + \beta_i R_i M_t + \varepsilon_{it} \qquad (3-1)$$

(三) 计算累计异常收益

股票 i 在交易日 t 的异常收益 AR_{it} 为其实际收益减去预期正常收益，累计异常收益 $CAR_i(t_1, t_2)$ 为事件窗口期 (t_1, t_2) 内股票 i 的累计异常收益，即：

$$AR_{it} = R_{it} - (\alpha_i + \beta_i R_i M_t), CAR_i(t_1, t_2) = \sum_{t_1}^{t_2} AR_{it} \qquad (3-2)$$

(四) 联盟绩效的对称性测量

以往关于战略联盟的文献大都将联盟一方定义为"焦点企业"以探究其市场反应，很少关注联盟双方市场反应的对称性。不同于以往研究，本章除研究联盟上市公司市场反应外，还将进一步探究上市公司联盟双方市场反应的对称性。由本章引言所述佛慈制药与红日药业、汇洁股份与星期六以及中文在线与号百控股三对战略联盟伙伴公告联盟信息前后股价波动案例可见，不对称市场反应是存在的，因此本章拟从战略联盟的类型、战略联盟上市公司的产权性质、行业分布、年龄分布等诸多维度进行分组检验，探究战略联盟非对称性市场反应是否普遍存在，以及对称市场反应或不对称市场反应的影响因素。

(五) 变量说明

本章以异常收益率为因变量，以联盟年份、联盟类型、联盟上市公司所有权性质、所属行业、托宾 Q 值等为自变量，具体解释见表 3-5。

表 3-5　　　　　　　　　变量定义说明

变量名称	变量定义
AR	联盟公告日（t=0）的异常报酬率
CAR1	窗口期 [-2, 2] 的累计异常报酬率
CAR2	窗口期 [-1, 1] 的累计异常报酬率
Dum_type	联盟是否为复合式联盟，是为1，否为0
Dum_Ind	是否与联盟伙伴同行业（取行业代码第一位），是为1，否为0
Dum_ind	是否与联盟伙伴同行业（取行业代码前三位），是为1，否为0

续表

变量名称	变量定义
Dum_soe	是否与联盟伙伴同公司属性，是为1，否为0
Dum_province	是否与联盟伙伴同省，是为1，否为0
Dum_city	是否与联盟伙伴同城市，是为1，否为0
Dum_ReTobinQ1	联盟双方托宾Q比值的虚拟变量，大于样本联盟双方托宾Q比值的中位数取1，否则取0
Dum_Age1	年龄差异的虚拟变量，大于样本年龄差异中位数取1，否则取0
Type	联盟类型种类合计数
SOE	如果为国有企业，则为1，否则取0
Size	总资产的自然对数
Capital Alliance	联盟是否包括资本联盟，是为1，否则取0
RD Alliance	联盟是否包括研发联盟，是为1，否则取0
Produce Alliance	联盟是否包括生产联盟，是为1，否则取0
Supply Alliance	联盟是否包括供应链或者营销联盟，是为1，否则取0

第四节 实证检验结果及分析

一、联盟公告对联盟双方异常收益率的影响

本章将联盟双方因进行联盟公告产生的异常收益率之和，以下称为联合异常收益率，作为测量联盟双方是否具有对称性市场反应的指标。

（一）战略联盟联合异常收益率的分布情况

1. 不使用权重情况下联盟联合异常收益率的分布情况

表3-6反映了在不使用权重情况下，战略联盟宣告日联盟联合异常收益率的分布情况，169对战略联盟中，联合收益率大于零的战略联盟96对，占56.80%；联合收益率小于零的战略联盟73对，占43.20%。

表3-6　不使用权重情况下联盟联合异常收益率的分布情况

收益率之和（联合收益率）	联盟数量（对）	占比
Sum_AR > 0	96	56.80%
Sum_AR < 0	73	43.20%
合计	169	100.00%

2. 使用权重情况下联盟联合异常收益率的分布情况

表3-7反映了在使用权重情况下，联合异常收益率的分布情况：在战略联盟宣告日，169 对战略联盟中，联合收益率大于零的战略联盟 94 对，占 55.62%；联合收益率小于零的战略联盟 75 对，占 44.38%。在 [-2, 2] 窗口期，169 对战略联盟中，联合收益率大于零的战略联盟 96 对，占 56.80%；联合收益率小于零的战略联盟 73 对，占 43.20%。在 [-1, 1] 窗口期，169 对战略联盟中，联合收益率大于零的战略联盟 90 对，占 53.25%；联合收益率小于零的战略联盟 79 对，占 46.75%。

由表3-7可见，使用权重情况下，在战略联盟公告宣告日、[-2, 2] 窗口期和 [-1, 1] 窗口期三个时间段，联合收益率大于零的战略联盟均超过半数，占比在55%左右，联合收益率小于零的战略联盟均不足半数，占比在45%左右，并且联合收益率大于零的战略联盟与联合收益率小于零的战略联盟比重差别很小。

表3-7　使用权重情况下联合异常收益率的分布情况

收益率之和（联合收益率）	联盟数量（对）	占比
Sum_AR > 0	94	55.62%
Sum_AR < 0	75	44.38%
Sum_CAR[-2, 2] > 0	96	56.80%
Sum_CAR[-2, 2] < 0	73	43.20%
Sum_CAR[-1, 1] > 0	90	53.25%
Sum_CAR[-1, 1] < 0	79	46.75%
合计	169	100.00%

综合表3-6、表3-7可见，使用权重与不使用权重两种情况下，联合收益率大于零的战略联盟与联合收益率小于零的战略联盟比重差别都很小，并且

使用权重情况下，[-2,2] 窗口期联合收益率大于零的战略联盟与联合收益率小于零的战略联盟分布与不使用权重战略联盟公告宣告日分布一致。

（二）战略联盟双方的异常收益率配对表现情况

表 3-8 分别列示了在战略联盟公告宣告日、[-2,2] 窗口期、[-1,1] 窗口期，169 对战略联盟异常收益率配对情况。在战略联盟公告宣告日，联盟双方异常收益率均为正数或均为负数的联盟分别 55 对和 39 对，占全部联盟对数 55.62%；联盟双方异常收益率一方为正数另一方为负数的联盟 75 对，占全部联盟对数 44.38%。即在战略联盟公告宣告日，55.62% 战略联盟市场反应具有对称性；44.38% 战略联盟市场反应不具有对称性。

在 [-1,1] 窗口期，联盟双方异常收益率均为正数或均为负数的联盟分别 51 对和 41 对，占全部联盟对数 54.44%；联盟双方异常收益率一方为正数另一方为负数的联盟 77 对，占全部联盟对数 45.56%。即在 [-1,1] 窗口期，54.44% 战略联盟市场反应具有对称性；45.56% 战略联盟市场反应不具有对称性。

在 [-2,2] 窗口期，联盟双方异常收益率均为正数或均为负数的联盟分别 57 对和 45 对，占全部联盟对数 60.36%；联盟双方异常收益率一方为正数另一方为负数的联盟 67 对，占全部联盟对数 39.64%。即在 [-2,2] 窗口期，60.36% 战略联盟市场反应具有对称性；39.64% 战略联盟市场反应不具有对称性。

表 3-8　　　　　　　　　　配对异常收益率表现情况

收益率表现	AR		CAR [-1, 1]		CAR [-2, 2]	
	数量（对）	占比	数量（对）	占比	数量（对）	占比
(+, +)	55	32.54%	51	30.18%	57	33.73%
(+, -)	75	44.38%	77	45.56%	67	39.64%
(-, -)	39	23.08%	41	24.26%	45	26.63%
合计	169	100.00%	169	100.00%	169	100.00%

由表 3-8 可见，在战略联盟公告宣告日和 [-1,1] 窗口期，具有对称性市场反应的战略联盟数量较为接近，均约占全部战略联盟 55%；而在 [-2,2]

窗口期,具有对称性市场反应的战略联盟略微增加,约占全部战略联盟60%。整体而言,在战略联盟公告宣告日和[-2,2]、[-1,1]两个窗口期,公告战略联盟上市公司市场反应不具有对称性的战略联盟占比均较大,接近或超过40%。

二、战略联盟异常收益率影响因素分析

为了更准确地考察联盟特性对联盟双方异常收益率的影响,本章建立了多个多元回归模型,拟从联盟个体异常收益率影响因素、联合收益影响因素、联盟类型对收益率的影响以及联盟双方表现是否对称分组回归等几个维度探究影响联盟个体、联盟联合累计异常收益率的因素以及影响联盟双方反应对称性的因素。

(一) 联盟个体异常收益率影响因素分析

表3-9描述了联盟公告日联盟个体的异常收益率的影响因素回归结果。从表中可以看出,在表中列示的因变量中,仅联盟双方托宾Q比值和联盟类型种类合计数两个变量对联盟个体异常收益率的影响是显著的。而其他变量,包括联盟双方是否隶属行业、联盟双方是否拥有相同的所有权性质、联盟双方是否处于相同省份、联盟双方是否来自相同城市、联盟个体是否为国有企业、联盟个体的资产规模等变量均对联盟个体异常收益率的影响不显著。并且从表中可见,联盟双方托宾Q比值越大,联盟个体公告战略联盟获得的异常收益率越低;联盟类型种类合计数越大,联盟个体公告战略联盟获得的异常收益率越高。

表3-9　　　　　　　　　AR 的影响因素分析

影响因素	(1) AR	(2) AR	(3) AR	(4) AR	(5) AR	(6) AR	(7) AR	(8) AR	(9) AR
Dum_type	0.006 (0.144)								
Dum_soe		-0.006 (0.250)							

续表

影响因素	(1) AR	(2) AR	(3) AR	(4) AR	(5) AR	(6) AR	(7) AR	(8) AR	(9) AR
Dum_province			0.002 (0.748)						
Dum_city				0.000 (0.993)					
Dum_Ind					0.005 (0.297)				
Dum_ind						0.006 (0.212)			
Dum_ReTobinQ1							-0.010*** (0.006)		
Type								0.004* (0.060)	
Dum_Age1									0.002 (0.529)
SOE	0.001 (0.774)	-0.001 (0.900)	0.001 (0.728)	0.001 (0.725)	0.001 (0.776)	0.001 (0.758)	0.001 (0.744)	0.001 (0.774)	0.002 (0.693)
Size	-0.000 (0.796)	-0.001 (0.666)	-0.001 (0.756)	-0.001 (0.714)	-0.000 (0.810)	-0.001 (0.753)	-0.001 (0.609)	-0.001 (0.763)	-0.001 (0.730)
_cons	0.002 (0.950)	0.013 (0.738)	0.002 (0.952)	0.005 (0.893)	-0.002 (0.961)	0.003 (0.941)	0.014 (0.712)	0.001 (0.975)	0.003 (0.940)
N	331	331	331	331	331	331	331	331	331
chi2	44.985	43.157	41.869	41.839	44.078	43.669	48.667	49.888	42.206
p	0.030	0.044	0.058	0.058	0.036	0.039	0.013	0.009	0.054
r2_w	0.042	0.053	0.026	0.036	0.059	0.049	0.050	0.054	0.050

注：括号内的数字为 P 值；模型对标准误进行了 Robust 处理；*、**、*** 分别代表 10%、5% 和 1% 的显著水平。

表 3-10 描述了 -2 到 2 事件窗口期联盟个体异常收益率的影响因素回归结果。从表中可以看出，包含联盟双方托宾 Q 比值、联盟类型种类合计数、

联盟双方是否隶属行业、联盟双方是否拥有相同的所有权性质等表中列示的所有因变量均对联盟个体异常收益率的影响不显著。

表3-10　　　　　　　　　　CAR1 影响因素分析

影响因素	(1) CAR1	(2) CAR1	(3) CAR1	(4) CAR1	(5) CAR1	(6) CAR1	(7) CAR1	(8) CAR1	(9) CAR1
Dum_type	-0.005 (0.664)								
Dum_soe		0.002 (0.846)							
Dum_province			0.003 (0.821)						
Dum_city				-0.003 (0.799)					
Dum_Ind					0.002 (0.861)				
Dum_ind						-0.000 (0.993)			
Dum_ReTobinQ1							-0.011 (0.243)		
Type								-0.001 (0.861)	
Dum_Age1									0.004 (0.670)
SOE	-0.002 (0.841)	-0.002 (0.885)	-0.002 (0.818)	-0.002 (0.842)	-0.002 (0.818)	-0.002 (0.826)	-0.002 (0.812)	-0.002 (0.832)	-0.002 (0.849)
Size	0.000 (0.977)	0.000 (0.938)	0.000 (0.912)	0.000 (0.980)	0.000 (0.928)	0.000 (0.944)	0.000 (0.993)	0.000 (0.952)	0.000 (0.931)
_cons	-0.025 (0.785)	-0.030 (0.739)	-0.033 (0.715)	-0.022 (0.815)	-0.031 (0.745)	-0.028 (0.762)	-0.019 (0.836)	-0.027 (0.774)	-0.032 (0.723)
N	331	331	331	331	331	331	331	331	331

续表

影响因素	(1) CAR1	(2) CAR1	(3) CAR1	(4) CAR1	(5) CAR1	(6) CAR1	(7) CAR1	(8) CAR1	(9) CAR1
chi2	76.494	77.947	77.677	76.549	74.655	76.786	76.551	76.755	89.381
p	0.000	0.000	0.000	0.000	0.000	0.000	0.000	0.000	0.000
r2_w	0.036	0.034	0.033	0.037	0.034	0.035	0.028	0.034	0.037

注：括号内的数字为 P 值；模型对标准误进行了 Robust 处理；*、**、*** 分别代表 10%、5% 和 1% 的显著水平。

(二) 联合异常收益率影响因素分析

表 3-11 描述了联盟公告日联盟联合的异常收益率的影响因素回归结果。从表中可以看出，与联盟个体异常收益率情况相似，在表中列示的因变量中，仅联盟双方托宾 Q 比值和联盟类型种类合计数两个变量对联盟联合异常收益率的影响是显著的。而其他变量，包括联盟双方是否隶属行业、联盟双方是否拥有相同的所有权性质、联盟双方是否处于相同省份、联盟双方是否来自相同城市、联盟个体是否为国有企业、联盟个体的资产规模等变量均对联盟联合异常收益率的影响不显著。并且从表中可见，联盟双方托宾 Q 比值越大，联盟上市公司公告战略联盟获得的联合异常收益率越低；联盟类型种类合计数越大，联盟上市公司公告战略联盟获得的联合异常收益率越高。

表 3-11　　　　　　　　　联合 AR 影响因素分析

影响因素	(1) Sum_AR	(2) Sum_AR	(3) Sum_AR	(4) Sum_AR	(5) Sum_AR	(6) Sum_AR	(7) Sum_AR	(8) Sum_AR	(9) Sum_AR
Dum_type	0.007* (0.061)								
Dum_soe		-0.003 (0.436)							
Dum_province			0.006 (0.147)						
Dum_city				0.004 (0.403)					

续表

影响因素	(1) Sum_AR	(2) Sum_AR	(3) Sum_AR	(4) Sum_AR	(5) Sum_AR	(6) Sum_AR	(7) Sum_AR	(8) Sum_AR	(9) Sum_AR
Dum_Ind					0.005 (0.210)				
Dum_ind						0.003 (0.445)			
Dum_ReTobinQ1							-0.009** (0.014)		
Type								0.005** (0.016)	
Dum_Age1									0.001 (0.714)
Lntvalue	-0.002 (0.636)	-0.001 (0.666)	-0.000 (0.899)	-0.001 (0.852)	-0.001 (0.765)	-0.001 (0.696)	-0.002 (0.578)	-0.001 (0.670)	-0.001 (0.690)
_cons	-0.001 (0.178)	0.002 (0.587)	-0.001* (0.089)	-0.001 (0.100)	-0.006 (0.146)	-0.004 (0.334)	0.009** (0.024)	-0.006*** (0.008)	-0.001 (0.170)
N	169	169	169	169	169	169	169	169	169
chi2	21.152	19.024	20.577	19.195	20.955	19.650	30.189	24.226	18.894
p	0.032	0.061	0.038	0.058	0.034	0.050	0.001	0.012	0.063
r2_w	0.009	0.027	0.000	0.000	0.007	0.008	0.028	0.032	0.016

注：括号内的数字为 P 值；模型对标准误进行了 Robust 处理；*、**、*** 分别代表 10%、5% 和 1% 的显著水平。

表 3-12 描述了 -2 到 2 事件窗口期联盟联合异常收益率的影响因素回归结果。从表中可以看出，与联盟个体异常收益率情况相似，包含联盟双方托宾 Q 比值、联盟类型种类合计数、联盟双方是否隶属行业、联盟双方是否拥有相同的所有权性质等表中列示的所有因变量均对联盟联合异常收益率的影响不显著。

表 3-12 联合 CAR1 影响因素分析

影响因素	(1) Sum_CAR1	(2) Sum_CAR1	(3) Sum_CAR1	(4) Sum_CAR1	(5) Sum_CAR1	(6) Sum_CAR1	(7) Sum_CAR1	(8) Sum_CAR1	(9) Sum_CAR1
Dum_type	0.002 (0.852)								
Dum_soe		-0.004 (0.673)							
Dum_province			0.005 (0.670)						
Dum_city				-0.004 (0.760)					
Dum_Ind					0.004 (0.700)				
Dum_ind						0.002 (0.877)			
Dum_ReTobinQ1							-0.007 (0.491)		
Type								0.003 (0.592)	
Dum_Age1									-0.000 (0.962)
Lntvalue	-0.022*** (0.008)	-0.023*** (0.008)	-0.021*** (0.008)	-0.023*** (0.005)	-0.022*** (0.010)	-0.022*** (0.007)	-0.022*** (0.007)	-0.022*** (0.008)	-0.022*** (0.007)
_cons	0.012*** (0.000)	0.016* (0.099)	0.012*** (0.000)	0.012*** (0.000)	0.008 (0.469)	0.010 (0.358)	0.019* (0.074)	0.009* (0.073)	0.012*** (0.000)
N	169	169	169	169	169	169	169	169	169
chi2	59.301	65.339	54.082	56.598	56.929	55.143	55.442	65.404	54.358
p	0.000	0.000	0.000	0.000	0.000	0.000	0.000	0.000	0.000
r2_w	0.140	0.186	0.149	0.143	0.151	0.146	0.138	0.131	0.149

注：括号内的数字为 P 值；模型对标准误进行了 Robust 处理；*、**、*** 分别代表 10%、5% 和 1% 的显著水平。

(三) 联盟类型对联盟个体异常收益率的影响

表 3-13 描述了资本联盟、研发联盟、生产联盟、供应链联盟或营销联盟等不同联盟类型在联盟公告日的联盟个体异常收益率。从表中可以看出,包含生产联盟、包含供应链联盟或营销联盟与来自相同行业的战略联盟交互项两个变量对联盟个体异常收益率的影响是显著的。而联盟类型,包括资本联盟、资本联盟与来自相同行业的战略联盟交互项、研发联盟、研发联盟与来自相同行业的战略联盟交互项、生产联盟与来自相同行业的战略联盟交互项、供应链联盟或营销联盟等均对联盟个体异常收益率的影响不显著。并且从表中可见,生产联盟以及同省上市公司供应链联盟或营销联盟公告获得的个体异常收益率相对更高。

表 3-13　　　　　　　联盟类型对 AR 影响因素分析

影响因素	(1) AR	(2) AR	(3) AR	(4) AR
CapitalAlliance × Dum_ind	-0.000 (0.963)			
CapitalAlliance	-0.002 (0.709)			
RDAlliance × Dum_ind		-0.003 (0.722)		
RDAlliance		0.006 (0.186)		
ProduceAlliance × Dum_ind			-0.008 (0.397)	
ProduceAlliance			0.009* (0.065)	
SupplyAlliance × Dum_ind				0.019* (0.082)
SupplyAlliance				-0.000 (0.991)

续表

影响因素	(1) AR	(2) AR	(3) AR	(4) AR
Dum_ind	0.006 (0.264)	0.007 (0.168)	0.012 (0.154)	-0.008 (0.388)
_cons	-0.002 (0.630)	-0.002 (0.630)	-0.002 (0.630)	-0.001 (0.789)
N	331	331	331	331
chi2	13.565	16.096	16.213	19.415
p	0.329	0.187	0.182	0.079
r2_w	0.057	0.101	0.065	0.078

注：括号内的数字为 P 值；模型对标准误进行了 Robust 处理；*、**、*** 分别代表 10%、5% 和 1% 的显著水平。

（四）分组回归分析

表 3-14 及其续表共同描述了区分联盟双方市场反应对称或不对称情况下，联盟公告日联盟个体异常收益率的影响因素的回归结果。从表 3-14 可知，表中列示的因变量，不论联盟双方市场反应是否对称，是否为复合式联盟、联盟双方是否拥有相同的所有权性质、联盟双方是否处于相同省份、联盟双方是否来自相同城市、联盟个体是否为国有企业、联盟个体的资产规模等变量均对联盟个体异常收益率的影响不显著。

表 3-14　AR 影响因素分析分组回归（按联盟双方反应是否对称分组）

影响因素	(1) AR 非对称	(2) AR 对称	(3) AR 非对称	(4) AR 对称	(5) AR 非对称	(6) AR 对称	(7) AR 非对称	(8) AR 对称
Dum_type	0.009 (0.236)	0.004 (0.486)						
Dum_soe			-0.015 (0.171)	0.000 (0.948)				

续表

影响因素	(1) AR 非对称	(2) AR 对称	(3) AR 非对称	(4) AR 对称	(5) AR 非对称	(6) AR 对称	(7) AR 非对称	(8) AR 对称
Dum_province					-0.009 (0.495)	0.007 (0.273)		
Dum_city							-0.005 (0.657)	0.006 (0.418)
SOE	-0.000 (0.970)	0.001 (0.928)	-0.007 (0.508)	0.001 (0.854)	0.002 (0.809)	0.001 (0.871)	0.000 (0.962)	0.001 (0.899)
Size	-0.000 (0.922)	-0.000 (0.872)	-0.000 (0.948)	-0.001 (0.836)	-0.003 (0.338)	-0.000 (0.970)	-0.001 (0.668)	-0.000 (0.958)
_cons	0.026 (0.739)	0.031 (0.585)	0.043 (0.559)	0.000 (0.000)	0.084 (0.271)	0.020 (0.750)	0.052 (0.489)	0.022 (0.720)
N	145	186	145	186	145	186	145	186
r2_w	0.034	0.135	0.233	0.117	0.418	0.201	0.376	0.180

注：括号内的数字为 P 值；模型对标准误进行了 Robust 处理；*、**、*** 分别代表 10%、5% 和 1% 的显著水平。

但从续表 3-14 可知，表中列示的因变量中，具有对称市场反应的战略联盟组合中，仅联盟双方托宾 Q 比值一个变量对联盟个体的异常收益率的影响是显著的。而其他变量，不论是对称市场反应还是不对称市场反应的战略联盟，均对联盟个体异常收益率的影响不显著。并且从表中可见，具有对称市场反应的战略联盟中，联盟双方托宾 Q 比值越大，联盟上市公司公告战略联盟获得的异常收益率越低。

续表 3-14　　AR 影响因素分析分组回归（按联盟双方反应是否对称分组）

影响因素	(1) AR 非对称	(2) AR 对称	(3) AR 非对称	(4) AR 对称	(5) AR 非对称	(6) AR 对称	(7) AR 非对称	(8) AR 对称	(9) AR 非对称	(10) AR 对称
Dum_Ind	-0.005 (0.521)	0.004 (0.483)								

续表

影响因素	(1) AR 非对称	(2) AR 对称	(3) AR 非对称	(4) AR 对称	(5) AR 非对称	(6) AR 对称	(7) AR 非对称	(8) AR 对称	(9) AR 非对称	(10) AR 对称
Dum_ind			-0.006 (0.460)	0.003 (0.560)						
Dum_ReTobinQ1					-0.005 (0.405)	-0.012** (0.011)				
Type							0.002 (0.459)	0.004 (0.126)		
Dum_Age1									0.002 (0.724)	0.002 (0.736)
SOE	-0.001 (0.931)	0.001 (0.900)	-0.001 (0.916)	0.001 (0.872)	-0.002 (0.820)	0.002 (0.764)	-0.001 (0.910)	0.000 (0.931)	-0.001 (0.927)	0.001 (0.859)
Size	-0.001 (0.698)	-0.000 (0.890)	-0.001 (0.748)	-0.000 (0.851)	-0.001 (0.814)	-0.001 (0.713)	-0.001 (0.866)	-0.000 (0.868)	-0.000 (0.901)	-0.001 (0.836)
_cons	0.046 (0.526)	0.000 (0.000)	0.041 (0.568)	0.000 (0.000)	0.039 (0.589)	0.049 (0.374)	0.030 (0.685)	0.000 (0.000)	0.000 (0.000)	0.000 (0.000)
N	145	186	145	186	145	186	145	186	145	186
r2_w	0.009	0.123	0.019	0.135	0.005	0.074	0.018	0.150	0.013	0.123

注：括号内的数字为 P 值；模型对标准误进行了 Robust 处理；*、**、*** 分别代表 10%、5% 和 1% 的显著水平。

表 3-15 及其续表共同描述了区分联盟个体异常收益率大于零或小于零的情况下，联盟公告日联盟个体异常收益率的影响因素的回归结果。从表 3-15 可知，表中列示的因变量，不论联盟个体异常收益率大于零还是小于零，是否为复合式联盟、联盟双方是否拥有相同的所有权性质、联盟双方是否处于相同省份、联盟双方是否来自相同城市、联盟个体是否为国有企业、联盟个体的资产规模等变量均对联盟个体异常收益率的影响不显著。

表 3-15　　　　AR 影响因素分析分组回归（按是否大于 0 分组）

影响因素	(1) AR>0	(2) AR<0	(3) AR>0	(4) AR<0	(5) AR>0	(6) AR<0	(7) AR>0	(8) AR<0
Dum_type	0.005 (0.386)	0.005 (0.259)						
Dum_soe			-0.006 (0.323)	-0.002 (0.612)				
Dum_province					0.002 (0.685)	0.000 (0.973)		
Dum_city							0.005 (0.520)	-0.000 (0.989)
SOE	0.000 (0.942)	0.000 (0.916)	-0.001 (0.805)	-0.000 (0.961)	0.001 (0.886)	0.000 (0.920)	0.001 (0.900)	0.000 (0.905)
Size	-0.004* (0.089)	0.002 (0.294)	-0.004** (0.044)	0.002 (0.279)	-0.004* (0.091)	0.002 (0.289)	-0.003 (0.103)	0.002 (0.297)
_cons	0.061* (0.091)	-0.065 (0.129)	0.076** (0.033)	-0.068 (0.127)	0.061 (0.128)	-0.070 (0.130)	0.056 (0.169)	-0.069 (0.132)
N	182	149	182	149	182	149	182	149
r2_w	0.068	0.195	0.064	0.172	0.015	0.180	0.005	0.188

注：括号内的数字为 P 值；模型对标准误进行了 Robust 处理；*、**、*** 分别代表 10%、5% 和 1% 的显著水平。

但从续表 3-15 可知，表中列示的因变量中，联盟个体异常收益率大于零的组合中，仅联盟双方托宾 Q 比值一个变量对联盟个体的异常收益率的影响是显著的。而其他变量，不论联盟个体异常收益率大于零还是小于零，均对联盟个体异常收益率的影响不显著。并且从表中可见，联盟个体异常收益率大于零的组合中，联盟双方托宾 Q 比值越大，联盟上市公司公告战略联盟获得的异常收益率越低。

续表 3-15　　AR 影响因素分析分组回归（按是否大于 0 分组）

影响因素	(1) AR>0	(2) AR<0	(3) AR>0	(4) AR<0	(5) AR>0	(6) AR<0	(7) AR>0	(8) AR<0	(9) AR>0	(10) AR<0
Dum_Ind	-0.001 (0.803)	0.003 (0.511)								
Dum_ind			-0.003 (0.504)	0.003 (0.360)						
Dum_ReTobinQ1					-0.010** (0.020)	-0.003 (0.387)				
Type							0.001 (0.654)	0.002 (0.403)		
Dum_Age1									0.001 (0.909)	-0.003 (0.489)
SOE	0.001 (0.878)	0.000 (0.988)	0.001 (0.877)	0.000 (0.991)	0.000 (0.928)	0.001 (0.895)	0.000 (0.922)	0.001 (0.855)	0.001 (0.883)	0.000 (0.974)
Size	-0.004* (0.061)	0.002 (0.230)	-0.004* (0.060)	0.002 (0.240)	-0.004** (0.041)	0.002 (0.285)	-0.004* (0.064)	0.002 (0.290)	-0.004* (0.064)	0.002 (0.283)
_cons	0.068* (0.063)	-0.076* (0.089)	0.069** (0.049)	-0.076* (0.092)	0.071** (0.044)	-0.065 (0.135)	0.064* (0.068)	-0.065 (0.125)	0.066* (0.067)	-0.066 (0.129)
N	182	149	182	149	182	149	182	149	182	149
r2_w	0.027	0.216	0.024	0.235	0.068	0.171	0.045	0.143	0.034	0.245

注：括号内的数字为 P 值；模型对标准误进行了 Robust 处理；*、**、***分别代表 10%、5% 和 1% 的显著水平。

表 3-16 及其续表共同描述了区分联盟双方市场反应对称或不对称情况下，在 -2 到 2 事件窗口期联盟个体异常收益率的影响因素的回归结果。从表 3-16 可知，表中列示的因变量中，具有非对称市场反应的战略联盟组合中，仅联盟双方是否具有相同公司属性一个变量对联盟个体异常收益率的影响是显著的。而其他变量，不论是对称市场反应还是不对称市场反应的战略联盟，均对联盟个体异常收益率的影响不显著。并且从表中可见，具有非对称市

场反应的战略联盟中，联盟双方具有相同公司属性，如同为国有企业或同为非国有企业，联盟上市公司公告战略联盟获得的异常收益率越低，而联盟双方具有不同公司属性的公告获得的异常收益率越高。

表3-16　　CAR1影响因素分析分组回归（按联盟双方反应是否对称分组）

影响因素	(1) CAR1 非对称	(2) CAR1 对称	(3) CAR1 非对称	(4) CAR1 对称	(5) CAR1 非对称	(6) CAR1 对称	(7) CAR1 非对称	(8) CAR1 对称
Dum_type	0.025 (0.185)	-0.021 (0.103)						
Dum_soe			-0.036* (0.090)	0.020 (0.124)				
Dum_province					0.015 (0.487)	-0.006 (0.732)		
Dum_city							-0.003 (0.849)	-0.007 (0.730)
SOE	0.013 (0.513)	-0.005 (0.718)	-0.005 (0.828)	-0.005 (0.732)	0.010 (0.575)	-0.008 (0.565)	0.010 (0.593)	-0.008 (0.573)
Size	0.001 (0.899)	-0.002 (0.728)	0.003 (0.785)	-0.000 (0.999)	0.002 (0.809)	-0.001 (0.809)	0.001 (0.921)	-0.001 (0.793)
_cons	0.000 (0.000)	0.000 (0.000)	-0.039 (0.859)	-0.072 (0.595)	0.000 (0.000)	0.000 (0.000)	-0.041 (0.853)	0.000 (0.000)
N	145	186	145	186	145	186	145	186
r2_w	0.341	0.100	0.482	0.058	0.195	0.058	0.264	0.057

注：括号内的数字为P值；模型对标准误进行了Robust处理；*、**、***分别代表10%、5%和1%的显著水平。

从续表3-16可知，表中列示的因变量，不论联盟双方市场反应是否对称，联盟双方是否隶属同一行业、联盟双方托宾Q比值、联盟类型种类合计数、联盟双方的年龄差异、联盟个体是否为国有企业、联盟个体的资产规模等变量均对联盟个体异常收益率的影响不显著。

续表 3-16　　CAR1 影响因素分析分组回归（按联盟双方反应是否对称分组）

影响因素	(1) CAR1 非对称	(2) CAR1 对称	(3) CAR1 非对称	(4) CAR1 对称	(5) CAR1 非对称	(6) CAR1 对称	(7) CAR1 非对称	(8) CAR1 对称	(9) CAR1 非对称	(10) CAR1 对称
Dum_Ind	-0.017 (0.385)	0.018 (0.247)								
Dum_ind			-0.024 (0.210)	0.016 (0.225)						
Dum_ReTobinQ1					-0.017 (0.328)	-0.009 (0.528)				
Type							0.011 (0.183)	-0.005 (0.486)		
Dum_Age1									0.003 (0.846)	0.007 (0.623)
SOE	0.011 (0.573)	-0.009 (0.487)	0.010 (0.581)	-0.009 (0.515)	0.007 (0.699)	-0.007 (0.603)	0.012 (0.557)	-0.007 (0.600)	0.011 (0.551)	-0.008 (0.551)
Size	-0.001 (0.956)	-0.000 (0.944)	-0.000 (0.974)	-0.001 (0.854)	0.001 (0.912)	-0.001 (0.827)	0.001 (0.947)	-0.001 (0.827)	0.000 (0.966)	-0.001 (0.880)
_cons	-0.013 (0.954)	0.000 (0.000)	-0.019 (0.928)	-0.026 (0.833)	0.000 (0.000)	0.000 (0.000)	0.000 (0.000)	0.000 (0.000)	-0.035 (0.871)	-0.042 (0.740)
N	145	186	145	186	145	186	145	186	145	186
r2_w	0.280	0.069	0.188	0.072	0.246	0.048	0.438	0.079	0.306	0.074

注：括号内的数字为 P 值；模型对标准误进行了 Robust 处理；*、**、*** 分别代表 10%、5% 和 1% 的显著水平。

表 3-17 及其续表共同描述了区分联盟个体异常收益率大于零或小于零的情况下，在 -2 到 2 事件窗口期联盟个体异常收益率的影响因素的回归结果。从表 3-17 可知，表中列示的因变量，不论联盟个体异常收益率大于零或小于零，是否为复合式联盟、联盟双方是否拥有相同的所有权性质、联盟双方是否处于相同省份、联盟双方是否来自相同城市、联盟个体是否为国有企业、联盟个体的资产规模等变量均对联盟个体异常收益率的影响不显著。

表 3-17　　CAR1 影响因素分析分组回归（按是否大于 0 分组）

影响因素	(1) CAR1>0	(2) CAR1<0	(3) CAR1>0	(4) CAR1<0	(5) CAR1>0	(6) CAR1<0	(7) CAR1>0	(8) CAR1<0
Dum_type	-0.009 (0.366)	0.011 (0.365)						
Dum_soe			0.007 (0.563)	-0.005 (0.606)				
Dum_province					-0.002 (0.884)	-0.002 (0.888)		
Dum_city							-0.013 (0.320)	-0.002 (0.896)
SOE	-0.013 (0.282)	0.007 (0.481)	-0.011 (0.415)	0.005 (0.582)	-0.012 (0.311)	0.007 (0.435)	-0.012 (0.341)	0.007 (0.444)
Size	-0.003 (0.562)	0.008 (0.101)	-0.003 (0.630)	0.007 (0.105)	-0.003 (0.582)	0.007 (0.124)	-0.004 (0.513)	0.007 (0.127)
_cons	0.057 (0.599)	-0.169 (0.101)	0.049 (0.649)	-0.154 (0.116)	0.057 (0.592)	-0.158 (0.139)	0.071 (0.521)	-0.159 (0.149)
N	176	155	176	155	176	155	176	155
r2_w	0.107	0.713	0.127	0.657	0.128	0.659	0.163	0.661

注：括号内的数字为 P 值；模型对标准误进行了 Robust 处理；*、**、*** 分别代表 10%、5% 和 1% 的显著水平。

但从续表 3-17 可知，表中列示的因变量中，联盟个体异常收益率小于零的组合中，仅联盟双方所属行业代码前三位是否相同一个变量对联盟个体异常收益率的影响是显著的。联盟个体异常收益率大于零的组合中，仅联盟双方托宾 Q 比值一个变量对联盟个体异常收益率的影响是显著的。其他变量不论联盟个体异常收益率大于零还是小于零，均对联盟个体异常收益率的影响不显著。并且从表中可见，联盟个体异常收益率小于零的组合中，联盟双方属于相同行业大类的，联盟公告获得的异常收益率越高；联盟个体异常收益率大于零的组合中，联盟双方托宾 Q 比值越大，联盟公告获得的异常收益率越低。

续表 3-17　CAR1 影响因素分析分组回归（按是否大于 0 分组）

影响因素	(1) CAR1>0	(2) CAR1<0	(3) CAR1>0	(4) CAR1<0	(5) CAR1>0	(6) CAR1<0	(7) CAR1>0	(8) CAR1<0	(9) CAR1>0	(10) CAR1<0
Dum_Ind	-0.015 (0.232)	0.014 (0.153)								
Dum_ind			-0.011 (0.315)	0.018* (0.064)						
Dum_ReTobinQ1					-0.022** (0.044)	-0.007 (0.476)				
Type							-0.006 (0.290)	0.006 (0.282)		
Dum_Age1									0.004 (0.734)	-0.010 (0.324)
SOE	-0.012 (0.312)	0.005 (0.591)	-0.012 (0.318)	0.005 (0.540)	-0.013 (0.271)	0.008 (0.416)	-0.012 (0.293)	0.007 (0.454)	-0.012 (0.315)	0.006 (0.551)
Size	-0.003 (0.543)	0.008* (0.062)	-0.003 (0.595)	0.008* (0.074)	-0.004 (0.474)	0.007 (0.109)	-0.003 (0.594)	0.008* (0.097)	-0.002 (0.675)	0.008* (0.097)
_cons	0.086 (0.467)	0.000 (0.000)	0.070 (0.539)	0.000 (0.000)	0.092 (0.389)	0.000 (0.000)	0.054 (0.619)	-0.173* (0.095)	0.050 (0.657)	-0.157 (0.102)
N	176	155	176	155	176	155	176	155	176	155
r2_w	0.205	0.677	0.155	0.676	0.062	0.633	0.110	0.726	0.131	0.669

注：括号内的数字为 P 值；模型对标准误进行了 Robust 处理；*、**、*** 分别代表 10%、5% 和 1% 的显著水平。

表 3-18 及其续表共同描述了区分联盟双方市场反应对称或不对称情况下，在联盟公告日联盟联合异常收益率的影响因素的回归结果。从表 3-18 可知，在联盟公告日，表中列示的因变量中，具有非对称市场反应的战略联盟组合中，仅联盟是否为复合式联盟一个变量对联盟的联合异常收益率的影响是显著的。而其他变量，不论是对称市场反应还是不对称市场反应的战略联盟，均对联盟联合异常收益率的影响不显著。并且从表中可见，具有非对称市场反应的战略联盟中，复合式联盟，如一组战略联盟同时包含研发联盟、生产联盟或同时包含资本联盟、供应链联盟、营销联盟等两项或两项以上联盟类型，联盟

公告获得的联合异常收益率越高,而单一联盟目的公告获得的异常收益率越低。

表3-18　　Sum_AR 影响因素分析分组回归(按联盟双方反应是否对称分组)

影响因素	(1) Sum_AR 非对称	(2) Sum_AR 对称	(3) Sum_AR 非对称	(4) Sum_AR 对称	(5) Sum_AR 非对称	(6) Sum_AR 对称	(7) Sum_AR 非对称	(8) Sum_AR 对称
Dum_type	0.009* (0.093)	0.007 (0.264)						
Dum_soe			-0.005 (0.368)	-0.000 (0.990)				
Dum_province					0.002 (0.698)	0.008 (0.246)		
Dum_city							-0.005 (0.391)	0.009 (0.240)
Lntvalue	-0.009* (0.054)	0.005 (0.353)	-0.008* (0.076)	0.005 (0.371)	-0.007 (0.115)	0.006 (0.238)	-0.008* (0.083)	0.006 (0.213)
_cons	0.001 (0.534)	-0.019* (0.079)	0.005 (0.372)	0.031*** (0.000)	0.000 (0.828)	-0.015* (0.072)	0.000 (0.641)	-0.015* (0.061)
N	75	94	75	94	75	94	75	94
r2_w	0.125	0.037	0.148	0.007	0.009	0.050	0.076	0.046

注:括号内的数字为 P 值;模型对标准误进行了 Robust 处理;*、**、*** 分别代表10%、5%和1%的显著水平。

从续表3-18可知,在联盟公告日,表中列示的因变量中,具有对称市场反应的战略联盟组合中,联盟双方托宾Q比值和联盟类型种类合计数两个变量对联盟的联合异常收益率的影响是显著的。而其他变量,不论是对称市场反应还是不对称市场反应的战略联盟,均对联盟的联合异常收益率的影响不显著。并且从表中可见,在联盟公告日,具有对称市场反应的战略联盟中,联盟双方托宾Q比值越大,联盟公告获得的联合异常收益率越低;联盟类型种类合计数越大,联盟公告获得的联合异常收益率越高。

续表3-18   Sum_AR 影响因素分析分组回归（按联盟双方反应是否对称分组）

影响因素	(1) Sum_AR 非对称	(2) Sum_AR 对称	(3) Sum_AR 非对称	(4) Sum_AR 对称	(5) Sum_AR 非对称	(6) Sum_AR 对称	(7) Sum_AR 非对称	(8) Sum_AR 对称	(9) Sum_AR 非对称	(10) Sum_AR 对称
Dum_Ind	0.001 (0.804)	0.004 (0.532)								
Dum_ind			-0.003 (0.551)	0.003 (0.577)						
Dum_ReTobinQ1					-0.006 (0.173)	-0.012** (0.036)				
Type							0.005 (0.111)	0.006** (0.042)		
Dum_Age1									-0.001 (0.912)	0.004 (0.450)
Lntvalue	-0.007 (0.115)	0.004 (0.374)	-0.007* (0.088)	0.004 (0.379)	-0.007* (0.082)	0.003 (0.497)	-0.008* (0.057)	0.005 (0.300)	-0.007* (0.074)	0.005 (0.373)
_cons	-0.001 (0.857)	0.027*** (0.000)	0.003 (0.553)	0.028*** (0.000)	0.006 (0.189)	0.005 (0.569)	-0.004 (0.102)	0.014*** (0.001)	0.000 (0.738)	0.031*** (0.000)
N	75	94	75	94	75	94	75	94	75	94
r2_w	0.000	0.010	0.001	0.023	0.002	0.001	0.062	0.243	0.000	0.067

注：括号内的数字为 P 值；模型对标准误进行了 Robust 处理；*、**、*** 分别代表10%、5%和1%的显著水平。

表3-19及其续表共同描述了区分联盟联合异常收益率大于零或小于零的情况下，联盟公告日联盟联合异常收益率的影响因素的回归结果。从表3-19可知，在联盟公告日，不论联盟联合异常收益率大于零还是小于零，联盟是否为复合式联盟对联盟的联合异常收益率的影响是显著的。而其他变量，不论是联盟联合异常收益率大于零还是小于零，均对联盟的联合异常收益率的影响不显著。并且从表中可见，在联盟公告日，不论联盟联合异常收益率大于零还是小于零，复合式联盟与联盟联合异常收益率均呈现正相关关系。

表3-19 Sum_AR 影响因素分析分组回归（按是否大于0分组）

影响因素	(1) Sum_AR>0	(2) Sum_AR<0	(3) Sum_AR>0	(4) Sum_AR<0	(5) Sum_AR>0	(6) Sum_AR<0	(7) Sum_AR>0	(8) Sum_AR<0
Dum_type	0.006 * (0.098)	0.009 ** (0.043)						
Dum_soe			0.001 (0.890)	-0.002 (0.624)				
Dum_province					0.005 (0.261)	-0.000 (0.955)		
Dum_city							0.007 (0.220)	-0.000 (0.939)
Lntvalue	-0.002 (0.473)	0.001 (0.826)	-0.001 (0.720)	-0.000 (0.933)	-0.000 (0.885)	-0.000 (0.968)	-0.000 (0.937)	-0.000 (0.961)
_cons	0.024 *** (0.000)	-0.001 ** (0.028)	0.031 *** (0.000)	0.001 (0.813)	0.031 *** (0.000)	-0.001 * (0.095)	0.031 *** (0.000)	-0.001 (0.102)
N	94	75	94	75	94	75	94	75
r2_w	0.043	0.019	0.001	0.010	0.000	0.010	0.000	0.010

注：括号内的数字为P值；模型对标准误进行了Robust处理；*、**、*** 分别代表10%、5%和1%的显著水平。

从续表3-19可知，在联盟公告日，不论联盟联合异常收益率大于零还是小于零，联盟类型种类合计数对联盟的联合异常收益率的影响是显著的。而其他变量，不论是联盟联合异常收益率大于零还是小于零，均对联盟的联合异常收益率的影响不显著。并且从表中可见，在联盟公告日，不论联盟联合异常收益率大于零还是小于零，联盟类型种类合计数与联盟联合异常收益率均呈现正相关关系。

续表3-19 Sum_AR 影响因素分析分组回归（按是否大于0分组）

影响因素	(1) Sum_AR>0	(2) Sum_AR<0	(3) Sum_AR>0	(4) Sum_AR<0	(5) Sum_AR>0	(6) Sum_AR<0	(7) Sum_AR>0	(8) Sum_AR<0	(9) Sum_AR>0	(10) Sum_AR<0
Dum_Ind	-0.000 (0.951)	-0.004 (0.402)								

续表

影响因素	(1) Sum_AR>0	(2) Sum_AR<0	(3) Sum_AR>0	(4) Sum_AR<0	(5) Sum_AR>0	(6) Sum_AR<0	(7) Sum_AR>0	(8) Sum_AR<0	(9) Sum_AR>0	(10) Sum_AR<0
Dum_ind			0.000 (0.975)	-0.000 (0.993)						
Dum_ReTobinQ1					-0.003 (0.446)	-0.006 (0.123)				
Type							0.003* (0.050)	0.004* (0.079)		
Dum_Age1									0.000 (0.934)	-0.004 (0.265)
Lntvalue	-0.001 (0.703)	-0.000 (0.892)	-0.001 (0.704)	-0.000 (0.974)	-0.001 (0.763)	-0.002 (0.646)	-0.002 (0.520)	0.001 (0.819)	-0.001 (0.704)	0.000 (0.962)
_cons	0.031*** (0.000)	0.003 (0.563)	0.014*** (0.000)	-0.001 (0.838)	0.034*** (0.000)	0.006 (0.220)	0.024*** (0.000)	-0.005** (0.023)	0.031*** (0.000)	-0.001* (0.059)
N	94	75	94	75	94	75	94	75	94	75
r2_w	0.003	0.085	0.004	0.008	0.022	0.014	0.067	0.020	0.004	0.125

注：括号内的数字为 P 值；模型对标准误进行了 Robust 处理；*、**、*** 分别代表10%、5%和1%的显著水平。

第五节 本章小结

由于上市公司签署战略联盟协议不属于证监会或交易所规定的强制披露信息，各上市公司对缔结战略联盟是否披露以及披露的具体内容和形式不存在统一的标准。因此，对于缔结战略联盟，部分上市公司选择主动披露，而部分上市公司选择不披露。主动披露战略联盟的上市公司，有的公告了联盟意向相关事宜，通常包括联盟伙伴基本情况、联盟签署时间以及联盟目的等；有的除公告联盟意向相关事宜外，还公告了签署的联盟合作协议。

不论选择进行战略联盟公告的上市公司在公告内容和形式上差异如何，这些公告从缔结战略联盟上市公司自身来看，应都是正面信息，欲向投资者传递出企业当前实力（毕竟不是所有公司均有机会与其他上市公司缔结战略联盟）和未来发展潜力（缔结战略联盟对公司研发或生产或供应链或销售将大有裨益）的消息，大都能够获得投资者的正向反馈。本章采用事件研究法，对缔结战略联盟169组上市公司338个联盟公告进行实证检验，主要有如下发现：

第一，在战略联盟公告宣告日、[-2, 2]窗口期和[-1, 1]窗口期三个时间段，联合收益率大于零的战略联盟均超过半数，占比在55%左右，联合收益率小于零的战略联盟均不足半数，占比在45%左右，并且联合收益率大于零的战略联盟与联合收益率小于零的战略联盟比重差别很小。这表明，一方面，上市公司发布战略联盟公告，得到了多数投资者的正向反馈，这与上市公司发布公告的初衷一致，也与前人研究结果一致。另一方面，在战略联盟公告宣告日和[-2, 2]、[-1, 1]两个窗口期，联合收益率大于零的战略联盟与联合收益率小于零的战略联盟比重差别很小，表明投资者的市场反应在短期内基本稳定。

第二，在战略联盟公告宣告日和[-1, 1]窗口期，具有对称性市场反应（联盟个体异常收益率均为正或均为负）的战略联盟数量较为接近，均约占全部战略联盟55%；而在[-2, 2]窗口期，具有对称性市场反应的战略联盟略微增加，约占全部战略联盟60%。相应的，在战略联盟公告宣告日和[-2, 2]、[-1, 1]两个窗口期，公告战略联盟上市公司的市场反应不具有对称性的战略联盟也达到了一定比例，接近或超过40%。换言之，中国上市公司在缔结联盟时，约55%~60%联盟具有对称的市场反应；另外接近或超过40%联盟具有非对称的市场反应。

第三，诸多控制变量中，联盟双方托宾Q比值和联盟类型种类合计数两个变量对联盟个体异常收益率的影响是显著，其中在战略联盟公告宣告日和[-1, 1]窗口期，联盟双方托宾Q比值与联盟个体异常收益率呈负相关关系；在战略联盟公告宣告日，联盟类型种类合计数与联盟个体异常收益率呈正相关关系。

第四，诸多控制变量中，在战略联盟公告宣告日，联盟是否为复合式联盟、联盟双方托宾Q比值和联盟类型种类合计数三个变量对联盟联合异常收益率的影响是显著，其中联盟双方托宾 Q 比值与联盟联合异常收益率呈负相关关系；联盟是否为复合式联盟、联盟类型种类合计数均与联盟联合异常收益率呈正相关关系。在［1-，1］窗口期，是否与联盟伙伴同省、联盟双方托宾 Q 比值和联盟类型种类合计数三个变量对联盟联合异常收益率的影响是显著，其中联盟双方托宾 Q 比值与联盟联合异常收益率呈负相关关系；是否与联盟伙伴同省、联盟类型种类合计数均与联盟联合异常收益率呈正相关关系。

第五，在上述三和四的检验中，均可知联盟类型不论对联盟个体还是对联盟联合异常收益率的影响都是显著的，经进一步检验发现，在联盟公告日，包含生产联盟，以及包含同行业的供销联盟与联盟个体异常收益率呈正相关关系。

第六，分组检验中发现，在战略联盟公告日，联盟双方托宾 Q 比值与对称的联盟个体异常收益率、大于零的联盟个体异常收益率均呈负相关关系；在［-2，2］窗口期，联盟双方是否具有相同公司属性与非对称的联盟个体异常收益率呈负相关关系，联盟双方托宾 Q 比值与大于零的联盟个体异常收益率呈负相关关系，联盟双方是否属于相同行业大类与小于零的联盟个体异常收益率呈正相关关系；在［-1，1］窗口期，联盟双方托宾 Q 比值与对称的联盟个体异常收益率、大于零的联盟个体异常收益率均呈负相关关系，联盟双方是否属于相同行业门类与小于零的联盟个体异常收益率呈正相关关系。

第七，分组检验还发现，在战略联盟公告日，联盟是否为复合式联盟与非对称的联盟联合异常收益率呈正相关关系，联盟双方托宾 Q 比值与对称的联盟联合异常收益率呈负相关关系，联盟类型种类合计数与联盟联合异常收益率呈正相关关系；联盟是否为复合式联盟与大于零的联盟联合异常收益率、小于零的联盟联合异常收益率均呈正相关关系，联盟类型种类合计数与大于零的联盟联合异常收益率、小于零的联盟联合异常收益率均呈正相关关系。

第四章

中国上市公司之间战略联盟与审计费用

第一节 引言

战略联盟是企业之间通过签订合作契约的方式所形成的长期、稳定的伙伴关系（Porter，1985）。现有的文献主要是研究战略联盟的治理（Ivanov and Masulis，2010；Lerner and Malmendier，2010）、短期市场反应（McConnell and Nantell，1985；Chan et al.，1997；Lee et al.，2013）和长期业绩（Gomes - Casseres et al.，2006；Robinson，2008；徐欣等，2019；汪平平等，2022）等方面。然而，少有关于战略联盟实施成本的相关研究，而这正是本章所重点关注的问题。

事实上，事物都具有两面性，战略联盟也不例外。虽然，战略联盟能够通过改变企业未来的现金流来提升企业价值（Chou et al.，2014），但是，缔结和构建战略联盟同样需要企业付出诸如沟通、监督、履行承诺、财务补偿和协调等成本。事实上，联盟企业在推动战略联盟朝着目标方向发展过程中，成本的增加是必然的。在战略联盟中相互合作的成本考量和利益共享机制需要会计系统予以支持。为此，探究战略联盟的实施成本对于促进战略联盟目标的实现，进而提升战略联盟效率具有重要的意义，而这正是本章所要研究的主要问题。

近年来中国企业之间的战略联盟大量涌现，尤其是 2014 年中国财政部开始执行《企业会计准则第 40 号——合营安排》以来，上市公司之间的战略联盟呈现出快速增长的趋势。战略联盟的大量兴起产生了诸多新的审计问题，包括由联盟契约产生的合营（联营）交易确认和计量的难题、长期股权投资的减值、表外融资以及合营（联营）所造成的关联方及其关联交易风险等问题引发了审计师的高度关注，经常被审计师认定为关键审计事项（见表4-1）。这些问题加剧了联盟企业的审计复杂性和审计风险，从而加重了审计费用。为此，本章基于当前中国企业战略联盟大量兴起的特殊场景，研究战略联盟对于审计定价的影响及其作用机制。

表4-1　　　　　　　　　　中国上市公司的关键审计事项

年度	披露关键审计事项的公司数（家）	关键审计事项数量（项）	涉及战略联盟的关键审计事项数量及其公司数量		涉及合营或联营的关键审计事项数量及其公司数量		因合营或联营而导致长期股权投资的关键审计事项数量及其公司数量	
			关键审计事项数量（项）	公司数量（家）	关键审计事项数量（项）	公司数量（家）	关键审计事项数量（项）	公司数量（家）
2016	91	233	—	—	3	3	—	—
2017	3486	7173	2	2	31	30	70	70
2018	3559	7471	—	—	31	31	62	62
2019	3852	7803	—	—	26	26	71	71
2020	4073	8228	—	—	26	26	48	48

注：由于关联方及其交易的关键审计事项未详细说明关联方及交易主体，因此，无法统计因战略联盟所导致的关联方及其交易的关键审计数量及其公司数量。数据来源于wind数据库。

在企业所有权和经营权分离的情况下，聘请独立第三方审计的费用是企业完成受托责任所产生的一种重要成本。战略联盟是基于联盟伙伴之间长期合作协议而存在的，尽管联盟参与方建立联盟的初衷是希望集中各方资源以实现预定目标，但是，各方签署的长期合作协议不可能清晰明了地约定未来所有可能发生的事项和细节。预计信息的不可验证性，以及联盟伙伴之间产生的客户、供应商及资本等诸多依赖势必增加审计的复杂性和工作量，从而导致联盟企业审计费用上升。因此，企业缔结战略联盟会因为增加审计的复杂性和审计风险从而增加审计费用。

在现实中，战略联盟对于联盟企业审计费用的影响是异质性的，存在着两种典型情形。一种是类似于宜华木业（600978）与喜临门（603008）（如图4-1和图4-2），这两家上市公司在缔结战略联盟当年以及后续两个年度，审计费用均有明显的增加①，统计结果见表4-2。

表4-2　　宜华木业与喜临门缔结战略联盟前后的审计费用

联盟公司A：*ST宜生（600978）	t=-2	t=-1	t=0(2013年)	t=1	t=2
审计费用（万元）	110	110	170	220	290
审计费用同比增长（%）	/	0	55%	29%	32%
审计费用/资产总额	1.54	1.38	1.97	2.15	2.28
审计费用/资产总额同比增长（%）	/	-10%	43%	9%	6%
联盟公司B：喜临门（603008）	t=-2（未上市）	t=-1	t=0（2013年）	t=1	t=2
审计费用（万元）	/	50	50	65	120
审计费用同比增长（%）	/	/	0	30%	85%
审计费用/资产总额	/	3.01	3.31	3.27	3.72
审计费用/资产总额同比增长（%）	/	/	10%	-1%	14%

在两家公司缔结战略联盟的当年（2013年），宜华木业审计费用较上年上涨55%，但喜临门当年的审计费用未见有变动；在联盟后第一年（2014年）两家公司审计费用变动趋势较为一致，宜华木业审计费用较上年上涨29%，喜临门审计费用较上年上涨30%；在联盟后第二年（2015年）两家公司审计费用变动差异较大，宜华木业审计费用较上年上涨32%，喜临门审计费用较上年上涨85%。另外，两家公司缔结战略联盟后审计强度（审计费用/资产总额）也呈上升趋势，并且在联盟后的第二年两家公司审计强度较联盟当年增长幅度差异不大。

---

① 2013年12月25日，宜华木业发布《关于签署战略合作框架协议的公告》称，与喜临门、华日家具签署"三方战略合作框架协议"约定，将基于三方各自的行业产品优势，冠名另外两方的优势产品，达到整合资源、优势互补，提高三方的品牌知名度及产品的市场占有率。同日，喜临门发布《关于与宜华木业、华日家具签署三方战略合作框架协议的公告》，披露了该项联盟事宜，公告内容与宜华木业相关公告大致相同。华日家居为非上市公司，因其审计收费及财务信息为非公开信息，本书未将其纳入研究范围。

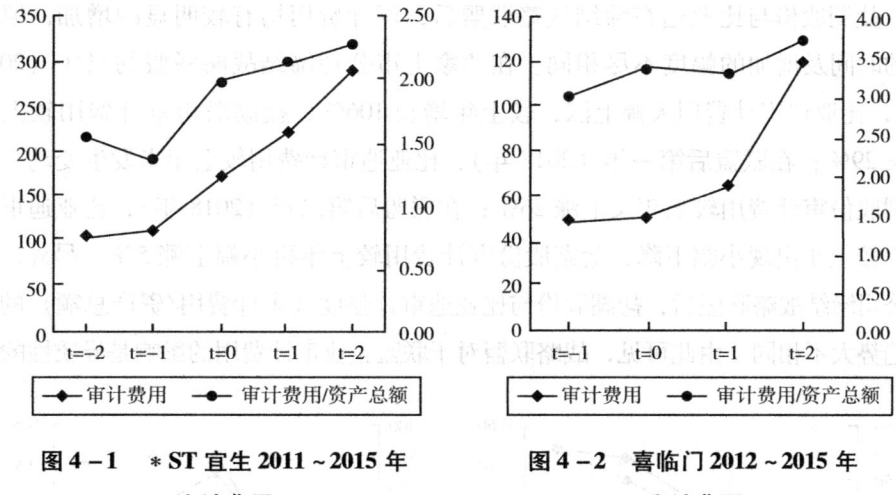

图4-1 *ST宜生2011~2015年审计费用

图4-2 喜临门2012~2015年审计费用

此外，另一种是类似于盐湖股份（000792）与比亚迪（002594）①（如图4-3和图4-4），两家上市公司在缔结战略联盟当年以及后续两个年度，审计费用的变化是非对称的，统计结果见表4-3。

表4-3 盐湖股份与比亚迪缔结战略联盟前后的审计费用

联盟公司A：盐湖股份（000792）	t=-2	t=-1	t=0（2016年）	t=1	t=2
审计费用（万元）	180	240	310	390	410
审计费用同比增长（%）	/	33%	29%	26%	5%
审计费用/资产总额	0.27	0.3	0.38	0.47	0.55
审计费用/资产总额同比增长（%）	/	11%	27%	24%	17%
联盟公司B：比亚迪（002594）	t=-2	t=-1	t=0（2016年）	t=1	t=2
审计费用（万元）	340	340	700	700	680
审计费用同比增长（%）	/	0	106%	0	-3%
审计费用/资产总额	0.36	0.29	0.48	0.39	0.35
审计费用/资产总额同比增长（%）	/	-19%	66%	-19%	-10%

---

① 2016年6月21日，盐湖股份发布《与比亚迪签署合作框架协议的公告》称，与比亚迪、宏达同将通过优势互补，就盐湖锂资源开发开展战略合作，三方拟共同设立新的有限责任公司专门从事盐湖资源综合利用产品的开发与加工、销售；股权比例按盐湖股份占49.5%，比亚迪占48%，宏达同占2.5%设定；新设公司纳入盐湖股份合并报表范围。同日，比亚迪发布《关于签署合作框架协议公告》，公告内容与盐湖股份相关公告大体相同。盐湖股份与比亚迪不存在关联关系，比亚迪与宏达同存在关联关系。

盐湖股份与比亚迪在缔结战略联盟后，审计费用均有较明显的增加，但增加的时间及增加的幅度不尽相同。在两家上市公司缔结战略联盟的当年（2016年），比亚迪审计费用大幅上涨，较上年增长106%，盐湖股份审计费用较上年增长29%；在联盟后第一年（2017年），比亚迪审计费用较上年未发生变动，而盐湖股份审计费用较上年又上涨26%；在联盟后第二年（2018年），比亚迪审计费用较上年出现小幅下降，盐湖股份审计费用较上年再小幅上涨5%。另外，两家公司缔结战略联盟后，盐湖股份与比亚迪审计强度（审计费用/资产总额）的变化趋势大不相同。由此可见，战略联盟对于联盟企业审计费用的影响是异质性的。

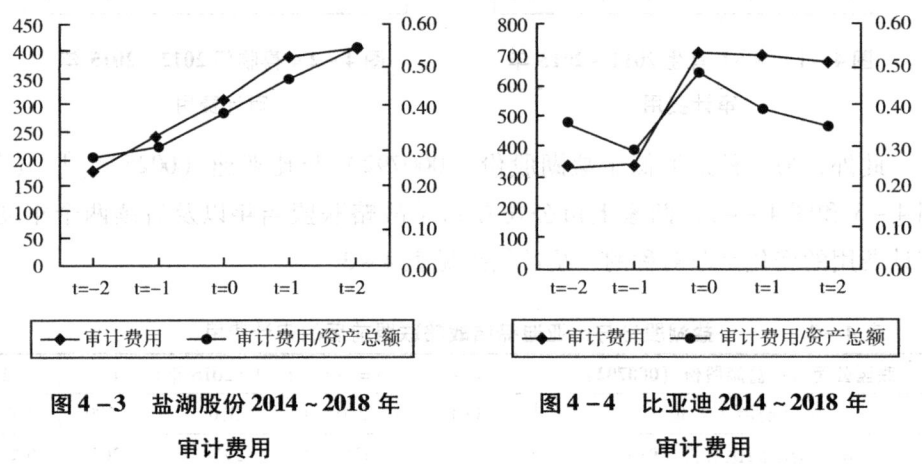

图4-3　盐湖股份2014~2018年审计费用　　　　图4-4　比亚迪2014~2018年审计费用

上述案例中，宜华木业与喜临门、华日家居以提升各自市场占有率为目标缔结战略联盟，随着三方交易的增加以及资源优势的整合，势必增加彼此营业收入，同时三方亲密的合作关系，也势必引起审计师更多的关注，这都会增加审计的复杂性和审计工作量。再如盐湖股份、比亚迪和宏达同实业的供应链联盟和营销联盟，还涉及股权投资，为此，盐湖股份新设子公司额外增加了审计范围，比亚迪额外增加了联营企业审计以及关联方交易审计等复杂审计事项。审计工作量增加、审计范围扩充、审计复杂性加大等诸多因战略联盟引发的审计问题，势必导致审计费用的上升。

本章以中国A股上市公司之间的战略联盟为样本，主要的研究发现如下：

第一，战略联盟是影响审计定价的重要因素。相对于未缔结战略联盟的公司而言，无论是审计费用的自然对数，还是审计费用强度，缔结战略联盟的公司会有更高的审计收费,并且联盟后公司的审计费用存在逐年递增的滞后效应。此外,审计师对于联盟业绩的风险感知是战略联盟影响审计成本的一个重要机制。

第二,联盟双方审计费用的增长变化存在非对称效应。本书将一对联盟中的公司分别按照年龄和资产规模进行划分,发现年龄较大的一方,其审计费用会更多;资产规模较大的一方,其审计费用会更多。

第三,战略联盟的治理结构对于联盟企业审计收费的增长具有调节效应。相对于契约式联盟,股权式联盟会产生更高的审计定价。这一发现不同于Demirkan 和 Zhou(2016)的证据,我们认为这主要是在中国的特殊场景下,股权式联盟会产生更高的审计风险所致。我们用注册会计师的问卷调查进一步支持了上述研究发现。

不同于 Demirkan 和 Zhou(2016)基于联盟不完全契约视角的研究,本章具有以下边际贡献:

第一,本章偏重于审计师的视角,结合经验证据、问卷调查和访谈研究了中国上市公司之间战略联盟对于审计定价的影响及其作用机制。

第二,本章聚焦于"联盟伙伴双方"的研究视角具有一定的新意。囿于数据的限制,Demirkan 和 Zhou(2016)只考察了具有公开数据的联盟一方的审计费用,尚未分析联盟双方审计成本的变化。战略联盟是两家企业之间特殊的关系,如果只关注其中一方,而忽视另一方审计成本的变化是不完整的。为此,本章基于现有联盟理论关于"联盟伙伴经济收益不对称"的观点,以近年来中国上市公司之间的战略联盟大量涌现为研究契机,发现在审计成本方面,战略联盟同样具有非对称效应。具体而言,年龄较大的一方,其审计费用会更多;资产规模较大的一方,其审计费用会更多。这为我们从成本的角度深入认识战略联盟的非对称效应提供了新的经验证据,从而有助于我国战略联盟理论的发展。

第二节 理论分析与研究假说

一、审计费用及其影响因素

审计费用亦称为审计定价,是指审计服务的提供方(会计师事务所)在提供审计服务后,向被审计单位或其他委托方收取的费用。目前,我国审计收费主要依据《中华人民共和国价格法》①和《会计师事务所服务收费管理办法》②。《会计师事务所服务收费管理办法》规定,审计服务可实行计件收费、计时收费或者计件与计时收费相结合的方式。整体而言,现行的审计收费制度主要以指导性和原则性为主,而且规定的计件收费和计时收费的计价标准机理存在明显的差异,加之各地区在监管、经济环境等方面有差异,导致实务中,国内各上市公司审计费用在地域上存在一定差异。

Simunic(1980)利用多元线性回归方法开创性的构建了经典审计费用模型,他把审计服务看成是被审计单位财务报告系统的一个子系统,并假设客户的规模、业务复杂程度和审计风险会使得审计师付出不同的努力,认为影响审计费用的关键因素包括成本补偿和风险溢价两个部分。随后,其又将审计成本定义为审计产品成本和预期损失费用两部分,其中审计产品成本指审计人员执行必要的审计程序、出具审计报告所需要的费用,预期损失费用指审计人员的诉讼损失和恢复名誉的潜在成本,并且提出审计产品成本和预计损失呈反向关系(Simunic and Stein,1996)。后来,很多国内外学者借鉴 Simunic 模型从多个角度对审计费用问题进行了扩展研究,并形成了如下诸多结论:

一是,从外部环境特征出发的研究发现,经济环境(李伟,2015;陈丽蓉等,2021)、法制与监管环境(陆正飞等,2012;林钟高等,2015;陈运森等,2018;杨鑫等,2018;余海宗等,2018;赵婷婷等,2021)、互联网信息技术(杨德明和陆明,2017;杨德明等,2020)等因素显著影响审计费用。

二是,从被审计单位特征出发的研究发现,企业战略(王百强和伍利娜,2017;林钟高和丁茂桓,2019;张蕊和王洋洋,2019)、企业竞争力(王芳和沈彦杰,2018;王百强等,2021)、企业规模(Palmrose,1986;张奇峰,2006;Hay et al.,2006;Charles et al.,2010;Schelleman and Knechel,2010;高雷等,2012)、企业所有权形式(Hay et al.,2006;李越冬等,2014;陈冬

---

① 《中华人民共和国价格法》于1997年12月29日由第八届全国人民代表大会常务委员会第二十九次会议通过,1997年12月29日中华人民共和国主席令第九十二号公布,自1998年5月1日起施行。

② 《会计师事务所服务收费管理办法》(发改价格〔2010〕196号)由国家发展改革委、财政部于2010年1月27日联合印发。

和罗祎，2015；姜付秀等，2021）、企业业务复杂度（Hackenbrack and Knechel，1997；张奇峰，2006；Hay et al.，2006；张铁铸和沙曼，2014；徐虹等，2014；刘颖斐和丁茜菡，2017；邓芳等，2017；张子余，2017）、企业交易特征（邢立全和陈汉文，2013；王雄元，2014；林钟高等，2014；方红星和张勇，2016；郑军等，2017；宋希亮，2020）、企业风险程度（Schelleman and Knechel，2010；申慧慧等，2010；韩晓梅等，2013；袁东任和汪炜，2015）等因素显著影响审计费用。

三是，从审计师特征出发的研究发现，会计师事务所特征（李江涛等，2013；闫焕民等，2015；Hrazdil et al.，2020）、审计师特征（闫焕民等，2017；王守海等，2017；酒莉莉和刘嫒嫒，2018；张婷和张敦力，2019；Christine et al.，2021）、审计报告、意见类型（周中胜，2020；Carl et al.，2020）等因素显著影响审计费用。

企业审计费用一直以来是财政部、中国注册会计师协会、会计师事务所、被审计单位及物价监管部门最为关心的问题之一，也是理论界研究的重要问题之一。国内外理论界已就审计费用的影响因素及影响路径展开了多维度的研究与讨论，但鲜有文献从企业合作的角度探讨企业间缔结战略联盟对审计费用的影响。

二、战略联盟对于审计费用的影响

Porter（1985）指出，联盟是两个或两个以上的企业为了共同的投资项目而签订的长期合同安排，是企业极为重要的战略行为。联盟的形成改变了企业的边界，势必改变企业个体层面的资源配置和代理问题（Coase，1937），进而对企业产生深远的经济影响（Robinson，2008）。在企业所有权和经营权分离的情况下，聘请独立第三方审计的费用是企业完成受托责任所产生的一种重要成本。现有的审计定价理论指出，作为审计服务需求方的企业是决定审计定价的重要因素（Simunic，1980），尤其是在企业因代理问题而改变审计需求和审计程序时，审计定价会因审计需求的改变而改变（Hay et al.，2006）。因此，基于交易费用理论和审计定价理论可以推演：战略联盟会深远地影响企业的审计定价。

第一,作为重要的战略行为,战略联盟会改变企业的经营风险,从而影响审计定价。在现有的风险导向审计模式下,会计师事务所审计工作的重点是识别、评估和应对被审计单位的重大错报风险。中国注册会计师协会于2022年12月22日修订了《中国注册会计师审计准则第1211号——重大错报风险的识别和评估》(简称"1211号准则"),明确了注册会计师的目标是,通过了解被审计单位及其环境,识别和评估财务报表层次和认定层次的重大错报风险(无论该错报由于舞弊或错误导致),从而为设计和实施针对评估的重大错报风险采取的应对措施提供基础。

1211号准则要求注册会计师,应当从被审计单位的目标、战略以及可能导致重大错报风险的相关经营风险等方面充分了解被审计单位及其环境,特别是由于制定不恰当的战略而导致的经营风险。由此可见,现有的中国注册会计师审计准则高度重视公司战略及其相应经营风险可能导致的审计风险。不同的公司战略会产生不同的经营风险,而不同的经营风险也使审计师面临不同的审计风险,从而导致不同的审计收费。因此,审计师会基于审计准则,在审计过程中增加审计程序,实时动态评估被审计单位因实施战略联盟所产生的经营风险,进而影响审计定价。

第二,战略联盟会产生新的代理问题,从而改变审计需求和审计程序。虽然,"互利共赢"是企业形成联盟的初衷,但是,联盟的双边机会主义行为会导致事与愿违(Hart,1988),现实中经常出现一方会通过侵害另一方利益的方式来谋求自身的利益的现象(Lerner and Malmendier,2010),包括责任推诿、投资不足、恶意隐瞒或扭曲信息、通过不合理的分配侵占更多的共享利益等。为此,联盟伙伴会试图监督和控制对方(Otley,1994),并会诉诸审计师通过审计来减少利益纠纷(Mayer and Teece,2008),这就额外增加了审计师的工作量。

此外,联盟中一方的利得往往是建立在另外一方损失之上的。为了避免零和博弈,联盟当事人会在契约中设置复杂的或有事项条款来解决部分道德风险问题(Hagedoorn et al.,2000)。然而,联盟当事人不能预见所有的突发事件(Das et al.,1998),并且联盟契约也不能充分规定每一签约方在每一项或有事项中的行为（Hagedoorn et al.，2000）。因此，联盟契约中一些无法观察或难以验证的条款会产生大量不可验证的信息（Demirkan and Zhou, 2016），这就加剧了审计的复杂性，从而影响审计收费。

第三，不同于普通的商业交易，联盟伙伴之间持续的、大额的关联交易或关系型交易会给审计师带来诸多新的挑战，这些挑战会增加审计工作量和审计风险，从而导致审计收费上升。

一方面，联盟会因为联营和合营企业的出现，而产生关联交易的审计问题。现实中，通过与关联方客户或者隐性关联方合谋虚构业务和收入是我国上市公司常见的造假手段（黄世忠等，2020）。对此，国家监管机构一直高度重视关联方及关联交易问题，审计师将关联方及关联交易认定为关键审计事项非常普遍。

一个典型案例：坚瑞沃能[①]（300116）2017 年度审计报告就将重要子公司战略联盟及其交易确认为关键审计事项。2017 年 3 月 9 日，坚瑞沃能发布公告称，其全资子公司深圳市沃特玛电池有限公司（简称"沃特玛"）联合电机、电控驱动系统、动力总成、充电设备、运营平台等企业、大专院校及科研机构组成"中国沃特玛新能源汽车产业创新联盟"。2017 年度，坚瑞沃能的审计师发现，其子公司沃特玛营业收入和资产总额均占坚瑞沃能公司合并财务报表的 90% 以上，并且沃特玛与创新联盟内企业发生多种类型的交易。坚瑞沃能的审计师认为，能否正确识别关联方并披露关联交易对编制和理解公司财务报表影响重大，因而将联盟带来的关联交易确认为关键审计事项[②]。由此可见，联盟伙伴之间的交易，特别是具有关联方关系的联盟伙伴之间大额、频繁的交易，势必会引起审计师的高度关注。

值得注意的是，即使联盟伙伴之间未形成《企业会计准则第 36 号——关联方披露》所定义的关联方，战略联盟也通常会产生新的重要的产供销研协议、投融资行为和利益分配等活动，这些都会增加审计的复杂性和难度，影响审计师的风险感知和专业判断，从而影响审计收费。

另一方面，战略联盟会产生新的特殊或复杂的交易事项，需要审计师投入

---

① 坚瑞沃能于 2020 年 9 月 28 日更名为保力新能源科技股份有限公司（简称保力新）。
② 信息来源于坚瑞沃能 2017 年度报告。

更多的审计资源,做出更多的会计估计和专业判断。战略联盟在其长期履约过程中,不可避免地发生直接相关或非直接相关支出,这些长期支出的初始确认、计量以及后续计量,往往涉及管理层的会计估计。会计估计因其不确定性和主观性通常会引发较大的错报风险,这就使会计估计的审计面临着较大的难度和审计风险。例如,当战略联盟与并购收购一起发生时,企业合并的会计处理就会变得异常复杂,这需要审计师投入更多额外的时间和安排更多的专业技术人员。

另一个典型案例:2017年6月1日,晨光文具(603899)子公司科力普与欧迪中国原股东 OFFICE DEPOT INC. 签署收购协议,科力普以零对价收购欧迪中国100%的股权。与此同时,欧迪中国与 OFFICE DEPOT INC. 签署"战略联盟协议"。晨光文具估计欧迪中国为履行该战略联盟协议会发生直接或间接支出4500万元,将其抵减合并成本与按公允价值反映的可辨认净资产之间的差额,并确认为递延收益。该递延收益的初始确认、计量和后续计量,以及收购日公允价值计量等,因联盟协议而产生诸多会计估计。为此,晨光文具(603899)的审计师将该事项作为了关键审计事项①,如图4-5所示。

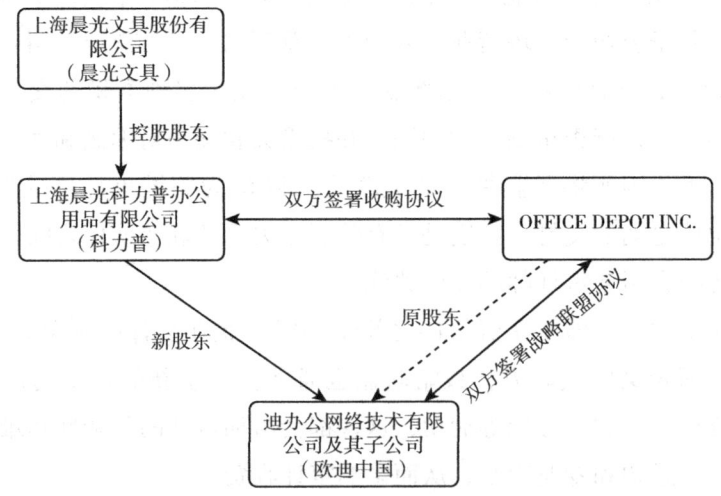

图4-5 科力普2017年收购欧迪中国交易关系图

---

① 信息来源于晨光文具2017年度报告。

分析468家缔结战略联盟上市公司在2017~2020年披露的年度审计报告发现，其中21家上市公司审计师持续将关联方认定及关联方交易披露认定为关键审计事项，详见表4-4。即便联盟伙伴之间不具有关联方关系，其非同于常规商业合作的关系型交易，在审计师的风险评估中也应当给予中风险及以上的关注。已有研究表明，企业间关系型交易会加剧经营风险集聚，从而对审计费用产生正向影响（方红星和张勇，2016；郑军等，2017；宋希亮和吴紫祺，2020）。

表4-4　2017~2020年联盟上市公司关键审计事项涉及关联方统计表

公司股票代码	公司简称	会计年度	关键审计事项摘要
000100	TCL科技	2019	关联方余额及交易
000536	华映科技	2017	关联方及其交易披露的完整性
000536	华映科技	2018	关联方及其交易披露的完整性
002177	御银股份	2017	关联方关系及其交易披露的完整性
002177	御银股份	2018	关联交易
002308	威创股份	2017	关联方及关联交易
002308	威创股份	2018	关联方及关联交易
002308	威创股份	2019	关联方关系及其交易披露的完整性、公允性、真实性
002308	威创股份	2020	关联方及关联交易
300104	乐视退	2019	乐视体育、乐视云违规关联方担保的预计
300116	保力新	2017	关联方的识别和关联交易披露
300279	和晶科技	2017	向关联方出售联营企业股权
600478	科力远	2018	无锡明恒混合动力有限公司技术许可和委托开发关联交易事项
600568	ST中珠	2019	受让关联方资产
000498	山东路桥	2020	关联方关系及其交易披露的完整性
000923	河钢资源	2018	关联交易
000923	河钢资源	2019	关联交易
002092	中泰化学	2017	关联交易
002092	中泰化学	2018	关联方关系及其交易披露的恰当性
002268	卫士通	2017	关联方及其交易披露的完整性
002302	西部建设	2017	关联方关系及关联交易的披露

续表

公司股票代码	公司简称	会计年度	关键审计事项摘要
002302	西部建设	2018	关联方关系及关联交易的披露
002302	西部建设	2019	关联方关系及关联交易的披露
002302	西部建设	2020	关联方关系及关联交易的披露
600010	包钢股份	2017	重大关联交易的核算
600010	包钢股份	2017	关联方关系及其交易披露的完整性
600010	包钢股份	2018	关联方关系及其交易披露的完整性
600010	包钢股份	2018	重大关联交易的核算
600010	包钢股份	2019	关联方关系及其交易披露的完整性
600010	包钢股份	2020	关联方关系及其交易披露的完整性
600060	海信视像	2017	关联方关系及其交易
600060	海信视像	2018	关联方关系及其交易
600060	海信视像	2019	关联方关系及其交易事项
600060	海信视像	2020	关联方关系及其交易
600111	北方稀土	2017	关联交易公允性及其披露的完整性
600111	北方稀土	2018	关联交易公允性及其披露的完整性
600111	北方稀土	2019	关联交易公允性及其披露的完整性
600111	北方稀土	2020	关联交易公允性及其披露的完整性
600268	国电南自	2017	关联方及其交易披露的完整性
600268	国电南自	2018	关联方及其交易披露的完整性
600268	国电南自	2019	关联方及其交易披露的完整性
600268	国电南自	2020	关联方及其交易披露的完整性
600482	中国动力	2017	关联方交易及往来
600482	中国动力	2018	关联方交易及往来
600482	中国动力	2019	关联方交易及往来
600640	新国脉	2017	关联方及关联交易真实性和披露完整性
600640	新国脉	2018	关联方及关联交易真实性和披露完整性
600977	中国电影	2017	关联关系及交易的披露
600977	中国电影	2018	关联关系及交易的披露
600977	中国电影	2019	关联方关系及交易的公允性、披露的完整性
600977	中国电影	2020	关联方关系及交易的公允性、披露的完整性

根据第二章的统计信息，374对上市公司之间的战略联盟中有88对联盟涉及股权投资，这些因战略联盟而出现的被投资单位，通常会成为联盟企业的子公司、合营企业或联营企业，联盟企业与被投资单位之间的交易亦构成关联交易。作者根据自身十余年会计师事务所审计实务经验认为，合营企业和联营企业的认定及会计处理、与联营企业和联营企业的交易等事项的审计难度非常大，因该等事项未获取充分适当的审计证据并发表不恰当审计意见而受到监管机构处罚的审计师及会计师事务所也比比皆是，涉及股权投资的战略联盟无疑会进一步加大这些审计事项的难度。

分析468家缔结战略联盟上市公司在2017～2020年披露的年度审计报告发现，其中27家上市公司审计师持续将合营及联营企业确认、计量以及与联营或合营企业的交易等事项认定为关键审计事项，详见表4-5。

表4-5 2017～2020年联盟上市公司关键审计事项涉及联营或合营事项统计表

股票代码	公司简称	会计年度	关键审计事项摘要
000063	中兴通讯	2018	长期股权投资减值
000488	晨鸣纸业	2019	新增重大长期股权投资的核算
000607	华媒控股	2017	可供出售金融资产和长期股权投资确认
000607	华媒控股	2018	可供出售金融资产和长期股权投资减值
000607	华媒控股	2019	长期股权投资减值
000607	华媒控股	2020	长期股权投资减值
000690	宝新能源	2018	长期股权投资减值准备的计提
000690	宝新能源	2019	长期股权投资减值准备的计提
000690	宝新能源	2020	长期股权投资减值准备的计提
000839	中信国安	2020	长期股权投资减值的计提
002052	ST同洲	2018	长期股权投资减值准备
002052	ST同洲	2019	长期股权投资减值准备
002089	ST新海	2018	长期股权投资和固定资产减值
002339	积成电子	2020	长期股权投资
002466	天齐锂业	2018	长期股权投资
002466	天齐锂业	2019	对SQM长期股权投资减值
002610	爱康科技	2019	长期股权投资减值准备
002701	奥瑞金	2017	联营公司长期股权投资减值评估

续表

股票代码	公司简称	会计年度	关键审计事项摘要
002701	奥瑞金	2018	联营公司长期股权投资减值评估
002701	奥瑞金	2019	联营公司长期股权投资减值评估
002701	奥瑞金	2020	联营公司长期股权投资的减值评估
300134	大富科技	2017	长期股权投资减值准备
300134	大富科技	2018	长期股权投资减值准备
300134	大富科技	2019	长期股权投资减值准备
300134	大富科技	2020	长期股权投资减值测试
300153	科泰电源	2019	长期股权投资业绩对赌事项
300198	纳川股份	2018	长期股权投资价值确认
300210	森远股份	2017	长期股权投资的估值
300251	光线传媒	2019	长期股权投资的减值准备
300251	光线传媒	2020	长期股权投资减值
300273	和佳医疗	2020	联营企业长期股权投资的后续计量
300279	和晶科技	2017	向关联方出售联营企业股权
300279	和晶科技	2018	对联营企业投资减值
300364	中文在线	2019	长期股权投资减值事项
600100	同方股份	2017	对两项长期股权投资的减值评估
600100	同方股份	2018	对两项长期股权投资的减值评估
600100	同方股份	2019	长期股权投资的减值准备
600100	同方股份	2020	长期股权投资的减值准备
600139	ST 西源	2018	长期股权投资处置
600478	科力远	2018	长期股权投资处置交易
601777	力帆科技	2020	长期股权投资减值
601801	皖新传媒	2018	可供出售金融资产、长期股权投资减值测试
601933	永辉超市	2018	长期股权投资的减值判断
601933	永辉超市	2019	对中百集团及湛江国联长期股权投资减值准备的计提
601933	永辉超市	2020	长期股权投资减值损失的计提
603000	人民网	2017	长期股权投资减值（涉及商誉）
603000	人民网	2018	长期股权投资减值
601238	广汽集团	2016	包含在对合营企业投资中的商誉的账面价值发生减值评估
601238	广汽集团	2017	包含在对合营企业投资中的商誉的账面价值发生减值评估

续表

股票代码	公司简称	会计年度	关键审计事项摘要
601238	广汽集团	2018	包含在对合营企业投资中的商誉的账面价值发生减值评估
601238	广汽集团	2019	包含在对合营企业投资中的商誉的账面价值发生减值评估
601238	广汽集团	2020	包含在对合营企业投资中的商誉的账面价值发生减值评估

基于上述分析可以发现，联盟所导致的关联方认定及其关联方信息披露、联营和合营企业认定及其会计处理、以及其他特殊事项的会计估计等都会进一步加大审计的复杂性和审计风险，进而产生更多的审计费用。综上所述，本章提出以下有待检验的研究假说：

假说4-a：在其他条件不变的情况下，战略联盟会增加联盟企业的审计费用。

三、战略联盟影响企业审计费用的非对称效应

联盟企业普遍存在着非对称业绩。虽然，"互利共赢"是企业形成联盟的初衷，但是，联盟的双边机会主义行为（Hart, 1988; Oxley, 1997）、内在的合作与竞争的矛盾（Das and Teng, 2000），以及联盟共同利益与私人利益的冲突（Khanna et al., 1998）会导致事与愿违。对于联盟创造的共同利益而言，一方企业所赚取的共同利益并不一定等同于另一方企业赚取的利益（Hennart et al., 1999）。

因此，探究回报的对称性成为研究组织间相互关系的关键问题（Birnbirg, 1998）。现实中，联盟企业在经济回报上往往存在着非对称的现象，联盟双方的回报在横截面上存在着显著的差异（McConnell and Nantell, 1985; Chan et al., 1997; Yang et al., 2015; Vaidyanathan and Aggarwal, 2022）。例如，McConnell 和 Nantell（1985），以及 Chan 等（1997）都研究发现，联盟中小企业拥有更高的股票超额回报率。此外，Kalaignanam et al. (2007) 进一步发现，在新产品开发联盟中，相对于大企业而言，小企业会有更高的财务收益。

然而，Alvarez 和 Barney（2001）却发现，小型企业和大型企业共同创造的大部分经济价值会被大型合作伙伴所占有。之后，Vaidyanathan 和 Aggarwal（2022）发现了相似的结果，在品牌联盟中，大的品牌企业会伤害小企业而受

益。由此可见，虽然，联盟的经济收益不对称的现象被大量研究所证实，但是，在大伙伴和小伙伴之间的财务收益分配上却一直存在诸多矛盾和争论。

联盟伙伴往往在年龄、经验、资产规模以及市场力量等方面存在先天的差异，这很大程度决定了伙伴双方地位的强弱和议价能力，从而导致了联盟演化过程中利益分配和成本分担的不对称。在中国企业实践中，本书观察到联盟双方的审计费用也呈现出非对称的变化。例如，盐湖股份（000792）与比亚迪（002594）在2016年6月21日缔结战略联盟后，双方审计费用均有明显增加。但是，年龄和资产规模大不相同的盐湖股份与比亚迪，他们审计费用的增长幅度和变化趋势却是非对称的，如图4-3和图4-4所示。由此可见，在审计成本方面，联盟是否同样具有非对称效应是一个有待实证检验的重要问题。为此，基于上述分析，本章提出以下有待检验的研究假说：

假说4-b：在其他条件不变的情况下，联盟双方审计费用的增长变化存在非对称效应，即一对联盟伙伴中，年龄较大的一方和资产规模较大的一方，其审计费用会更多。

四、战略联盟的治理结构对于企业审计费用的影响

在创造和获取联盟协同效应时，企业需要实施部分合作与部分竞争的深度互动（Panico，2022）。由于联盟存在利益侵占、推卸责任、投资不足、不履行约定的义务、恶意隐瞒或扭曲信息等诸多道德风险问题，联盟伙伴会试图监督和控制对方（Otley，1994），并要求彼此分享私有信息（Kepler，2021）。为此，联盟需要适合的治理结构来提高联盟管理过程中的公平性，从而保证联盟的存在和发展。用来组织和管理伙伴关系的正式契约结构被称为联盟治理结构（Gulati，1998），它是用于应对联盟道德风险问题和行为不确定性的重要机制（Oxley，1997）。

股权式联盟和契约式联盟是两种基本且相互替代的联盟治理结构（Robinson and Stuart，2007）。股权式联盟是合作伙伴通过分享股权的方式成立独立的经济实体，并强调科层控制在联盟中的沟通、协调和治理作用。而契约式联盟则是通过签订契约的方式进行治理，并不涉及股权分享和科层控制。因此，相对于股权式联盟，契约式联盟有更强的灵活性。对于联盟企业审计费用的影

响，股权式联盟和契约式联盟有着不同的逻辑。

股权式联盟因强调股权分享和科层控制，能够更加有效地处理突发的或有事项，进而能有效减少道德风险问题，但会因股权控制而增加官僚成本、监督成本和代理问题（Sampson，2004）。联盟中协调的顾虑是昂贵的，如果面临的侵占风险和协调成本越大，则越可能选择股权式联盟（Gulati and Singh，1998）。选择和采用股权式联盟可能是因为合作伙伴之间缺乏信任，从而不得不用股权控制来进行相互的沟通、协调和监督（Gulati，1998）。因此，相对于契约式联盟，股权式联盟会因为复杂的代理问题和协调成本，而产生更多增加信息透明性的审计需求，例如联盟伙伴之间收入的分配、间接费用的分配和成本偿还等，进而产生更多的审计费用。

值得注意的是，作者认为在中国特殊的场景下，股权式联盟会因为审计风险而产生更多的审计费用。主要原因在于，不同于契约式联盟，股权式联盟会因为联营和合营企业的出现，而产生关联交易的审计问题；此外，部分联盟是关联企业之间的合作。因此，联盟企业之间的交易和事项就会涉及关联方认定及其关联方信息披露问题。而关联方及其关联交易一直是国家监管机构关注的重点问题，极易发生资金占用、掏空、利益输送以及调节和虚增利润等舞弊行为（刘峰等，2004；黄世忠等，2020），审计难度大，审计师往往会将其认定为关键审计事项。由此可见，股权式联盟所导致的关联方认定及其关联方信息披露、合营和联营企业认定及其会计处理无疑会进一步加大审计的复杂性和风险，进而产生更多的审计费用。基于上述分析，本章提出以下有待检验的研究假说：

假说4-c：在其他条件不变的情况下，联盟治理结构对于联盟企业的审计费用具有调节效应，即股权式联盟企业的审计费用要高于契约式联盟企业的审计费用。

第三节 研究设计

一、样本选择与数据来源

本章以2001~2018年中国A股上市公司为研究对象，并根据上市公司发布的公告来确认它是否缔结了战略联盟。本章以上交所和深交所上市公司信息披露系统中收录的 2001~2018 年 A 股上市公司的公告为初始样本，根据公告的标题和内容逐项筛选出 4404 个关于战略联盟的公告，并按照表 4-6 描述的步骤进行逐项识别：第一，拆分一份联盟公告中涉及三个及以上联盟方的公告；第二，剔除上市公司公告的其关联公司签署的战略联盟；第三，剔除失败、停止实施、无任何进展的战略联盟公告；第四，剔除联盟伙伴为政府或非营利组织的战略联盟公告；第五，剔除联盟伙伴为非 A 股上市公司的战略联盟公告。最终本书获得 468 家上市公司披露的 568 个上市公司之间的战略联盟公告。

表 4-6   战略联盟样本的识别

A 股上市公司战略联盟公告的识别过程	联盟公告数量（个）	公司家数（家）
2001~2018 年上市公司披露的联盟公告	4404	1505
加：拆分一份联盟公告中涉及三个及以上联盟方的公告	825	—
减：剔除上市公司公告的其关联公司签署的战略联盟	105	—
剔除失败、停止实施、无任何进展的战略联盟公告	88	—
剔除联盟伙伴为政府或非营利组织的战略联盟公告	645	—
剔除联盟伙伴为非 A 股上市公司的战略联盟公告	3823	—
中国 A 股上市公司之间的战略联盟公告数量	568	468

二、模型设计与变量说明

本章使用双重差分模型（Difference In Differences）检验战略联盟对于企业审计定价的影响，并使用倾向匹配得分法（Propensity Score Matching）来缓解内生性问题。为了检验本章所提出的研究假设，本章以缔结战略联盟的 297 家 A 股上市公司作为实验组，以没有发生战略联盟的 A 股上市公司作为对照组。本章采用倾向匹配得分法对实验组和对照组进行一对一最近邻匹配，按照相同年份和相同板块的原则，为每个发生战略联盟的公司进行匹配，然后进行双重差分的回归分析。相同板块匹配是指，缔结战略联盟的主板公司匹配未缔结战略联盟的主板公司；缔结战略联盟的创业板公司匹配未缔结战略联盟的创业板公司；缔结战略联盟的中小板公司匹配未缔结战略联盟的中小板公司。具体的操作步骤如下：

第一，战略联盟的形成不是随机的，企业会自我选择缔结联盟，因此，本章首先使用Probit和Logit回归模型来研究哪些决定因素影响了上市公司缔结联盟。如果上市公司当年缔结了联盟，则因变量（Alliance）取值1，否则因变量为0，同时用公司主要特征作为自变量，具体定义和度量见表4-7。附表A报告了Probit和Logit回归结果，可以发现资产规模（Size）、投资机会（Tobin's Q）、经营业绩（ROA）、第一大股东持股比重（First）、两职合一（Duality）、是否由四大审计（Big4）、生命周期（Age）的回归系数显著，表明这些因素是决定公司缔结联盟的重要因素。为此，本章有必要使用PSM方法来缓解内生性问题，并将这些因素作为匹配变量。

表4-7　　　　　　　　　　　变量定义表

变量名称	变量符号	变量操作性定义与说明
审计费用	LnFee	企业当年审计费用的自然对数值
审计费用强度	Fee/Assets	企业当年审计费用×10000/总资产
战略联盟	Alliance	虚拟变量，如果公司缔结了战略联盟，则取值1，否则取0
缔结战略联盟前后的时间段	Post	虚拟变量，缔结战略联盟当年及以后年度取值1，否则取0
资产规模	Size	公司期末总资产的自然对数值
产权性质	SOE	虚拟变量，如果是国有企业，则取值1，否则取0
投资机会	Tobin's Q	上一期期末市值与账面资产的比值，其中市值=（总股数－境内上市的外资股B股）×A股收盘价＋境内上市的外资股B股×收盘价×当日汇率＋负债
经营业绩	ROA	总资产报酬率＝净利润/总资产平均余额，总资产平均余额=（当年期末总资产＋当年期初总资产）/2
第一大股东	First	公司当年第一大股东的持股比例
两职合一	Duality	虚拟变量，如果CEO兼任董事长，则取值1，否则取0
是否由四大审计	Big4	虚拟变量，如果由四大会计师事务所进行审计，则取值1，否则取0
财务杠杆	Lev	公司资产负债率＝负债/总资产
生命周期	Age	公司成立的年限，Age=（当期期末日期－成立日期）/365

续表

变量名称	变量符号	变量操作性定义与说明
行业固定效应	IndustryF	虚拟变量,如果公司属于该行业,则取值1,否则取0
年度固定效应	YearFE	虚拟变量,如果公司处于该年度,则取值1,否则取0
企业固定效应	FirmFE	企业不随时间变化的个体效应

第二,本章使用 PSM 方法,根据匹配变量构建了一个与实验组公司相似的对照组样本。相应的匹配变量包括:公司所在的行业(Industry)、资产规模(Size)、投资机会(Tobin's Q)、第一大股东持股比重(First)、两职合一(Duality)、是否由四大审计(Big4)、经营业绩(ROA)、生命周期(Age)、权性质(SOE)和财务杠杆(Lev)。其中,公司所在的行业(Industry)根据证监会《上市公司行业分类指引》(2012修订)进行分类。对于农、林、牧、渔业(A)、采矿业(B)、电力、热力、燃气及水生产和供应业(D)、建筑业(E)、批发和零售业(F)、交通运输、仓储和邮政业(G)、信息传输、软件和信息技术服务业(I)、租赁和商务服务业(L)、科学研究和技术服务业(M)、水利、环境和公共设施管理业(N)、卫生和社会工作(Q)、文化、体育和娱乐业(R),以行业分类代码的大写英文字母为准;对于制造业行业(C)以行业代码前二位数字为准。

表4-8报告了倾向匹配前后,实验组和控制组主要变量的平衡性检验。表4-8的数据显示,在倾向得分匹配前,实验组和对照组在公司资产规模(Size)、产权性质(SOE)、投资机会(Tobin's Q)、经营业绩(ROA)、两职合一(Duality)、是否由四大审计(Big4)、财务杠杆(Lev)、生命周期(Age)方面均存在显著性差异;在倾向得分匹配后,协变量均不存在显著差异。这说明倾向得分匹配的效果较好,满足使用 PSM-DID 的平衡假设。

表4-8　　　　　　　　PSM 匹配前后变量均值 T 检验

变量	PSM 匹配前			PSM 匹配后		
	实验组	控制组	平均差	实验组	控制组	平均差
Size	21.9309	22.0329	-0.1020***	21.9309	21.9969	-0.0660
SOE	0.2868	0.3926	-0.1058***	0.2868	0.3203	-0.0335
Tobin's Q	2.2324	2.0889	0.1435***	2.2324	2.1271	0.1053

续表

变量	PSM 匹配前			PSM 匹配后		
	实验组	控制组	平均差	实验组	控制组	平均差
ROA	0.0525	0.0349	0.0177***	0.0525	0.0244	0.0282
First	0.3459	0.3511	-0.0052	0.3459	0.3515	-0.0056
Duality	0.2843	0.2473	0.0370***	0.2843	0.2650	0.0192
Big4	0.0377	0.0650	-0.0272***	0.0377	0.0475	-0.0098
Lev	0.4178	0.4504	-0.0325***	0.4178	0.4280	-0.0102
Age	11.8127	16.1536	-4.3409***	11.8127	12.0937	-0.2810
No. Firms	297	3331	—	297	302	—

注：*、**、***分别代表10%、5%和1%的显著水平。

第三，根据以往相关文献（Simunic，1980；Seru，2014；Demirkan and Zhou，2016），本章使用双重差分模型检验战略联盟对于企业审计定价的影响。需要说明的是，由于实验组中有少数公司在一年之中缔结了两次及两次以上的战略联盟，因此，本章将一年内一家公司多次发生的战略联盟交易视为一次处理效应。具体采用的检验模型如下：

$$LnFee_{it} = \alpha_0 + \alpha_1 Post_{it} + \alpha_2 Alliance_i \times Post_{it} + \alpha_3 X_{it} + \alpha_4 YearFE_t + \alpha_5 FirmFE_i + \xi_{it} \quad (4-1)$$

$$Fee/Assets_{it} = \beta_0 + \beta_1 Post_{it} + \beta_2 Alliance_i \times Post_{it} + \beta_3 X_{it} + \beta_4 YearFE_t + \beta_5 FirmFE_i + \xi_{it} \quad (4-2)$$

本章参考 Simunic（1980）、Hay 等（2006）、Demirkan 和 Zhou（2016）等研究，用公司当年审计费用和审计费用强度作为因变量。模型（4-1）和模型（4-2）中，虚拟变量 Alliance 为 1 时代表缔结战略联盟的实验组，Alliance 为 0 时表示对照组。Post 是代表联盟前后时间段的虚拟变量，Post 为 1 时表示发生联盟当年及以后年份，Post 为 0 时代表联盟以前年份。交互项 Alliance × Post 的回归系数反映战略联盟发生前后实验组与对照组之间审计定价的差异。具体而言：如果战略联盟提高了企业审计定价，则模型中交互项的回归系数 α_2 和 β_2 显著为正。

X 是控制变量构成的向量。根据以往文献（Simunic，1980；Hay et al.，2006；邢立全和陈汉文，2013；王雄元等，2014；宋希亮和吴紫祺，2016；

Demirkan and Zhou，2016；王百强等，2017；杨德明等，2020；周中胜等，2020），本书对于以下变量进行控制：资产规模（*Size*）、产权性质（*SOE*）、投资机会（*Tobin's Q*）、经营业绩（*ROA*）、第一大股东持股比重（*First*）、是否由四大审计（*Big4*）、是否是两职合一（*Duality*）、生命周期（*Age*）、财务杠杆（*Lev*）、年度固定效应（*YearFE*）和企业固定效应（*FirmFE*）等。模型中各变量的具体定义和度量如表4-7所示。

第四节　实证检验结果及分析

一、描述性统计分析

为了消除异常值的影响，本章对于连续变量进行了1%水平的Winsorize处理。表4-9报告了主要变量的描述性统计结果。实验组公司的审计费用强度（*Fee/Assets*）均值大于匹配后对照组的相应数值（3.014＞2.804）。这初步表明了实验组的审计费用高于对照组。此外，在审计费用强度的标准差方面，实验组和匹配后对照组分别为3.004和2.441，这说明样本公司的审计费用存在较大的差异。

表4-9　　　　　　　　　　变量的描述性统计

变量	Group	N	平均值	标准差	最小值	最大值	中位数
LnFee	实验组	2564	13.77	0.735	12.43	16.40	13.71
	对照组（PSM前）	2466	13.67	0.752	12.39	16.56	13.54
	对照组（PSM后）	2859	13.77	0.800	12.43	16.40	13.65
Fee/Assets	实验组	2564	3.014	3.004	0.0952	16.87	2.189
	对照组（PSM前）	2466	3.613	3.874	0.102	26.11	2.546
	对照组（PSM后）	2859	2.804	2.441	0.0952	16.87	2.157
Size	实验组	2564	22.28	1.262	19.64	27.10	22.15
	对照组（PSM前）	2466	22.03	1.453	19.09	27.27	21.81
	对照组（PSM后）	2859	22.33	1.583	19.64	27.49	22.10

续表

变量	Group	N	平均值	标准差	最小值	最大值	中位数
SOE	实验组	2564	0.303	0.460	0	1	0
	对照组（PSM 前）	2466	0.393	0.488	0	1	0
	对照组（PSM 后）	2859	0.311	0.463	0	1	0
Tobin's Q	实验组	2564	2.142	1.317	0.902	9.413	1.740
	对照组（PSM 前）	2466	2.089	1.468	0.899	10.15	1.619
	对照组（PSM 后）	2859	2.179	1.530	0.902	9.413	1.723
ROA	实验组	2564	0.0429	0.0581	-0.258	0.210	0.0417
	对照组（PSM 前）	2466	0.0349	0.0650	-0.291	0.205	0.0348
	对照组（PSM 后）	2859	0.0425	0.0647	-0.258	0.210	0.0402
First	实验组	2564	0.337	0.147	0.0854	0.743	0.315
	对照组（PSM 前）	2466	0.351	0.152	0.0843	0.751	0.330
	对照组（PSM 后）	2859	0.345	0.157	0.0854	0.743	0.314
Duality	实验组	2564	0.289	0.454	0	1	0
	对照组（PSM 前）	2466	0.247	0.431	0	1	0
	对照组（PSM 后）	2859	0.276	0.447	0	1	0
Big4	实验组	2564	0.0542	0.226	0	1	0
	对照组（PSM 前）	2466	0.0650	0.247	0	1	0
	对照组（PSM 后）	2859	0.0525	0.223	0	1	0
Lev	实验组	2564	0.432	0.205	0.0526	0.962	0.427
	对照组（PSM 前）	2466	0.450	0.228	0.0483	1.056	0.439
	对照组（PSM 后）	2859	0.460	0.220	0.0526	0.962	0.466
Age	实验组	2564	15.28	5.567	3	29	15
	对照组（PSM 前）	2466	16.15	5.525	4	30	16
	对照组（PSM 后）	2859	15.81	5.577	3	29	16

二、战略联盟对审计定价的静态影响

表4-10报告了战略联盟影响审计定价的检验结果。在第（1）和（2）列中，在控制了公司资产规模（Size）等相关变量后，交互项 Alliance × Post 的回归系数均为正且显著，回归系数分别为0.037和0.355。以第（1）和

（2）列为例，交互项 Alliance×Post 的回归系数 0.037 和 0.355 的经济含义是，企业缔结战略联盟后平均而言，审计费用提升了 3.7%，审计费用强度增加了 35.5%。这一结果表明，相对于没有缔结联盟的公司而言，缔结了联盟的公司未来的审计费用会显著增加。

表 4-10　　战略联盟对于审计费用的影响

Variables	LnFee (1)	Fee/Assets (2)	LnFee (3)	Fee/Assets (4)
Alliance×Post	0.037 ** (0.024)	0.355 *** (0.000)	0.035 * (0.074)	0.455 *** (0.000)
Post	-0.019 (0.222)	-0.152 * (0.054)	-0.025 (0.194)	-0.134 (0.187)
Size	0.309 *** (0.000)	-2.360 *** (0.000)	0.306 *** (0.000)	-2.409 *** (0.000)
SOE	0.004 (0.867)	0.150 (0.203)	-0.005 (0.838)	0.154 (0.257)
Tobin's Q	0.002 (0.766)	0.035 (0.204)	0.004 (0.533)	0.055 * (0.073)
ROA	-0.406 *** (0.000)	-1.598 *** (0.000)	-0.395 *** (0.000)	-1.514 *** (0.001)
First	-0.078 (0.202)	-0.907 *** (0.004)	-0.102 (0.118)	-1.075 *** (0.002)
Duality	0.005 (0.727)	0.203 *** (0.002)	0.008 (0.570)	0.252 *** (0.001)
Big4	0.251 *** (0.000)	0.641 ** (0.032)	0.257 *** (0.000)	0.624 * (0.064)
Lev	-0.094 ** (0.011)	-0.184 (0.335)	-0.069 * (0.086)	-0.034 (0.870)
Age	0.025 (0.132)	0.429 *** (0.000)	0.021 (0.258)	0.439 *** (0.000)
Constant	6.398 *** (0.000)	50.278 *** (0.000)	6.499 *** (0.000)	51.172 *** (0.000)
YearFE + FirmFE	Yes	Yes	Yes	Yes

续表

Variables	LnFee (1)	Fee/Assets (2)	LnFee (3)	Fee/Assets (4)
No. Observations	5423	5423	4759	4759
No. Treatment Observations	2564	2564	2227	2227
No. Control Observations	2859	2859	2532	2532
No. Treatment Firms	297	297	297	297
No. Control Firms	302	302	302	302
F – statistics	450.022***	196.313***	390.871***	170.611***
Prob > F	0.000	0.000	0.000	0.000
Adj. R^2	0.620	0.393	0.615	0.384

注：括号内的数字为 P 值；模型对标准误进行了 Robust 处理；*、**、*** 分别代表 10%、5% 和 1% 的显著水平；第（3）和（4）列为剔除联盟当年样本后的回归结果。

为了使结果更加稳健，本章研究剔除了联盟缔结当年的样本，重新考察了战略联盟对于企业审计定价的影响。在第（3）和（4）列的结果显示，在剔除了联盟当年的样本后，交互项 Alliance × Post 的回归系数均为正且显著，回归系数分别为 0.035 和 0.455。这一结果再次表明，相对于没有缔结战略联盟的公司而言，缔结战略联盟公司的审计费用有显著上升。由此可见，企业缔结战略联盟显著增加了审计费用，即从审计费用来看，战略联盟加大了企业的成本，从而支持了本章所提出的研究假设 4 – a。

三、战略联盟对企业审计费用的动态影响

由于战略联盟对于企业审计费用的影响可能存在滞后性，因此，本章借鉴 Bertrand 和 Mullainathan（2003）的动态分析方法，采用分步滞后模型对回归进行拟合。以联盟缔结当年为节点划分时间段，并根据样本的时间分布特征，形成 [-3, 3] 七期的时间序列数据，考察联盟对于企业审计费用的动态影响，如表 4 – 11 所示。

表4-11　　　　　战略联盟影响审计费用的动态分析

Variables	LnFee	Fee/Assets
	(1)	(2)
Before2	0.031	0.104
	(0.124)	(0.308)
Before1	0.015	0.098
	(0.467)	(0.361)
Current	0.045**	0.251**
	(0.029)	(0.017)
After1	0.044*	0.427***
	(0.059)	(0.000)
After2	0.059**	0.440***
	(0.022)	(0.001)
After3	0.068**	0.649***
	(0.013)	(0.000)
Post	-0.012	-0.067
	(0.482)	(0.439)
Other controls	Yes	Yes
YearFE + FirmFE	Yes	Yes
No. Observations	5423	5423
No. Treatment Observations	2564	2564
No. Control Observations	2859	2859
No. Treatment Firms	297	297
No. Control Firms	302	302
F - statistics	368.052***	159.019***
Prob > F	0.000	0.000
Adj. R^2	0.613	0.393

注：括号内的数字为P值；模型对标准误进行了Robust处理；*、**、***分别代表10%、5%和1%的显著水平。为了节省篇幅，略去了控制变量的系数，控制变量同表4-10。

表 4 – 11 报告了战略联盟对于企业审计费用的动态回归结果。在第（1）和（2）列中，Before2 和 Before1 的系数均不显著，由此说明满足平行趋势假设。更为重要的是，在第（1）和（2）列中，Current、After1、After2、After3 的回归系数均为正值且显著，回归系数分别为 0.045、0.044、0.059、0.068；0.251、0.427、0.440、0.649。这表明在缔结战略联盟的当年，缔结联盟的公司其审计费用（LnFee）和审计费用强度（Fee/Assets）要比没有发生战略联盟的公司多 4.5% 和 25.1%；而且这一促进效应在后续事件窗口内仍持续存在，其影响程度呈现出逐年递增的滞后效应。具体而言，在缔结联盟后第 2 年，战略联盟对于审计费用的促进效应攀升到 0.059 和 0.440。此后，联盟对于审计费用的影响仍持续存在，在联盟后第 3 年增加到 0.068 和 0.649。由此可见，战略联盟增加了企业审计费用，并且具有递增的滞后效应。这进一步表明联盟对于企业未来的审计费用具有深远的影响。

四、机制检验一：审计师对于联盟业绩的风险感知

作为极为重要的战略投资，联盟会对企业产生深远的经济影响（Robinson, 2008）。联盟的业绩具有较强的异质性，好坏参差不齐（Gulati, 1998；Kale and Singh, 2009），会产生不同的经营风险和审计风险，进而导致不同的审计费用。相对于联盟业绩明朗的公司而言，联盟前景不好的公司会让审计师感知到更高的审计风险，进而产生更高的审计费用。为此，作者预计联盟业绩较差的公司会有更高的审计费用。

本章用联盟公告的股票超额回报率来衡量联盟的短期业绩，相关的股票回报率数据来源于 CSMAR 数据库。根据相关文献（McConnell and Nantell, 1985；Chan et al., 1997），我们按照市场模型计算了联盟公告当日的股票超额回报率，并将实验组公司分为两组，一组是市场反应为正（Abnormal return > 0），另一组是市场反应为负（Abnormal return < 0）。其中有 202 个联盟公告（涉及 163 家公司）的市场反应为正，160 个联盟公告（涉及 133 家公司）的市场反应为负。此外，17 家公司在发布 26 个联盟公告时处于停牌状态。我们做了机制检验，表 4 – 12 报告了相应的结果。

表4-12　审计师对于联盟业绩的风险感知与审计费用

Variables	市场反应为负（AR=1）		市场反应为正（AR=0）		三重差分	
	(1)	(2)	(3)	(4)	(5)	(6)
	LnFee	Fee/Assets	LnFee	Fee/Assets	LnFee	Fee/Assets
Alliance × Post × AR					0.102***	0.459**
					(0.001)	(0.011)
Alliance × Post	0.140***	0.403***	0.043*	0.078	0.028	0.468***
	(0.000)	(0.004)	(0.066)	(0.364)	(0.133)	(0.000)
Post	-0.098***	-0.158	-0.035	-0.015		
	(0.000)	(0.257)	(0.120)	(0.856)		
Post × AR					-0.097***	-0.659***
					(0.000)	(0.000)
Other controls	Yes	Yes	Yes	Yes	Yes	Yes
YearFE + FirmFE	Yes	Yes	Yes	Yes	Yes	Yes
No. Observations	2253	2253	2852	2852	5105	5105
No. Treatment Observations	1139	1139	1404	1404	2543	2543
No. Control Observations	1114	1114	1448	1448	2562	2562
No. Treatment Firms	133	133	163	163	280	280
No. Control Firms	137	137	167	167	286	286
F - statistics	165.834***	95.425***	228.947***	130.163***	370.308***	208.484***
Prob > F	0.000	0.000	0.000	0.000	0.000	0.000
Adj. R^2	0.574	0.418	0.597	0.442	0.584	0.425

注：括号内的数字为P值；模型对标准误进行了Robust处理；*、**、***分别代表10%、5%和1%的显著水平。AR是虚拟变量，AR=1表示战略联盟的市场反应为负，AR=0表示战略联盟的市场反应为正。回归分析未考虑停牌的实验组公司。为了节省篇幅，略去了控制变量的系数，控制变量同表4-10。

表4-12的结果表明，在模型（1）和模型（2）中，即实验组公司联盟市场反应为负时，交互项Alliance × Post的回归系数均为正且显著，回归系数分别为0.140和0.403。而模型（3）和模型（4）中，即实验组公司联盟市场反应为正时，交互项Alliance × Post的回归系数分别为0.043和0.078，其中审计费用强度（Fee/Assets）的回归系数并不显著。对比模型（2）与模型（4）可以发现，战略联盟对于审计成本所产生的处置效应只在联盟市场反应为负的

样本中存在。这一结果表明,审计师对于联盟业绩的风险感知是战略联盟影响审计费用的一个重要作用机制。

为了使结果更加稳健,本章根据相关文献(Seru,2014)进行了三重差分分析。在模型(5)和(6)中,交互项 Alliance×Post×AR 的回归系数均为正且显著,回归系数分别为 0.102 和 0.459。这一结果表明本章的实证结果是稳健的,审计师对于联盟业绩的风险感知是战略联盟影响审计费用的一个重要作用机制,联盟市场反应为负的实验组公司会产生更高的审计费用。

五、机制检验二:审计师对于战略偏离的风险感知

企业所奉行的战略是否偏离行业常规战略,会显著影响经营业绩的风险,企业越是采取偏离行业常规的战略,其风险就越大(Tang et al., 2011)。审计师会基于战略偏离的角度来评估企业联盟行为的风险。因此,审计师对于战略偏离的风险感知是战略联盟影响审计费用的一个重要作用机制。

如果缔结联盟是企业所在行业常见的战略行为,则相应的战略偏离较小;反之,如果缔结联盟是企业所在行业不常见的战略行为,则相应的战略偏离较大。为此,作者预计审计师对于偏离行业常规的联盟行为会感知更高的审计风险,进而收取更高的审计费用。本章用上市公司所在行业缔结联盟公司的占比来判定联盟是否是行业的主流行为,如表 4-13 所示。

表 4-13　　　　　　　　　战略联盟的行业分布

行业名称	行业代码	缔结联盟公司数(家)	涉及上市公司之间联盟的公司数(家)	行业公司总数(家)	缔结联盟公司占比(%)
Panel A 联盟活动较频繁的行业					
农、林、牧、渔业	A	22	2	42	52.38
采矿业	B	27	10	76	35.53
农副食品加工业	C13	23		49	46.94
纺织服装、服饰业	C18	14	3	36	38.89
皮革、毛皮、羽毛及其制品和制鞋业	C19	4	0	10	40.00

续表

行业名称	行业代码	缔结联盟公司数（家）	涉及上市公司之间联盟的公司数（家）	行业公司总数（家）	缔结联盟公司占比（%）
Panel A 联盟活动较频繁的行业					
木材加工及木、竹、藤、棕、草制品业	C20	3	0	7	42.86
造纸及纸制品业	C22	12	0	28	42.86
化学纤维制造业	C28	10	2	24	41.67
有色金属冶炼及压延加工业	C32	27	9	72	37.50
铁路、船舶、航空航天和其他运输设备制造业	C37	20	2	53	37.74
电气机械及器材制造业	C38	97	23	242	40.08
废弃资源综合利用业	C42	3	0	7	42.86
电力、热力、燃气及水生产和供应业	D	47	5	116	40.52
建筑业	E	44	8	98	44.90
批发和零售业	F	61	13	171	35.67
住宿和餐饮业	H	3	1	8	37.50
信息传输、软件和信息技术服务业	I	164	47	312	52.56
房地产业	K	64	8	120	53.33
租赁和商务服务业	L	24	3	61	39.34
科学研究和技术服务业	M	18	2	50	36.00
水利、环境和公共设施管理业	N	29	5	63	46.03
教育	P	4	0	10	40.00
卫生和社会工作	Q	9	5	13	69.23
文化、体育和娱乐业	R	34	10	57	59.65
综合	S	6	0	14	42.86
Panel B 联盟活动不频繁的行业					
食品制造业	C14	12	1	53	22.64
酒、饮料和精制茶制造业	C15	8	0	43	18.60
纺织业	C17	11	3	37	29.73
家具制造业	C21	6	2	24	25.00
印刷和记录媒介复制业	C23	3	1	13	23.08
文教、工美、体育和娱乐用品制造业	C24	6	2	18	33.33
石油加工、炼焦及核燃料加工业	C25	1	0	15	6.67
化学原料及化学制品制造业	C26	74	15	246	30.08
医药制造业	C27	76	18	236	32.20

续表

	Panel B 联盟活动不频繁的行业				
行业名称	行业代码	缔结联盟公司数（家）	涉及上市公司之间联盟的公司数（家）	行业公司总数（家）	缔结联盟公司占比（%）
橡胶和塑料制品业	C29	20	3	77	25.97
非金属矿物制品业	C30	26	4	92	28.26
黑色金属冶炼及压延加工业	C31	10	1	35	28.57
金属制品业	C33	21	2	62	33.87
通用设备制造业	C34	42	7	130	32.31
专用设备制造业	C35	73	21	232	31.47
汽车制造业	C36	40	8	132	30.30
计算机、通信和其他电子设备制造业	C39	124	37	379	32.72
仪器仪表制造业	C40	10	4	47	21.28
其他制造业	C41	5	0	15	33.33
交通运输、仓储和邮政业	G	24	5	108	22.22
金融业	J	36	3	118	30.51
居民服务、修理和其他服务业	O	0	0	1	0.00
总计	—	1397	297	3852	35.51（均值）

注：数据截止到2018年；全行业缔结联盟公司占比均值为35.51%，大于此占比均值的行业被界定为联盟频繁行业，反之则被定义为联盟不频繁行业。

表4-13对我国上市公司战略联盟的行业分布情况进行了描述。可以发现，联盟活动内生于行业环境，具有鲜明的行业聚类特征。本章按照全行业缔结联盟公司占比的均值35.51%，将行业细分为联盟活动频繁行业与联盟活动不频繁的行业。具体而言，如果某一行业的缔结联盟公司占比大于35.51%，则被界定为联盟活动频繁行业，反之则为联盟活动不频繁的行业。

在联盟频繁的行业中，缔结联盟是一种随大流的战略行为。此时，注册会计师所感知的战略偏离的风险较低。而在联盟不频繁的行业中，缔结联盟则是一种"另类"的战略行为，很可能蕴含着突破主流的战略变革，或者是对抗行为。因此，注册会计师所感知的战略偏离的风险较高。基于上述分析，作者预测注册会计师对于处于联盟不频繁行业的实验组公司会收取更高的审计费用。

表4-14   审计师对于战略偏离的风险感知与审计费用

Variables	联盟不频繁的行业（IND=1）		联盟频繁的行业（IND=0）		三重差分	
	(1)	(2)	(3)	(4)	(5)	(6)
	LnFee	Fee/Assets	LnFee	Fee/Assets	LnFee	Fee/Assets
Alliance × Post × IND					0.095 *** (0.004)	0.088 * (0.095)
Alliance × Post	0.134 *** (0.000)	0.237 ** (0.021)	0.046 ** (0.029)	0.194 * (0.086)	0.055 *** (0.003)	0.855 (0.222)
Post	-0.055 ** (0.038)	-0.204 ** (0.040)	-0.064 *** (0.001)	-0.069 (0.514)		
Post × IND					-0.098 *** (0.000)	-1.485 * (0.059)
Other controls	Yes	Yes	Yes	Yes	Yes	Yes
YearFE + FirmFE	Yes	Yes	Yes	Yes	Yes	Yes
No. Observations	2128	2128	3365	3365	5493	5493
No. Treatment Observations	1022	1022	1542	1542	2564	2564
No. Control Observations	1106	1106	1823	1823	2929	2929
No. Treatment Firms	118	118	179	179	297	297
No. Control Firms	122	122	190	190	312	312
F – statistics	151.184 ***	90.873 ***	307.155 ***	169.117 ***	384.984 ***	71.696 ***
Prob > F	0.000	0.000	0.000	0.000	0.000	0.000
Adj. R^2	0.578	0.437	0.631	0.470	0.576	0.138

注：括号内的数字为 P 值；模型对标准误进行了 Robust 处理；*、**、*** 分别代表10%、5%和1%的显著水平。IND 是虚拟变量，IND=1 表示公司处于联盟不频繁的行业，IND=0 表示公司处于联盟频繁的行业。为了节省篇幅，略去了控制变量的系数，控制变量同表4-10。

表4-14 的结果表明，在模型（1）和模型（2）中，即实验组公司处于联盟不频繁行业时，交互项 Alliance × Post 的回归系数均为正且显著，回归系数分别为 0.134 和 0.237。而模型（3）和模型（4）中，即实验组公司处于联盟频繁

行业时，交互项 Alliance × Post 的回归系数均为正且显著，分别为 0.046 和 0.194。对比模型（2）与模型（4）可以发现，战略联盟对于审计成本所产生的处置效应在联盟不频繁行业中要更大、更显著（0.237 > 0.194）。这一结果表明，审计师对于战略偏离的风险感知是战略联盟影响审计费用的一个重要作用机制。

为了使结果更加稳健，本章进行了三重差分分析。在模型（5）和模型（6）中，交互项 Alliance × Post × IND 的回归系数均为正且显著，回归系数分别为 0.095 和 0.088。这一结果表明本书的实证结果是稳健的，审计师对于战略偏离的风险感知是战略联盟影响审计费用的一个重要作用机制，战略偏离高的实验组公司会产生更高的审计费用。

六、排除子公司战略联盟的说明

战略联盟会产生新的代理问题，从而改变审计需求。总公司开展战略联盟，公司股东的审计需求会提升；而子公司开展战略联盟，总公司的审计需求会提升，进而产生不同的审计收费。需要说明的是，本章的研究样本是 297 家上市公司之间所缔结的 194 对战略联盟，并不涉及上市公司子公司的联盟行为。因此，本章的实证结果是总公司层面战略联盟影响审计定价的经验证据。

第五节　战略联盟影响审计费用的非对称效应

鉴于联盟大量存在着经济收益不对称的现象（Yang et al., 2015；Panico, 2022），本书考察了联盟影响企业审计费用的非对称效应。本书根据相关文献（McConnell and Nantell, 1985；Harrigan, 1987；Chan et al., 1997；Coad, 2018），将一对联盟伙伴分别按照年龄和资产规模进行划分，分为年龄较大一方和年龄较小一方，以及资产规模较大一方和资产规模较小一方，进行了分组检验，并且以年龄大小和资产规模的大小作为虚拟变量进行了三重差分（difference - in - difference - in - difference）分析。表 4-15 和 4-16 报告了相应的检验结果。

表 4-15 联盟企业审计费用的非对称效应（以企业年龄划分）

Variables	年龄较大一方（AGE=1）		年龄较小一方（AGE=0）		三重差分	
	(1)	(2)	(3)	(4)	(5)	(6)
	LnFee	Fee/Assets	LnFee	Fee/Assets	LnFee	Fee/Assets
Alliance × Post × AGE					0.132***	0.548***
					(0.000)	(0.000)
Alliance × Post	0.121***	0.246***	0.022	-0.094	0.046**	0.020
	(0.000)	(0.006)	(0.329)	(0.361)	(0.012)	(0.809)
Post	-0.060***	-0.101	-0.027	0.122		
	(0.007)	(0.244)	(0.216)	(0.216)		
Post × AGE					-0.050***	-0.141*
					(0.006)	(0.083)
Other controls	Yes	Yes	Yes	Yes	Yes	Yes
YearFE + FirmFE	Yes	Yes	Yes	Yes	Yes	Yes
No. Observations	2871	2871	2729	2729	5600	5600
No. Treatment Observations	1379	1379	1326	1326	2705	2705
No. Control Observations	1492	1492	1403	1403	2895	2895
No. Treatment Firms	155	155	158	158	297	297
No. Control Firms	160	160	171	171	321	321
F – statistics	253.872***	187.821***	203.966***	99.210***	480.545***	243.696***
Prob > F	0.000	0.000	0.000	0.000	0.000	0.000
Adj. R^2	0.623	0.544	0.578	0.375	0.628	0.444

注：括号内的数字为 P 值；模型对标准误进行了 Robust 处理；*、**、*** 分别代表 10%、5% 和 1% 的显著水平。AGE 是虚拟变量，AGE=1 表示一对联盟伙伴中年龄较大的一方，AGE=0 表示一对联盟伙伴中年龄较小的一方。为了节省篇幅，略去了控制变量的系数，控制变量同表 4-10。

表 4-15 的结果表明，在模型（1）和模型（2）中，即一对联盟伙伴中年龄较大一方，交互项 Alliance×Post 的回归系数均为正且高度显著，回归系数分别为 0.121 和 0.246。而模型（3）和模型（4）中，即一对联盟伙伴中年龄较小一方，交互项 Alliance×Post 的回归系数均不显著。对比模型（1）（2）与模型（3）（4）可以发现，战略联盟所产生的处置效应只在年龄较大一方中存在，即联盟对于企业审计费用的影响存在非对称效应。

为了使结果更加稳健，本书根据相关文献（Seru，2014）进行了三重差分分析。在模型（5）和模型（6）中，交互项 Alliance × Post × AGE 的回归系数均为正且高度显著，回归系数分别为 0.132 和 0.548。这一结果表明本书的实证结果是稳健的，战略联盟对于企业审计费用的影响是非对称的，一对联盟伙伴中，年龄较大的一方会增加更多的审计费用。

表 4-16　联盟企业审计费用的非对称效应（以企业资产规模划分）

Variables	资产规模较大一方 (SIZE=1)		资产规模较小一方 (SIZE=0)		三重差分	
	(1)	(2)	(3)	(4)	(5)	(6)
	LnFee	Fee/Assets	LnFee	Fee/Assets	LnFee	Fee/Assets
Alliance × Post × SIZE					0.048 * (0.086)	0.334 ** (0.016)
Alliance × Post	0.069 *** (0.003)	0.199 ** (0.021)	0.017 (0.443)	0.158 (0.241)	0.025 (0.176)	0.027 (0.764)
Post	-0.014 (0.531)	0.080 (0.332)	-0.031 (0.150)	-0.119 (0.358)		
Post × SIZE					-0.047 *** (0.008)	0.029 (0.739)
Other controls	Yes	Yes	Yes	Yes	Yes	Yes
YearFE + FirmFE	Yes	Yes	Yes	Yes	Yes	Yes
No. Observations	2954	2954	2777	2777	5731	5731
No. Treatment Observations	1405	1405	1347	1347	2752	2752
No. Control Observations	1549	1549	1430	1430	2979	2979
No. Treatment Firms	154	154	165	165	297	297
No. Control Firms	164	164	171	171	326	326
F - statistics	254.623 ***	161.004 ***	237.382 ***	117.654 ***	454.409 ***	232.591 ***
Prob > F	0.000	0.000	0.000	0.000	0.000	0.000
Adj. R^2	0.617	0.494	0.613	0.419	0.608	0.425

注：括号内的数字为 P 值；模型对标准误进行了 Robust 处理；*、**、*** 分别代表 10%、5% 和 1% 的显著水平。SIZE 是虚拟变量，SIZE=1 表示一对联盟伙伴中资产规模较大的一方，SIZE=0 表示一对联盟伙伴中资产规模较小的一方。为了节省篇幅，略去了控制变量的系数，控制变量同表 4-10。

本章按照一对联盟伙伴中资产规模的大小，分为资产规模较大一方和资产规模较小一方两组进行了分组检验。表 5-16 报告了相应的检验结果。在模型（1）和模型（2）中，即一对联盟伙伴中资产规模较大一方，交互项 Alliance × Post 的回归系数均为正且显著，回归系数分别为 0.069 和 0.199。而在模型（3）和（4）中，即一对联盟伙伴中资产规模较小一方，交互项 Alliance × Post 的回归系数均不显著。对比模型（1）（2）与模型（3）（4）可以发现，战略联盟所产生的处置效应只在资产规模较大一方中存在，即战略联盟对于企业审计费用的影响存在非对称效应。

在模型（5）和模型（6）中，交互项 Alliance × Post × SIZE 的回归系数均为正且显著，回归系数分别为 0.048 和 0.334。这一结果表明本书的实证结果是稳健的，战略联盟对于企业审计费用的影响是非对称的，一对联盟伙伴中资产规模较大的一方会增加更多的审计费用。这一结果也从侧面支持了以往的相关文献，联盟中资产规模较小的一方企业会更受益。

综合表 4-15 和表 4-16 的结果可以发现，一对联盟伙伴的审计费用的增长变化存在非对称效应，年龄较大的一方，其审计费用会更多；资产规模较大的一方，其审计费用会更多，这支持了本章所提出的研究假说 4-b。

表 4-17　　联盟双方企业审计费用的差异分析

项目	资产规模较大一方	资产规模较小一方	资产规模较大一方	资产规模较小一方	年龄较大一方	年龄较小一方	年龄较大一方	年龄较小一方
	LnFee		Fee/Assets		LnFee		Fee/Assets	
$\Delta[T=0, T=-1]$	0.1774	0.1346	0.5206	0.0935	0.1696	0.1383	0.4020	0.2089
组间差异（P-value）	0.0427 ** (0.0196)		0.4271 *** (0.0022)		0.0313 ** (0.0482)		0.1931 ** (0.0121)	
$\Delta[T=1, T=-1]$	0.2763	0.2800	0.7045	0.1899	0.2908	0.2487	0.5394	0.3058
组间差异（P-value）	-0.0037 (0.8204)		0.5146 *** (0.0024)		0.0421 (0.1363)		0.2337 ** (0.0227)	
$\Delta[T=2, T=-1]$	0.4186	0.4017	0.6950	0.2677	0.4347	0.3527	0.5577	0.3434
组间差异（P-value）	0.0169 * (0.0839)		0.4273 * (0.0918)		0.0819 * (0.0694)		0.2143 (0.1181)	
公司数	154	165	154	165	155	158	155	158

注：括号内的数字为 P 值；*、**、*** 分别代表 10%、5% 和 1% 的显著水平。

为了进一步论证联盟企业审计成本的非对称效应，作者对于联盟中双方企业的审计费用的动态变化进行了均值的差异分析。作者以缔结联盟前一年（T = -1）为基准，考察了联盟中双方企业联盟当年（T = 0）、联盟后一年（T = 1）、联盟后两年（T = 2）与缔结联盟前一年审计费用的差异。表4-17报告了相应的检验结果。可以发现，缔结联盟后企业的审计费用是增长的，无论是审计费用的自然对数，还是审计费用强度（Fee/Assets），缔结联盟当年、联盟后一年、联盟后两年的审计费用都要高于缔结联盟前一年的审计费用。

值得注意的是，联盟中资产规模较大一方企业的审计费用的变化值，要显著大于资产规模较小一方企业的审计费用的变化值；并且联盟中年龄较大一方企业的审计费用的变化值，要显著大于年龄较小一方企业的审计费用的变化值。

以审计费用强度（Fee/Assets）的动态变化为例，平均而言，联盟中资产规模较大一方企业的审计费用的变化值分别是 0.5206、0.7045、0.6950，而资产规模较小一方企业的审计费用的变化值分别是 0.0935、0.1899、0.2677，两组存在显著的差异，差异分别是 0.4271、0.5146、0.4273。此外，联盟中年龄较大一方企业的审计费用的变化值分别是 0.4020、0.5394、0.5577，而年龄较小一方企业的审计费用的变化值分别是 0.2089、0.3058、0.3434，两组差异分别是 0.1931、0.2337、0.2143，其中 0.1931 和 0.2337 在 5% 的水平显著。

由此可见，如果只分析战略联盟一方的审计费用，显然是不完整的。如果只考察联盟中年龄或者资产规模较大的一方，则会严重高估年龄较小和资产规模较小一方的审计费用；反之，如果只考察联盟中年龄或者资产规模较小的一方，则会严重低估年龄较大和资产规模较大一方的审计费用。

因此，表4-17 的结果进一步说明，年龄较大的一方，其审计费用会更多；资产规模较大的一方，其审计费用会更多。这一发现的实践意义在于，企业在挑选联盟合作伙伴时，需要认真考虑成本的非对称性。

第六节　战略联盟的治理结构对审计费用的影响：股权式 VS 契约式

治理结构不仅是决定联盟成功与否的关键要素（Robinson and Stuart,

2007），而且是影响企业审计定价的决定因素（Hay et al.，2006）。因此，本章考察了联盟治理结构对于联盟企业审计费用的影响。在194对战略联盟中，分别有50对股权式联盟和144对契约式联盟。

表4-18 战略联盟治理结构对于审计费用的影响：股权式联盟 VS 契约式联盟

Variables	股权式联盟		契约式联盟	
	(1)	(2)	(3)	(4)
	LnFee	Fee/Assets	LnFee	Fee/Assets
Alliance × Post	0.111 ***	0.407 ***	0.062 *	0.137
	(0.001)	(0.001)	(0.070)	(0.270)
Post	-0.004	-0.006	-0.045 *	-0.078
	(0.900)	(0.961)	(0.080)	(0.388)
Other controls	Yes	Yes	Yes	Yes
YearFE + FirmFE	Yes	Yes	Yes	Yes
No. Observations	1390	1390	3321	3321
No. Treatment Observations	730	730	1834	1834
No. Control Observations	660	660	1487	1487
No. Treatment Firms	89	89	219	219
No. Control Firms	84	84	199	199
F - statistics	104.229 ***	60.409 ***	57.661 ***	25.516 ***
Prob > F	0.000	0.000	0.000	0.000
Adj. R^2	0.635	0.502	0.617	0.497

注：括号内的数字为 P 值；模型对标准误进行了 Robust 处理；*、**、*** 分别代表10%、5%和1%的显著水平。EA 是虚拟变量，EA=1 表示实验组公司中的股权式联盟，EA=0 表示实验组公司中的契约式联盟。为了节省篇幅，略去了控制变量的系数，控制变量同表5-10。

表4-18的结果表明，在股权式联盟中，模型（1）和（2）的交互项Alliance×Post 的回归系数均为正且显著，回归系数分别为0.111和0.407。在契约式联盟中，模型（3）的交互项 Alliance×Post 的回归系数为正且显著，回归系数为0.062，这一数值要小于模型（1）的相应回归系数（0.062<0.111），而且模型（4）的交互项 Alliance×Post 的回归系数不显著。对比模型（1）（2）与模型（3）（4）可以发现，治理结构对于联盟企业的审计费用具有调节效应，即股权式联盟会产生更多的审计费用。这一结果支持了本章所提出的研究假说4-c。

综上所述,战略治理结构对于联盟企业审计费用具有调节效应。相对于契约式联盟,股权式联盟会产生更多的审计费用。

值得说明的是,缔结战略联盟可能是并购前主并方对潜在目标公司尽职调查的一种有效手段(Kogut,1991;Chi,2000)。并购前与标的方的联盟使得公司以较低成本和风险获取标的方公司所拥有的资源、能力等关键信息,极大地降低两者之间信息的不对称程度,进而减少并购时逆向选择行为的发生(Meschi et al.,2017;Zaheer et al.,2010)。因此,股权式联盟很可能引发后续的并购活动,进而产生新的审计需求,从而影响表4-20的研究结论。

针对这一问题,作者对缔结194对战略联盟的297家上市公司进行了分析,发现实验组公司不存在联盟后的并购。此外,作者也通过检索上市公司联盟和并购交易,发现截至2018年,我国资本市场只存在88次与标的方有联盟经历的并购交易,其中并不包括本书的研究对象。因此,表4-18的检验结果不受并购活动的影响。

第七节 联盟公司的股权制衡对审计费用的影响

作为审计服务需求方的企业是决定审计定价的重要因素(Simunic,1980)。由于不同的股权结构会产生不同的代理成本,因此,股权结构是驱动审计费用的潜在动因(Hay et al.,2006)。股权高度集中和控股股东一股独大的股权结构在我国资本市场普遍存在,并且控股股东与中小股东之间的代理冲突严重(Shleifer和Vishny,1986)。而股权制衡能在一定程度上抑制控股股东侵害中小股东利益的行为(涂国前和刘峰,2010)。因此,股权制衡是一种有效的公司治理机制。

联盟的形成改变了企业的边界,会对企业产生深远的经济影响(Robinson,2008)。为此,公司的股东会关注联盟所产生的经济后果。股权制衡高的企业,股东对于重要战略行为会有更高的监督需求,进而提升审计需求。因此,作者预测相对于股权制衡较低的联盟公司而言,股权制衡较高的联盟公司会有更强烈的监督需求,进而提升审计需求,从而产生更高的审计费用。根据以往相关文献（郑国坚等，2014；王化成等，2015），作者用公司第二至五大股东的持股比例之和与第一大股东的持股比例的比值来衡量公司的股权制衡。

表4-19 股权制衡度与联盟企业的审计费用

Variables	股权制衡较高（SB=1）		股权制衡较低（SB=0）		三重差分	
	(1)	(2)	(3)	(4)	(5)	(6)
	LnFee	Fee/Assets	LnFee	Fee/Assets	LnFee	Fee/Assets
Alliance × Post × SB					0.087***	0.496*
					(0.009)	(0.085)
Alliance × Post	0.096***	0.454***	0.045**	0.166*	0.015	0.139
	(0.000)	(0.003)	(0.046)	(0.072)	(0.454)	(0.414)
Post	-0.079***	-0.182	-0.013	0.033		
	(0.002)	(0.216)	(0.538)	(0.703)		
Post × SB					-0.027	-0.339*
					(0.194)	(0.064)
Other controls	Yes	Yes	Yes	Yes	Yes	Yes
YearFE + FirmFE	Yes	Yes	Yes	Yes	Yes	Yes
No. Observations	2333	2333	3045	3045	5378	5378
No. Treatment	1106	1106	1458	1458	2564	2564
No. Control Observations	1227	1227	1587	1587	2814	2814
No. Treatment Firms	131	131	166	166	297	297
No. Control Firms	134	134	180	180	310	310
F-statistics	193.383***	79.561***	194.791***	120.723***	348.178***	240.164***
Prob > F	0.000	0.000	0.000	0.000	0.000	0.000
Adj. R^2	0.620	0.374	0.551	0.417	0.556	0.452

注：括号内的数字为P值；模型对标准误进行了Robust处理；*、**、***分别代表10%、5%和1%的显著水平。SB是虚拟变量，SB=1表示公司股权制衡高于同行业同年度平均值，SB=0表示公司股权制衡低于同行业同年度平均值，其中股权制衡=第二至五大股东持股比例总和/第一大股东持股比例。为了节省篇幅，略去了控制变量的系数，控制变量同表4-10。

表4-19的结果表明，在模型（1）和（2）中，即股权制衡较高时，交互项 Alliance × Post 的回归系数均为正且显著，回归系数分别为0.096和0.454。而模型（3）和（4）中，即股权制衡较低时，交互项 Alliance × Post

的回归系数均为正且显著,分别为 0.045 和 0.166。对比模型(2)与模型(4)可以发现,战略联盟对于审计成本所产生的处置效应在股权制衡较高时要更大、更显著(0.454 > 0.166)。这一结果表明,股权制衡较高的联盟公司会有更强烈的监督需求,进而提升审计需求,从而产生更高的审计费用。

为了使结果更加稳健,本书进行了三重差分分析。在模型(5)和(6)中,交互项 Alliance × Post × SB 的回归系数均为正且显著,回归系数分别为 0.087 和 0.496。这一结果表明本书的实证结果是稳健的,股权制衡较高的实验组公司会产生更高的审计费用。

第八节 直接的证据:注册会计师的问卷调查和访谈

为了进一步深入了解战略联盟对于审计定价的影响,以及审计师在实践中对于战略联盟的看法,作者用调查和访谈证据补充相关经验结果。作为审计服务的供给方,注册会计师对战略联盟的态度直接决定了相应的审计定价。因此,调查和访谈证据使作者能够从审计师的角度分析战略联盟对于审计收费的影响,更好地探究审计师对于联盟审计定价的内在逻辑。

作者基于本书的研究问题设计了调查问卷,问卷调查的对象是工作 10 年以上的注册会计师,问卷发放和回收详情请见附表 B,问卷调查的结果见附表 C。

表 4-20   注册会计师对于战略联盟的问卷调查结果

问题	答案	个数	占比
问题一:涉及战略联盟、联营、合营安排时,您认为是否会增加审计风险?	会	140	92.11%
	不会	5	3.29%
	不一定	7	4.61%
问题二:涉及战略联盟、联营、合营安排时,您认为是否应该增加审计收费?	应该	129	84.87%
	不应该	7	4.61%
	不一定	16	10.53%

续表

问题	答案	个数	占比
问题三：两家公司缔结战略联盟后，您认为哪一方更获利？（资产规模维度）	资产规模更大的一方公司更获利	62	40.79%
	资产规模更小的一方公司更获利	86	56.58%
	不一定	4	2.63%
问题四：两家公司缔结战略联盟后，您认为哪一方更获利？（公司年龄维度）	年龄更大的一方公司更获利	54	35.53%
	年龄更小的一方公司更获利	87	57.24%
	不一定	11	7.24%
问题五：公司缔结战略联盟所发生的成本费用，哪一方承担更多一些？（资产规模维度）	资产规模更大的一方公司承担成本费用更多	114	75.00%
	资产规模更小的一方公司承担成本费用更多	31	20.39%
	不一定	7	4.61%
问题六：公司缔结战略联盟所发生的成本费用，哪一方承担更多一些？（公司年龄维度）	年龄更大的一方公司承担成本费用更多	99	65.13%
	年龄更小的一方公司承担成本费用更多	42	27.63%
	不一定	11	7.24%
问题七：两家公司缔结战略联盟后，您认为是股权式战略联盟（联盟双方签订股权投资协议开展合作）承担的审计费用更多，还是契约式战略联盟（联盟双方签订战略联盟协议开展合作）承担的审计费用更多？	股权式战略联盟承担的审计费用更多	82	53.95%
	契约式战略联盟承担的审计费用更多	63	41.45%
	不一定	7	4.61%
问题七-1：您认为股权式战略联盟承担审计费用更多的原因是？	审计风险增加	32	21.05%
	审计工作量增加	23	15.13%
	两者兼而有之	27	17.76%
问题七-2：您认为契约式战略联盟承担的审计费用多的原因是？	审计风险增加	42	27.63%
	审计工作量增加	11	7.24%
	两者兼而有之	10	6.58%

表 4-20 的结果表明：

第一，在审计风险和审计收费方面，分别有 92.11% 和 84.87% 受访注册会计师认为联盟会增加审计风险和应该增加审计收费，此外，仅有 3.29% 和 4.61% 受访注册会计师认为联盟不会增加审计风险和不应该增加审计收费。由此可见，绝大多数的受访注册会计师认为战略联盟是驱动审计收费的重要因素。

第二，在收益和成本方面，大多数的受访注册会计师认为联盟存在着不对称的现象，其中有 56.58% 和 57.24% 受访注册会计师认为资产更小的一方和年龄更小的一方公司更获利，并且有 75% 和 65.13% 受访注册会计师认为资产更大的一方和年龄更大的一方公司会承担更多的成本费用。由此可见，大多数的受访注册会计师认为战略联盟不仅在收益方面，而且在成本方面同样存在着不对称的现象，并且联盟中小公司会"背靠大树（大公司）好乘凉"。

第三，在联盟治理结构的调节作用方面，有 53.95% 受访注册会计师认为股权式战略联盟承担的审计费用更多，这表明大多数的受访注册会计师认为股权式联盟企业的审计费用要高于契约式联盟企业的审计费用。此外，在股权式联盟产生更多审计费用的原因方面，有 21.05% 受访注册会计师认为是审计风险增加所致，有 15.13% 受访注册会计师认为是审计工作量增加所致，另有 17.76% 受访注册会计师认为是审计风险和审计工作量增加共同所致。由此可见，审计风险被认为是导致股权式联盟产生更多审计费用的最主要原因。因此，大多数的受访注册会计师的看法与本章的实证结果实质性相同，股权式联盟会因为审计风险增加而导致更高的审计成本。

为了进一步探究注册会计师对于战略联盟的看法，我们对注册会计师做了开放式问题的访谈，详情见附表 C。附表 C 的结果表明：第一，绝大多数注册会计师认为应在计划审计工作时考虑联盟所带来的影响；第二，相对于规模小的公司，联盟对规模大公司的影响更难核查，需要投入更多资源；第三，相对于年轻的公司，注册会计师更难评估和审计联盟对年龄大公司的影响；第四，由于涉及关联交易，股权联盟的风险更大；第五、联盟会增加审计收费。

综上所述，本章的研究发现是稳健的，针对注册会计师的问卷调查和访谈进一步支持了本章的研究结论。

第九节 本章小结

近年来中国上市公司之间的战略联盟大量涌现。本章以中国 A 股上市公司之间的战略联盟为样本，从成本的视角考察了战略联盟对于企业审计定价的影响，并用注册会计师的调查和访谈证据进行了补充证明，主要结论和发现归纳如下：

第一，战略联盟是影响审计定价的重要因素。相对于未缔结战略联盟的公司而言，无论是审计费用的自然对数，还是审计费用强度，缔结战略联盟的公司会有更高的审计收费，并且联盟对于企业审计费用的变化具有深远的影响，联盟后公司的审计费用存在逐年递增的滞后效应。此外，审计师对于联盟业绩的风险感知，以及对于战略偏离的风险感知是战略联盟影响审计成本的一个重要作用机制。

第二，联盟双方审计费用的增长变化存在非对称效应。本章按照年龄和资产规模，将一对联盟伙伴公司进行划分，发现年龄较大的一方，其审计费用增长会更多；资产规模较大的一方，其审计费用增长会更多。

第三，战略联盟的治理结构对于联盟企业的审计费用具有调节效应。相对于契约式联盟，股权式联盟会产生更高的审计定价。

本章结论不仅具有理论价值，同时还对我国政府完善联盟政策和企业之间深化战略合作具有重要的启发意义：

第一，探究战略联盟的实施成本对于促进战略联盟目标的实现，进而提升战略联盟效率具有重要的意义。企业缔结和运营战略联盟会产生相应的成本，特别是联盟会增加企业的审计费用。为此，企业应从成本的角度更加全面完整地认识战略联盟所产生的经济后果，做出更为合理的决策。

第二，在成本方面，战略联盟同样具有非对称效应。一对联盟伙伴中年龄较大的一方，其审计费用的增加会更多；资产规模较大的一方，其审计费用的增加会更多。因此，企业在挑选联盟合作伙伴时，不仅需要考虑收益的非对称性，而且更需要考虑成本的非对称性。企业需要基于自身与合作伙伴的年龄和资产规模等特征审慎思考，挑选合适的联盟伙伴。

第三，战略联盟的治理结构对于联盟企业的审计费用具有调节效应。相对于契约式联盟，股权式联盟的组织形式更加紧密，但是，股权式联盟会因为审计风险增加而产生更多的审计费用。因此，企业不仅需要从成本和风险的角度出发，构建合理的联盟治理结构，而且需要增加联盟双方彼此的信任，尤其是设计好联盟契约的条款，避免因利益纷争所产生的额外审计成本，从而创造更多的联盟协同效应。

虽然，本章利用中国 A 股上市公司的数据，并结合注册会计师的问卷调查研究了战略联盟对于审计费用的影响及其作用机制，但是，囿于数据的限制，作者尚未获取有关战略联盟契约的一手数据。这是本书研究存在的局限，也是未来值得研究的重要方向。

第五章

中国上市公司之间战略联盟与财务业绩

第一节 引言

基于资源的观点表明,有价值的企业资源通常是稀缺的、不完全可模仿的,并且缺少可替代性,因此,资源的交易和积累成为一种战略需要。企业缔结战略联盟的目的是利用联盟获取伙伴企业的宝贵资源,从而增强竞争优势和提升企业价值(Das and Teng, 2000)。近20年来,中国上市公司之间的战略联盟大量涌现,他们或基于获取资本、或基于联合研发、或基于稳定供应、或基础开拓市场,以提升企业财务绩效。

尽管联盟双方在缔结战略联盟之初均有明确的战略目标及目标实施路径,然而在现实中,不同类型战略联盟和不同联盟方在自身资源、能力(包含学习能力和利用伙伴资源的能力)等方面存在天然的异质性,因此联盟双方的财务结果可能会出现不同的情形。一种情形是类似于三一重工(600031)和山东路桥(000498)[①](如图5-1和图5-2),这两家上市公司在缔结战略联盟当年以及后续两个年度,收入规模及资产收益率均有明显的提升,统计结果见表5-1。

[①] 2017年9月13日,三一重工发布《关于签署战略合作协议的公告》(编号:2017-066)称,与山东路桥在济南以书面方式签署"战略合作协议";同日,山东路桥发布与三一重工类似公告。

表 5-1 三一重工与山东路桥联盟前后财务业绩的变化

联盟对象 A：三一重工（600031）	t = -2	t = -1	t = 0（2017 年）	t = 1	t = 2
资产总额（亿元）	625.9	615.5	582.4	737.7	992.4
营业收入（亿元）	234.70	232.80	383.40	558.20	762.30
营业收入同比增长（%）	-22.71	-0.81	64.67	45.61	36.57
总资产周转率（次）	0.37	0.38	0.64	0.85	0.88
联盟对象 B：山东路桥（000498）	t = -2	t = -1	t = 0（2017 年）	t = 1	t = 2
资产总额（亿元）	104.2	150.4	176.3	247.9	379.5
营业收入（亿元）	74.19	81.48	123.80	152.70	245.90
营业收入同比增长（%）	8.42	9.83	52.00	23.31	61.02
总资产周转率（次）	0.73	0.64	0.76	0.72	0.78

2017 年 9 月 13 日，三一重工和山东路桥签署"战略合作协议"约定，双方同意在国内外基础设施建设项目、新产品新技术研发、工程机械设备采购、产业发展等领域建立战略合作关系。在两家公司缔结战略联盟的当年（2017 年），三一重工营业收入增长 64.67%，山东路桥营业收入增长 52%；在联盟后第一年（2018 年），三一重工营业收入同比增长 45.61%，山东路桥营业同比收入增长 23.31%；在联盟后第二年（2019 年），三一重工营业收入同比增长 36.57%，山东路桥营业收入同比增长 61.02%。可见结盟两年后，山东路桥营业收入齐头并进，增速不相上下。

两家公司在资产规模上差异明显，三一重工资产总额远大于山东路桥资产总额。另外，在缔结战略联盟后，二者资产总额都呈现明显的增长趋势，但山东路桥资产总额增速大于三一重工资产总额增速。另外，两家公司总资产周转率指标变动趋势也有所不同，结盟后三一重工呈现明显的上升趋势，而山东路桥基本持平。

战略联盟作为一种战略选择，它在帮助企业实现战略目标的同时，也伴随不同程度的风险（李东红，2002）。因为战略联盟可能直接亲手壮大竞争对手，导致自身市场份额收到挤压。这种情形就好比中环环保（300692）与盛运环保（300090）的联盟（如图 5-3 和图 5-4），这两家专业从事环保行业的上市公司财务业绩,在联盟之后出现了两种截然不同的结果,如表 5-2 所示。

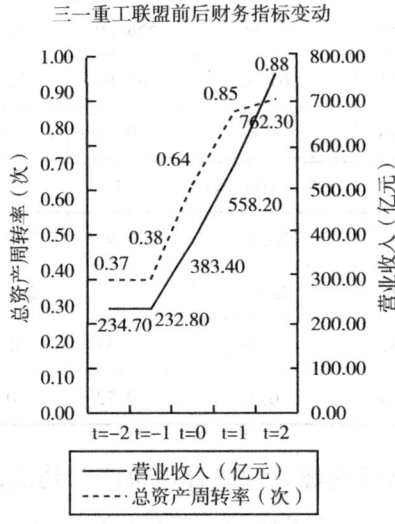

图 5-1　三一重工 2015～2019 年财务业绩

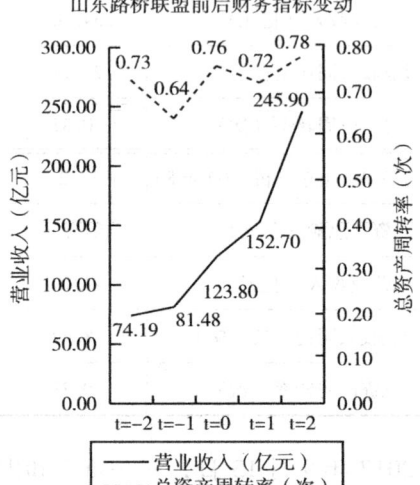

图 5-2　山东路桥 2015～2019 年财务业绩

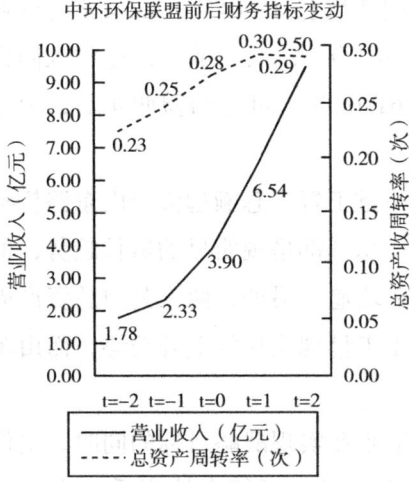

图 5-3　中环环保 2016～2020 年财务业绩

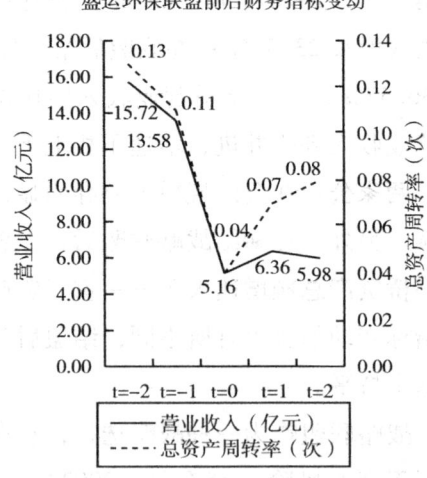

图 5-4　盛运环保 2016～2020 年财务业绩

表 5-2　　中环环保与盛运环保联盟前后财务业绩的变化

联盟对象 A：中环环保（300692）	t = -2	t = -1	t = 0（2018 年）	t = 1	t = 2
资产总额（亿元）	8.085	10.71	17.43	26.7	38.04
营业收入（亿元）	1.78	2.33	3.90	6.54	9.50
营业收入同比增长（%）	20.33	30.72	67.78	67.59	45.32
总资产周转率（次）	0.23	0.25	0.28	0.30	0.29
联盟对象 B：盛运环保（300090）	t = -2	t = -1	t = 0（2018 年）	t = 1	t = 2
资产总额（亿元）	120.27	136.1	97.38	83.95	63.38
营业收入（亿元）	15.72	13.58	5.16	6.36	5.98
营业收入同比增长（%）	-4.14	-13.65	-62.04	23.32	-5.97
总资产周转率（次）	0.13	0.11	0.04	0.07	0.08

2018 年 5 月 16 日，中环环保与盛运环保双双发布公告称，双方在环保行业均有各自的优势和资源，为促进双方共同发展，双方本着友好协商的原则签署了"战略合作框架协议"。由表 5-2 可以清晰地看见，中环环保在缔结战略联盟的当年及后续两年，营业收入依次实现了营业收入增长 67.78%、67.59% 和 45.32%，资产规模连续增长、总资产收益率指标也持续向好。而缔结战略并未使盛运环保的经营业绩得到改善，联盟之后，其营业收入仍然继续下滑，资产规模持续缩水，总资产收益率指标进一步恶化。

尽管战略联盟对企业发展的重要价值已在实践和理论两个方面被一再证实，但缔结战略联盟未必就一定意味着高绩效。战略联盟存续时间的长短、战略联盟能否带来良好的财务绩效以及战略联盟给伙伴企业带来的财务绩效是否均衡，这都有赖于联盟类型、联盟伙伴特征以及联盟持续的过程管理。适时缔结战略联盟，恰当地选择联盟类型、联盟伙伴，并辅以有效的管理，战略联盟才能帮助企业更好的实现财务业绩。

第二节　理论分析与研究假说

Das 和 Teng（1998）认为，随着技术与经济全球化的发展，越来越多的公司通过加入战略联盟来学习伙伴的技术、更快地进入市场、消除贸易壁垒、共同生产产品、共担风险，以此来保持其竞争优势。战略联盟能帮助企业储备多方资源，在联盟内部创造积极的协同效应（蔡继荣和靳景玉，2013），"齐心协力"隔离外部威胁，由此为联盟伙伴带来一系列益处：一是联盟企业获得合作伙伴在资本、供应和生产等领域的互补性资产，并通过伙伴提供的市场、技术等资源提升财务绩效；二是伙伴企业在联盟合作中接触到新的知识和技能，以减少内部研发投入或对外购进，从而降低成本；三是战略联盟能够奠定竞争范围和基础，从而挤压已有或潜在竞争对手。

越来越多的中国上市公司通过与顾客、供应商、竞争者和资源补充者等各种角色的商业伙伴缔结战略联盟，如资本联盟、研发联盟、生产联盟、供应链联盟或营销联盟，获取自己所不具备的资源和能力，降低运营成本、分散投资风险，从而提升企业的技术和能力，以谋求市场生存和长远发展。近20年来，中国上市公司之间的战略联盟迅速发展，主要基于以下几个方面的原因：

（1）基于交易费用理论，战略联盟能够降低企业的成本。首先，一个企业通常只在产业价值链的某一个或少数几个环节上拥有优势，而不可能在全部环节上都处于优势。在企业的劣势环节上，可能有别的企业处于优势，因此，企业通过与其在各自具有优势的环节上进行合作，以达到联盟整体利益的最大化。其次，随着技术更新换代速度的加快，企业需要不断提高研发速度，而新技术的研发从来伴随着高投入和高风险，建立研发联盟为企业进行技术合作提供了一条有效的途径。研发联盟不仅可以让伙伴分摊研发成本，还可以降低单个企业的技术开发风险（Hagedoorn and Narula，1996）。

（2）基于资源基础理论，战略联盟能够帮助企业获取资源。企业要想在竞争日益激烈的市场环境中立于不败之地，必须掌握具有核心竞争力的资源。一家企业不论是实现产业价值链延伸、产业多元化，还是在原有价值链深耕，都需要源源不断的资金、技术、人才、市场、供应等诸多资源，而有价值的资源往往具有稀缺性、不可复制性和不可模仿性，战略联盟为企业提供了一种获取优质资源的方式（Wernerfelt，1984）。Das 和 Teng（2000）也认为企业缔结战略联盟的目的是利用联盟获取伙伴企业的宝贵资源，从而增强竞争优势和提升企业价值。

并且，联盟中的资源的获取与利用，具有其自身的特性。首先，联盟中资源的提供方不会因为分享而减少自身的资源存量。在联盟合作中,互补性资源虽然在伙伴企业所建立的合作关系范围内聚合在一起,却仍然分别被各联盟企业所拥有和控制,并不会因为伙伴企业的利用而减少,当互补性资源为知识、经验和技术时,这一特点表现得更明显。其次,联盟不仅不会减少伙伴企业的资源存量,反而会增加伙伴企业的资源积累。因为一方提供资源分享给伙伴企业的过程,也是另一方获取资源的过程,因此联盟可以使企业源源不断地从伙伴企业获取资源,以增加资源积累。最后,联盟可以帮助企业获得资源的溢出效应。战略联盟能够有效整合联盟内伙伴企业的资源,从而提高资源利用效率,提升整体的资源价值创造能为。如企业可以通过生产联盟或营销联盟整合联盟伙伴的资源,使资源得到最有效的运用,进而达到降低成本、增加营业收入的效果。

(3) 基于组织学习理论,战略联盟可以为企业提供大量的学习机会。新技术的发展日新月异,使得企业越来越重视技术研发和新知识的获取。然而,技术、技能和知识很难在市场上直接获取,也很难被定价,而缔结战略联盟为获取新技术和新知识提供了一条新的有效途径(Mowery et al., 1996)。企业与其供应商、客户、机构投资者、关联公司,甚或竞争对手等结成战略联盟,联盟伙伴的多样性和多元化将为其提供广泛的知识和技能基础(李常洪等,2011)。在战略联盟中,企业之间因为长期业务合作而使组织的边界变得逐渐模糊可渗透,知识和技能也会在联盟伙伴之间自然或不自然"流动",企业战略联盟被视为知识传递和形成网络知识的有效方式(Williamson, 1990)。

战略联盟可以被视为一种优化的资源配置机制,从整个经济社会来看,联盟的出现是为了追求更高的资源配置效率;从单个企业来看,联盟的出现是为了使成本费用开支最小化。然而,作为一项战略选择,缔结战略联盟的终极目标不在于节约成本,更重要的是通过整合伙伴企业的比较优势,更好的谋求竞争性资源。除此之外,战略联盟还具有促进知识和技能在伙伴企业之间转移的功能,伙伴企业通过"干中学""用中学"而获得联盟伙伴的隐形知识和技能,并且可以创造出可以共享的新知识和新技能(Doz and Hamel, 1998)。

战略联盟不仅有助于联盟企业获取未来长远发展所需的资源、能力以及知识,而且有利于分担技术创新过程中高度的不确定性风险(Wassmer, 2010)。

也就是说，企业组建战略联盟，会帮助其巩固市场地位，降低成本费用，并通过互补和协同效应实现资源和知识整合，这些资源知识可以通过研发、生产和制造转换为产品、工艺和服务，从而促进企业业务绩效的提升。为此，本章提出以下有待检验的研究假设：

假设 5 - a：中国上市公司缔结战略联盟能够提升其财务业绩。

目前国内外已有很多文献对战略联盟绩效进行研究，但由于企业组建战略联盟的动机和投入水平各不相同，合作方式多种多样，合作结果难以完全量化，种种原因导致联盟绩效的内涵复杂多样（李运河，2011）。学术界对联盟绩效的研究呈现两大趋势：

一个趋势是通过不稳定性、失败率和持续性这几个指标研究检验联盟的绩效（Das and Teng, 1998；Das and Teng, 2000；Blodgett, 2002）。但是联盟的解体并非必然代表着联盟失败，因为有可能联盟目标已实现或已提前实现；联盟长时间的维持也非必然代表着成功，联盟的长时间生存和高的绩效水平并没有关系（Parkhe, 1991）。战略联盟是否存续，通常与联盟目标是否实现、联盟企业的付出与所得是否对等、联盟的管理是否顺畅、联盟是否存在欺诈行为等原因密不可分。联盟的解体，不能用来客观评价联盟的绩效。这一研究趋势下的联盟绩效不如直接探究联盟企业财务业绩那么直观，有说服力。

另一个趋势是使用更多定性的方法来评价联盟的效用，如通过调研、案例研究和使用变量参数来评价联盟个体绩效。这种方法着重探索联盟个体的财务业绩是否会得到提升，而对联盟联合财务业绩及联盟个体财务业绩是否具有对称性尚未给予足够的关注。另外，以往文献主要采用的个别案例法可能缺乏普遍性，调查问卷法通常主观性较强，而缺少实证支持。

战略联盟得以存续不应仅仅是构建和管理成功的联盟个体，更应是致力于创造联盟的整体优势，使之大于联盟单体的叠加优势，如若不能达成该目标，战略联盟想必无法持续，更不能长久。一个单方收益的不对称绩效的战略联盟，注定是长久不了的。因此，为使战略联盟持续下去，联盟各方必须"想方设法"让各参与方都长期受益。但是，企业是异质的，不同的企业不仅在拥有和控制的资源和知识上天然存在着差异，在获取伙伴企业资源、学习伙伴企业知识和技能，并将其很好的转化为生产力方面也必然存在差异。基于上述分析，本章提出以下有待检验的研究假设：

假设 5 - b：中国上市公司在缔结联盟后，联盟双方具有非对称的财务业绩。

第三节 研究设计

一、样本选择与数据来源

本章以 2001～2018 年中国 A 股上市公司为研究对象，并根据上市公司发布的公告来确认它是否缔结了战略联盟。本章以上交所和深交所上市公司信息披露系统中收录的 2001～2018 年 A 股上市公司的公告为初始样本，根据公告的标题和内容逐项筛选出 4404 个关于战略联盟的公告，并按照表 5 - 3 描述的步骤进行逐项识别：第一，拆分一份联盟公告中涉及三个及以上联盟方的公告；第二，剔除上市公司公告的其关联公司签署的战略联盟；第三，剔除失败、停止实施、无任何进展的战略联盟公告；第四，剔除联盟伙伴为政府或非营利组织的战略联盟公告；第五，剔除联盟伙伴为非 A 股上市公司的战略联盟公告。最终本书获得 468 家上市公司披露的 568 个上市公司之间的战略联盟公告。

表 5 - 3　　　　　　　　战略联盟样本的识别

A 股上市公司战略联盟公告的识别过程	联盟公告数量（个）	公司家数（家）
2001 至 2018 年上市公司披露的联盟公告	4404	1505
加：拆分一份联盟公告中涉及三个及以上联盟方的公告	825	—
减：剔除上市公司公告的其关联公司签署的战略联盟	105	—
剔除失败、停止实施、无任何进展的战略联盟公告	88	—
剔除联盟伙伴为政府或非营利组织的战略联盟公告	645	—
剔除联盟伙伴为非 A 股上市公司的战略联盟公告	3823	—
中国 A 股上市公司之间的战略联盟公告数量	568	468

二、模型设计与变量说明

为了检验假设 5 - a 和 5 - b，本章使用双重差分模型（Difference In Differences）检验战略联盟对于财务业绩的影响，并使用倾向匹配得分法（Propensity Score Matching）来缓解内生性问题。

本章以缔结战略联盟的公司作为实验组，以没有发生战略联盟的公司作为对照组。本章分别对于战略联盟中双方进行实证检验，并采用倾向匹配得分法对实验组和对照组进行一对一最近邻匹配，按照相同板块和相同年份的原则，为每个发生战略联盟的公司进行匹配，然后进行双重差分的回归分析。相同板块匹配是指，缔结战略联盟的创业板公司匹配未缔结战略联盟的创业板公司；缔结战略联盟的中小板公司匹配未缔结战略联盟的中小板公司，其他板块以此类推。

匹配的变量包括：公司年龄（Age）、资产规模（Assets）。其中，公司所在的行业（Industry）根据证监会《上市公司行业分类指引》（2012 修订）进行分类。对于农、林、牧、渔业（A）、采矿业（B）、电力、热力、燃气及水生产和供应业（D）、建筑业（E）、批发和零售业（F）、交通运输、仓储和邮政业（G）、信息传输、软件和信息技术服务业（I）、租赁和商务服务业（L）、科学研究和技术服务业（M）、水利、环境和公共设施管理业（N）、卫生和社会工作（Q）、文化、体育和娱乐业（R），以行业分类代码的大写英文字母为准；对于制造业行业（C）以行业代码前二位数字为准。需要说明的是，由于实验组中有少量的公司在一年之中发生了两次及其以上的战略联盟，因此，本章将一年内一家公司多次发生的战略联盟交易视为一次处理效应。具体采用的检验模型如下：

$$ROA = \gamma_0 + \gamma_1 Alliance + \gamma_2 Post + \gamma_3 Alliance * Post + \gamma_4 YearFE$$
$$+ \gamma_5 FirmFE + \sum_{j=1}^{m} \gamma_j Control\ s_j + \varepsilon \qquad (5-1)$$

$$Growth = \gamma_0 + \gamma_1 Alliance + \gamma_2 Post + \gamma_3 Alliance * Post + \gamma_4 YearFE$$
$$+ \gamma_5 FirmFE + \sum_{j=1}^{m} \gamma_j Control\ s_j + \varepsilon \qquad (5-2)$$

$$Tobin's\ Q = \gamma_0 + \gamma_1 Alliance + \gamma_2 Post + \gamma_3 Alliance * Post + \gamma_4 YearFE$$
$$+ \gamma_5 FirmFE + \sum_{j=1}^{m} \gamma_j Controls_j + \varepsilon \quad (5-3)$$

上述模型中，交互项 Alliance×Post 的系数 γ_3 反映战略联盟对于财务绩效的影响，是本章主要考察的系数。Controls 是控制变量构成的向量。

虚拟变量 Alliance 为 1 时代表发生战略联盟的实验组，Alliance 为 0 时表示对照组。Post 是代表战略联盟前后时间段的虚拟变量，Post 为 1 时表示发生战略联盟当年及以后年份，Post 为 0 时代表联盟以前年份。交互项 Alliance×Post 的回归系数反映战略联盟发生前后实验组与对照组之间财务业绩的差异。具体而言：如果战略联盟能够提高企业财务业绩，则模型中交互项的回归系数 γ_3 显著为正。如果战略联盟的甲方和乙方在双重差分检验中都呈现出财务业绩提高，则验证联盟双方具有对称的财务业绩，反之则不然。

X 是控制变量构成的向量。根据以往文献（余明桂等，2016 等；黎文靖和郑曼妮，2016；孔东民等，2017；周开国等，2017；温军和冯根福，2018），本章对于以下变量进行控制：投资机会（Tobin's Q）、财务风险（Lev）、两职合一（Duality）、第一大股东（Largest）、股权激励（Incentive）、年度效应（YearFE）等，模型中各变量的具体定义和度量见表 5-4。

表 5-4　　　　　　　　　模型变量的定义说明

变量类型	变量名称	变量符号	变量定义与说明
因变量	总资产报酬率	ROA	净利润/总资产平均余额，总资产平均余额 =（当年期末总资产 + 当年期初总资产）/2
	营业收入增长率	Growth	（当期营业收入 – 上期营业收入）/上期营业收入
	投资机会	Tobin's Q	上一期期末市值与账面资产的比值，其中市值 =（总股数 – 境内上市的外资股 B 股）×收盘价 A 股 + 境内上市的外资股 B 股×收盘价×当日汇率 + 负债
考察变量	战略联盟	Alliance	虚拟变量，如果公司缔结了战略联盟，则取值 1，否则取 0
	缔结战略联盟前后的时间段	Post	虚拟变量，缔结战略联盟当年及以后年度取值 1，否则取 0

续表

变量类型	变量名称	变量符号	变量定义与说明
控制变量	公司规模	Size	取公司期末总资产的自然对数值
	第一大股东	First	公司第一大股东的持股比例
	两职合一	Duality	虚拟变量，如果 CEO 兼任董事长，则取值 1，否则取 0
	是否由四大进行审计	Big4	虚拟变量，如果由四大进行审计，则取值 1，否则取 0
	生命周期	Age	成立年限，Age =（当期期末日期 – 成立日期）/365
	账面市值比	BM	BM = 股东权益/公司市值，股东权益 = 资产总额 – 负债总额，公司市值 = 流通股数 * 每股股价
	每股收益	EPS	净利润/股本
	市盈率	PE	每股股价/每股收益
	净资产收益率	ROE	净利润/股东权益平均余额，股东权益平均余额 =（当年期末股东权益 + 当年期初股东权益）/2
	财务风险	Lev	公司资产负债率 = 负债/总资产
	股权激励	Incentive	虚拟变量，如果公司当年存在股权激励则取值 1，否则取 0
	公司属性	SOE	虚拟变量，如果是国有企业，则取值 1，否则取 0
	资产规模相对大小	SIZE	虚拟变量，SIZE = 1 表示一对联盟伙伴中资产规模较小的一方，SIZE = 0 表示一对联盟伙伴中资产规模较大的一方
	市值相对大小	MV	虚拟变量，MV = 1 表示一对联盟伙伴中市场价值较小的一方，MV = 0 表示一对联盟伙伴中市场价值较大的一方
	年度固定效应	YearFE	虚拟变量，如果公司处于该年度，则取值 1，否则取 0
	企业固定效应	FirmFE	企业不随时间变化的个体效应

第四节 实证检验结果及分析

一、描述性统计

（一）主要研究变量的描述性统计

表 5 – 5 报告了各研究变量的描述性统计结果：从 ROA 指标来看，控制组

在缔结战略联盟之前均值为 0.0350，缔结战略联盟之后均值为 0.0419，可见控制组缔结战略联盟后 ROA 有明显提升，而实验组 ROA 均值为 0.0430，高于控制组；从 Growth 指标来看，控制组在缔结战略联盟之前均值为 0.193，缔结战略联盟之后均值为 0.215，可见控制组缔结战略联盟后 Growth 有明显提升，而实验组 Growth 均值为 0.255，高于控制组；从 Tobin's Q 指标来看，控制组在缔结战略联盟之前均值为 1.988，缔结战略联盟之后均值为 2.213，可见控制组缔结战略联盟后 Tobin's Q 有明显提升，而实验组 Tobin's Q 均值为 2.274，高于控制组。可见，战略联盟有助于提升联盟企业财务绩效，这与现有文献结论一致（徐二明和徐凯，2012）。

表 5-5 研究变量的描述性统计

Variables	Group	N	Mean	SD	Min	Max	Median
ROA	Treatment	2280	0.0430	0.0545	-0.237	0.199	0.0422
	Control (Before)	24848	0.0350	0.0651	-0.293	0.205	0.0349
	Control (After)	2557	0.0419	0.0620	-0.237	0.199	0.0390
Growth	Treatment	2280	0.255	0.459	-0.527	3.070	0.171
	Control (Before)	24848	0.193	0.395	-0.529	2.620	0.144
	Control (After)	2557	0.215	0.461	-0.527	3.070	0.148
Tobin's Q	Treatment	2280	2.274	1.872	0.247	9.301	1.713
	Control (Before)	24848	1.988	1.784	0.127	9.950	1.469
	Control (After)	2557	2.213	1.799	0.247	9.301	1.747
Size	Treatment	2280	22.32	1.273	19.32	26.19	22.17
	Control (Before)	24848	22.03	1.447	19.09	27.25	21.82
	Control (After)	2557	22.31	1.434	19.32	26.19	22.17
First	Treatment	2280	0.336	0.147	0.0845	0.712	0.310
	Control (Before)	24848	0.351	0.152	0.0844	0.750	0.330
	Control (After)	2557	0.337	0.145	0.0845	0.712	0.313
Duality	Treatment	2280	0.276	0.447	0	1	0
	Control (Before)	24848	0.249	0.433	0	1	0
	Control (After)	2557	0.275	0.446	0	1	0

续表

Variables	Group	N	Mean	SD	Min	Max	Median
Big4	Treatment	2280	0.0570	0.232	0	1	0
	Control (Before)	24848	0.0648	0.246	0	1	0
	Control (After)	2557	0.0309	0.173	0	1	0
Age	Treatment	2280	15.23	5.572	3	29	15
	Control (Before)	24848	16.16	5.526	4	30	16
	Control (After)	2557	15.69	5.853	3	29	16
BM	Treatment	2280	0.826	0.765	0.0942	4.746	0.584
	Control (Before)	24848	1.055	1.177	0.101	7.884	0.681
	Control (After)	2557	0.928	0.858	0.0942	4.746	0.658
EPS	Treatment	2280	0.414	0.466	−1.032	2.380	0.340
	Control (Before)	24848	0.383	0.475	−1.139	2.270	0.320
	Control (After)	2557	0.409	0.492	−1.032	2.380	0.330
PE	Treatment	2280	72.83	110.1	6.050	760.1	41.25
	Control (Before)	24848	78.83	116.5	5.878	847.2	46.15
	Control (After)	2557	69.34	96.35	6.050	760.1	43.39
ROE	Treatment	2280	0.0783	0.0850	−0.378	0.334	0.0801
	Control (Before)	24848	0.0675	0.105	−0.560	0.308	0.0718
	Control (After)	2557	0.0820	0.0985	−0.378	0.334	0.0803
Lev	Treatment	2280	0.430	0.204	0.0554	0.999	0.427
	Control (Before)	24848	0.450	0.228	0.0485	1.050	0.438
	Control (After)	2557	0.470	0.220	0.0554	0.999	0.471
Incentive	Treatment	2280	0.372	0.0497	0.333	0.571	0.364
	Control (Before)	24848	0.373	0.0528	0.333	0.571	0.333
	Control (After)	2557	0.375	0.0550	0.333	0.571	0.333

(二) 倾向得分匹配

表5-6报告了倾向匹配前后,实验组和控制组数据均值的比较。由表5-6可见,在倾向得分匹配前后,表中所列控制变量的实验组均值和控制组均值均存在差异。并且,在倾向得分匹配前,是否由四大进行审计、成立年限、账面市值比、每股收益和净资产报酬率等数项指标均在1%水平上显著;而在倾向

得分匹配后，表中指标均不显著。

表 5-6 PSM 匹配前后变量均值 T 检验

Variables	Before PSM			After PSM		
	Treatment	Control	Mean differences	Treatment	Control	Mean differences
Size	21.9740	22.0320	-0.0580	21.9740	22.0038	-0.0298
First	0.3458	0.3510	-0.0051	0.3458	0.3360	0.0099
Duality	0.7305	0.7510	-0.0205*	0.7305	0.7303	0.0002
Big4	0.0408	0.0646	-0.0238***	0.0408	0.0314	0.0094
Age	13.8543	16.1538	-2.2995***	13.8543	14.4477	-0.5933
BM	0.7398	1.0576	-0.3178***	0.7398	0.8679	-0.1281
EPS	0.4381	0.3824	0.0558***	0.4381	0.4072	0.0309
PE	76.0388	80.0951	-4.0563	76.0388	76.4587	-0.4199
ROE	0.0850	0.0673	0.0177***	0.0850	0.0850	-0.0001
Incentive	0.3700	0.3730	-0.0029*	0.3700	0.3749	-0.0048
l_Tobin's Q	2.4217	2.1434	0.2782***	2.4217	2.6219	-0.2002
l_Growth	0.2553	0.2042	0.0512***	0.2553	0.2836	-0.0283
No. of firms	266	3362	—	266	271	—

注：*、**、*** 分别代表 10%、5% 和 1% 的显著水平。

表 5-7 报告了采用 Logit 和 Probit 两种倾向得分匹配方法的回归结果。Logit 方法中，公司投资机会（Tobin's Q）、第一大股东（First）、规模（Size）、是否由四大进行审计（Big4）、生命周期（Age）五个变量显著；Probit 方法中，投资机会（Tobin's Q）、公司规模（Size）、总资产报酬率（ROA）、第一大股东（First）、是否由四大进行审计（Big4）、生命周期（Age）六个变量显著。这说明本章运用倾向得分匹配方法具有充分的合理性。

表 5-7 倾向得分匹配回归结果

变量	Model (1)	Model (2)
	Logit (Alliance = 1)	Probit (Alliance = 1)
Size	0.696***	0.296***
	(0.000)	(0.000)

续表

变量	Model（1）Logit（Alliance = 1）	Model（2）Probit（Alliance = 1）
SOE	-0.016 (0.924)	-0.029 (0.673)
Tobin's Q	0.172*** (0.000)	0.075*** (0.000)
ROA	1.841 (0.103)	0.885** (0.044)
First	-0.014*** (0.002)	-0.005*** (0.002)
Duality	0.201 (0.149)	0.087 (0.125)
Big4	-1.236*** (0.001)	-0.443*** (0.003)
Lev	-0.352 (0.385)	-0.127 (0.434)
Age	-0.025** (0.046)	-0.011** (0.030)
Constant	-20.986*** (0.000)	-9.201*** (0.000)
Year FE	Yes	Yes
IndustryFE	Yes	Yes
No. Observations	20357	20357
No. Treatment Firms	266	266
No. Control Firms	3340	3340
Wald chi^2	622.356***	601.791***
Prob > chi^2	0.000	0.000
Pseudo R^2	0.139	0.139

注：括号内的数字为 P 值；模型对标准误进行了 Robust 处理；*、**、*** 分别代表 10%、5% 和 1% 的显著水平。

二、多元回归结果分析

(一) 战略联盟对财务绩效影响的静态分析

表 5-8 报告了战略联盟对财务绩效的静态回归结果:我们关心的交叉项 Alliance×Post 对于 ROA 不显著,对于 Growth 在 1% 水平上显著为正,对于 Tobin's Q 在 5% 水平上显著为正。也就是说,缔结战略联盟使联盟双方财务绩效均有较明显的改善,支持了 5-a 假设。

表 5-8　　联盟对财务绩效静态回归分析结果

变量	(1) ROA	(2) Growth	(3) Tobin's Q
Alliance_Post	-0.002 (0.840)	0.154*** (0.000)	0.238** (0.041)
Post	-0.003 (0.595)	-0.068** (0.042)	-0.394*** (0.000)
Size	-0.006 (0.501)	-0.145*** (0.000)	-0.286*** (0.000)
First	-0.155 (0.151)	0.325* (0.080)	1.020** (0.046)
Duality	0.011 (0.576)	-0.009 (0.750)	-0.032 (0.692)
Big4	0.012 (0.292)	0.009 (0.951)	0.044 (0.886)
Age	-0.004 (0.233)	0.006 (0.143)	0.026* (0.079)
BM	0.004 (0.522)	0.044*** (0.001)	-0.402*** (0.000)
EPS	0.060** (0.016)	0.136*** (0.001)	0.212* (0.058)

续表

变量	(1) ROA	(2) Growth	(3) Tobin's Q
PE	0.000	-0.000**	0.002***
	(0.536)	(0.022)	(0.000)
ROE	0.337***	0.887***	0.933
	(0.000)	(0.000)	(0.137)
Lev	-0.109***	0.009**	-0.063***
	(0.000)	(0.050)	(0.005)
Incentive	-0.106	0.028	0.115
	(0.170)	(0.923)	(0.871)
l_Growth	-0.017	0.050	0.150***
	(0.375)	(0.181)	(0.006)
l_Tobin's Q	0.001	0.016	0.270***
	(0.896)	(0.113)	(0.000)
_cons	0.318*	3.002***	6.840***
	(0.096)	(0.000)	(0.000)
YearFE	Yes	Yes	Yes
N	4837	4837	4837
F	330.188	12.884	55.367
p	0.000	0.000	0.000
r2_a	0.253	0.114	0.383

注：括号内的数字为 P 值；模型对标准误进行了 Robust 处理；*、**、***分别代表10%、5%和1%的显著水平。

（二）战略联盟对财务绩效影响的动态分析

表5-9报告了战略联盟对审计费用的动态回归结果：首先，在缔结战略联盟的当年，虽然对于ROA不显著，但Growth在1%的水平上显著，Tobin's Q在5%的水平上显著；其次，从Growth动态指标看，缔结战略联盟前均不显著，缔结联盟当年、缔结联盟后的第一年和缔结联盟后的第二年在1%水平上显著，缔结联盟后的第三年在5%水平上显著；最后，从Tobin's Q动态指标

看，缔结战略联盟前均不显著，缔结联盟当年和缔结联盟后的第二年均在5%水平上显著，缔结联盟后的第三年在1%水平上显著。也就是说，从联盟对审计费用动态影响来看，缔结战略联盟使联盟双方财务绩效均有明显提高，支持5-a假设。

表5-9　　　　　　　　联盟对财务绩效动态回归分析结果

变量	(1) ROA	(2) Growth	(3) Tobin's Q
Before2	0.004 (0.719)	0.060 (0.115)	0.035 (0.749)
Before1	0.001 (0.920)	0.067 (0.102)	0.137 (0.246)
Current	0.005 (0.671)	0.216 *** (0.000)	0.288 ** (0.038)
After1	0.007 (0.633)	0.186 *** (0.001)	0.153 (0.243)
After2	-0.022 (0.393)	0.172 *** (0.005)	0.393 ** (0.016)
After3	-0.008 (0.740)	0.132 ** (0.017)	0.445 *** (0.003)
Post	-0.005 (0.526)	-0.066 * (0.061)	-0.350 *** (0.002)
Size	-0.005 (0.539)	-0.153 *** (0.000)	-0.313 *** (0.000)
First	-0.155 (0.153)	0.327 * (0.079)	1.031 ** (0.043)
Duality	0.011 (0.573)	-0.007 (0.796)	-0.034 (0.677)
Big4	0.015 (0.274)	0.029 (0.823)	-0.003 (0.993)

续表

变量	(1) ROA	(2) Growth	(3) Tobin's Q
Age	−0.003	0.006	0.019
	(0.309)	(0.141)	(0.272)
BM	0.004	0.046***	−0.402***
	(0.515)	(0.001)	(0.000)
EPS	0.059**	0.137***	0.217*
	(0.015)	(0.001)	(0.051)
PE	0.000	−0.000**	0.002***
	(0.518)	(0.029)	(0.000)
ROE	0.337***	0.882***	0.922
	(0.000)	(0.000)	(0.142)
Lev	−0.109***	0.009*	−0.063***
	(0.000)	(0.052)	(0.005)
Incentive	−0.104	0.037	0.112
	(0.178)	(0.901)	(0.874)
l_Growth	−0.018	0.049	0.164***
	(0.377)	(0.196)	(0.003)
l_Tobin's Q	0.000	0.014	0.268***
	(0.934)	(0.158)	(0.000)
_cons	0.295*	3.167***	7.502***
	(0.082)	(0.000)	(0.000)
YearFE	Yes	Yes	Yes
N	4837	4837	4837
F	283.286	11.377	46.248
p	0.000	0.000	0.000
r2_a	0.249	0.111	0.380

注：括号内的数字为 P 值；模型对标准误进行了 Robust 处理；*、**、*** 分别代表 10%、5% 和 1% 的显著水平。

(三) 战略联盟影响财务绩效的非对称性效应

联盟大量存在着经济收益不对称的现象 (Yang et al., 2015; Panico, 2017),本章考察了联盟影响企业业绩的非对称效应。本章根据相关文献 (McConnell and Nantell, 1985; Chan et al., 1997; Alvarez and Barney, 2001; Kalaignanam et al., 2007),将一对联盟伙伴按照资产规模和市场价值进行划分,分为资产规模较大一方和资产规模较小一方,以及市场价值较大一方和市场价值较小一方,进行了分组检验,并且以资产规模 (SIZE) 和市场价值 (MV) 的大小作为虚拟变量进行了三重差分 (difference-in-difference-in-difference) 分析。表5-10和表5-11报告了相应的检验结果。

表5-10的结果表明,第(1)(2)(3)列中,即一对联盟伙伴中资产规模较大一方,交互项 Alliance×Post 的回归系数均不显著。而第(4)(5)(6)列中,即一对联盟伙伴中资产规模较小一方,交互项 Alliance×Post 的回归系数均为正且高度显著,回归系数分别为 0.145、0.061 和 0.379。对比第(1)(2)(3)列与第(4)(5)(6)列可以发现,战略联盟所产生的处置效应只在资产规模较小一方中存在,即联盟对于企业财务业绩和市场价值的影响存在非对称效应。

为了使结果更加稳健,本章根据相关文献 (Irani and Oesch, 2013; Atanssov, 2013; Bena and Li, 2014; Seru, 2014) 进行了三重差分分析。在第(7)(8)(9)列中,交互项 Alliance×Post×SIZE 的回归系数均为正且高度显著,回归系数分别为 0.086、0.046 和 0.298。这一结果表明本章的实证结果是稳健的,战略联盟对于企业财务业绩和市场价值的影响是非对称的,存在一方比另一方更获利的现象。具体而言,一对联盟伙伴中,资产规模较小一方的业绩要好于资产规模较大一方,即一对联盟伙伴中资产规模较小的一方会更受益,拥有更好的业绩。这支持了本章所提出的研究假设5-b。

为了使结果更加稳健,本章根据以往相关文献 (Chan et al., 1997; Kalaignanam et al., 2007),按照一对联盟伙伴中市场价值的大小,分为市场价值较大一方和市场价值较小一方两组进行了分组检验。表5-11报告了相应的检验结果。第(1)(2)(3)列中,即一对联盟伙伴中市场价值较大一方,交

表 5-10 联盟企业的非对称业绩：资产规模大 VS 资产规模小

Variables	资产规模较大一方 (SIZE=0)			资产规模较小一方 (SIZE=1)			三重差分		
	(1) Growth	(2) Turnover	(3) Tobin's Q	(4) Growth	(5) Turnover	(6) Tobin's Q	(7) Growth	(8) Turnover	(9) Tobin's Q
Alliance × Post × SIZE							0.086** (0.050)	0.046** (0.023)	0.298*** (0.001)
Alliance × Post	0.040 (0.331)	0.003 (0.934)	0.083 (0.463)	0.145*** (0.000)	0.061*** (0.001)	0.379*** (0.003)	0.065** (0.035)	0.001 (0.945)	0.148** (0.017)
Post × SIZE							−0.043 (0.137)	−0.028** (0.031)	−0.107* (0.061)
Post	−0.043 (0.264)	−0.019 (0.366)	−0.219** (0.022)	−0.051 (0.138)	−0.045*** (0.004)	−0.226** (0.041)			
Size	0.111*** (0.001)	−0.015 (0.496)	−0.257*** (0.001)	0.135*** (0.000)	−0.031*** (0.004)	−0.529*** (0.000)	0.138*** (0.000)	−0.019** (0.011)	−0.517*** (0.000)
SOE	−0.072 (0.333)	0.074* (0.058)	0.034 (0.844)	−0.023 (0.608)	0.076*** (0.000)	0.199 (0.163)	−0.059* (0.096)	0.072*** (0.000)	0.170** (0.016)
First	0.399 (0.104)	0.158 (0.268)	−0.520 (0.193)	−0.058 (0.719)	0.133* (0.069)	0.713 (0.172)	0.240** (0.030)	0.169*** (0.001)	−0.515** (0.020)
Duality	0.021 (0.589)	−0.037* (0.068)	0.041 (0.612)	−0.020 (0.475)	0.002 (0.870)	−0.033 (0.720)	0.006 (0.785)	−0.015 (0.117)	0.020 (0.639)

续表

Variables	资产规模较大一方（SIZE=0）			资产规模较小一方（SIZE=1）			三重差分		
	(1)	(2)	(3)	(4)	(5)	(6)	(7)	(8)	(9)
	Growth	Turnover	Tobin's Q	Growth	Turnover	Tobin's Q	Growth	Turnover	Tobin's Q
Big4	-0.270** (0.021)	0.227* (0.056)	0.140 (0.259)	0.296** (0.031)	-0.136** (0.028)	0.043 (0.923)	-0.004 (0.965)	0.068 (0.132)	-0.096 (0.629)
Age	-0.013 (0.610)	-0.051 (0.122)	0.096 (0.115)	0.028 (0.349)	-0.042*** (0.002)	0.119 (0.225)	0.003 (0.880)	-0.051*** (0.000)	0.103** (0.021)
EPS	0.201*** (0.000)	0.018 (0.429)	0.118 (0.160)	0.306*** (0.000)	-0.045*** (0.005)	-0.012 (0.918)	0.250*** (0.000)	-0.023** (0.037)	-0.125*** (0.008)
ROE	1.058*** (0.005)	0.826*** (0.000)	3.169*** (0.000)	0.608*** (0.000)	0.492*** (0.000)	1.979*** (0.000)	0.630*** (0.000)	0.540*** (0.000)	1.111*** (0.000)
Lev	0.529*** (0.000)	0.163** (0.020)	-1.342*** (0.000)	0.513*** (0.000)	0.154*** (0.000)	-1.020*** (0.000)	0.541*** (0.000)	0.111*** (0.000)	0.482*** (0.000)
Indirector	-0.689** (0.013)	0.017 (0.912)	-0.438 (0.568)	-0.199 (0.408)	-0.014 (0.898)	0.771 (0.322)	-0.406** (0.034)	-0.015 (0.860)	0.574 (0.136)
BM	-0.071*** (0.005)	-0.015 (0.542)		-0.010 (0.704)	-0.054*** (0.000)		-0.029* (0.064)	-0.025*** (0.001)	
Constant	-2.103*** (0.007)	1.425** (0.019)	7.122*** (0.000)	2.692*** (0.000)	1.683*** (0.000)	11.929*** (0.000)	3.015*** (0.000)	1.521*** (0.000)	11.877*** (0.000)
YearFE	Yes	Yes	Yes	Yes	Yes	Yes	Yes	Yes	Yes

续表

Variables	资产规模较大一方 (SIZE =0)			资产规模较小一方 (SIZE =1)			三重差分		
	(1)	(2)	(3)	(4)	(5)	(6)	(7)	(8)	(9)
	Growth	Turnover	Tobin's Q	Growth	Turnover	Tobin's Q	Growth	Turnover	Tobin's Q
FirmFE	Yes	Yes	Yes	Yes	Yes	Yes	Yes	Yes	Yes
No. Observations	2848	2848	2848	2720	2720	2720	5568	5568	5568
No. Treatment Observations	1411	1411	1411	1347	1347	1347	2758	2758	2758
No. Control Observations	1437	1437	1437	1373	1373	1373	2810	2810	2810
No. Treatment Firms	155	155	155	165	165	165	297	297	297
No. Control Firms	161	161	161	166	166	166	308	308	308
F – statistics	13.874***	7.359***	37.190***	18.567***	15.404***	58.151***	30.982***	27.649***	35.823***
Prob > F	0.000	0.000	0.000	0.000	0.000	0.000	0.000	0.000	0.000
Adj. R^2	0.120	0.113	0.370	0.027	0.130	0.254	0.131	0.118	0.143

注：括号内的数字为 P 值；模型对标准误差进行了 Robust 处理；*、**、*** 分别代表 10%、5% 和 1% 的显著水平。

表 5-11　联盟企业的非对称业绩：市场价值大 VS 市场价值小

Variables	市值较大一方 (MV=0)			市值较小一方 (MV=1)			三重差分		
	(1) Growth	(2) Turnover	(3) Tobin's Q	(4) Growth	(5) Turnover	(6) Tobin's Q	(7) Growth	(8) Turnover	(9) Tobin's Q
Alliance × Post × MV	0.052 (0.197)	0.006 (0.820)	0.147 (0.295)	0.106*** (0.003)	0.050** (0.012)	0.320*** (0.006)	0.083** (0.014)	0.038** (0.044)	0.243*** (0.001)
Alliance × Post							0.009 (0.700)	0.009 (0.520)	0.156*** (0.003)
Post × MV							-0.061*** (0.002)	-0.003 (0.791)	-0.125*** (0.009)
Post	-0.011 (0.761)	-0.009 (0.638)	0.054 (0.686)	-0.044 (0.157)	-0.026 (0.127)	-0.334*** (0.001)			
Size	0.125*** (0.000)	-0.056*** (0.000)	-0.546*** (0.000)	0.113*** (0.000)	-0.039*** (0.001)	-0.584*** (0.000)	0.044*** (0.000)	-0.019** (0.010)	-0.453*** (0.000)
SOE	-0.034 (0.587)	0.055** (0.044)	0.188 (0.498)	-0.139*** (0.005)	0.039 (0.155)	-0.035 (0.825)	-0.038*** (0.009)	0.039** (0.025)	0.001 (0.982)
First	0.111 (0.589)	0.025 (0.833)	0.690 (0.252)	0.123 (0.311)	0.207*** (0.002)	0.456 (0.247)	0.052 (0.256)	0.073* (0.087)	-0.364** (0.026)
Duality	0.009 (0.791)	-0.024 (0.272)	0.134 (0.155)	-0.058** (0.015)	0.007 (0.595)	0.100 (0.194)	-0.008 (0.503)	-0.009 (0.290)	0.020 (0.563)

续表

Variables	市值较大一方 (MV=0)			市值较小一方 (MV=1)			三重差分		
	(1)	(2)	(3)	(4)	(5)	(6)	(7)	(8)	(9)
	Growth	Turnover	Tobin's Q	Growth	Turnover	Tobin's Q	Growth	Turnover	Tobin's Q
Big4	-0.168 (0.340)	-0.022 (0.774)	0.395* (0.082)	0.153 (0.197)	-0.095 (0.148)	0.148 (0.702)	-0.026 (0.287)	-0.056 (0.201)	-0.165 (0.325)
Age	-0.030 (0.134)	0.024 (0.394)	0.085 (0.307)	0.015 (0.617)	0.039** (0.014)	0.012 (0.900)	0.000 (0.749)	0.034*** (0.004)	0.054 (0.232)
EPS	0.201*** (0.000)	0.023 (0.205)	-0.066 (0.682)	0.192*** (0.000)	-0.011 (0.494)	0.243** (0.013)	0.135*** (0.000)	-0.002 (0.852)	-0.147*** (0.000)
ROE	0.515*** (0.002)	0.367*** (0.000)	2.475*** (0.002)	0.645*** (0.000)	0.275*** (0.000)	0.953** (0.021)	0.689*** (0.000)	0.337*** (0.000)	1.136*** (0.000)
Lev	0.213* (0.058)	0.088 (0.152)	-0.804*** (0.008)	0.526*** (0.000)	0.207*** (0.000)	-1.385*** (0.000)	0.343*** (0.000)	0.122*** (0.000)	0.510*** (0.000)
Indirector	-0.473 (0.226)	-0.011 (0.938)	0.189 (0.830)	0.325 (0.121)	0.003 (0.981)	-0.158 (0.817)	0.057 (0.630)	0.022 (0.785)	0.318 (0.298)
BM	-0.055*** (0.006)	0.009 (0.636)		0.000 (0.994)	-0.026** (0.024)		-0.002 (0.841)	-0.016** (0.017)	
Constant	-2.112*** (0.001)	1.603*** (0.000)	12.220*** (0.000)	2.126*** (0.000)	0.946*** (0.002)	14.414*** (0.000)	0.949*** (0.000)	0.686*** (0.001)	11.172*** (0.000)

续表

Variables	市值较大一方 (MV=0)			市值较小一方 (MV=1)			三重差分		
	(1)	(2)	(3)	(4)	(5)	(6)	(7)	(8)	(9)
	Growth	Turnover	Tobin's Q	Growth	Turnover	Tobin's Q	Growth	Turnover	Tobin's Q
YearFE	Yes	Yes	Yes	Yes	Yes	Yes	Yes	Yes	Yes
FirmFE	Yes	Yes	Yes	Yes	Yes	Yes	Yes	Yes	Yes
No. Observations	2772	2772	2772	2951	2951	2951	5723	5723	5723
No. Treatment Observations	1384	1384	1384	1436	1436	1436	2820	2820	2820
No. Control Observations	1388	1388	1388	1515	1515	1515	2903	2903	2903
No. Treatment Firms	151	151	151	172	172	172	297	297	297
No. Control Firms	154	154	154	177	177	177	314	314	314
F-statistics	13.430***	9.206***	34.037***	17.070***	8.540***	66.192***	20.393***	21.534***	43.616***
Prob > F	0.000	0.000	0.000	0.000	0.000	0.000	0.000	0.000	0.000
Adj. R^2	0.129	0.152	0.351	0.132	0.071	0.361	0.099	0.092	0.164

注：括号内的数字为 P 值；模型对标准误差进行了 Robust 处理；*、**、*** 分别代表 10%、5% 和 1% 的显著水平。

互项 Alliance×Post 的回归系数均不显著。而第（4）（5）（6）列中，即一对联盟伙伴中市场价值较小一方，交互项 Alliance×Post 的回归系数均为正且高度显著，回归系数分别为 0.106、0.050 和 0.320。对比第（1）（2）（3）列与第（4）（5）（6）列可以发现，战略联盟所产生的处置效应只在市场价值较小一方中存在。这一结果再次表明，联盟对于企业财务业绩和市场价值的影响存在非对称效应。

为了使结果更加稳健，本章再次进行了三重差分分析。在第（7）（8）（9）列中，交互项 Alliance×Post×MV 的回归系数均为正且高度显著，回归系数分别为 0.083、0.038 和 0.243。这一结果再次表明本章的实证结果是稳健的，战略联盟对于企业财务业绩和市场价值的影响是非对称的，存在一方比另一方更获利的情况。具体而言，一对联盟伙伴中，市场价值较小一方的业绩要好于市场价值较大一方，即一对联盟伙伴中市场价值较小的一方会更受益，拥有更好的业绩。

第五节 本章小结

战略联盟是全球经济一体化、高新技术飞速发展、行业边界日渐模糊的必然产物。随着市场竞争的日益激烈，没有一家公司能够独立掌握所有资源和技术来适应环境的变化和应对激烈的市场竞争。因此，积极寻求合作，借助与各种利益相关者建立战略联盟，成为企业谋求市场生存和维持竞争优势的重要战略选择。财务结果是企业经营情况的综合反映，也是检验战略发展的主要指标。联盟能否存续或能否取得较好的绩效，很大程度上取决于联盟企业的财务业绩是否达标。

信息不对称以及知识和技术的资产专用性容易导致战略联盟存在较高的道德风险，联盟中容易出现双边机会主义行为（Hart，1988），这导致一方会通过损害另一方利益的方式来谋求自身利益的情况（Lerner and Malmendier，2010），包括搭便车、关键技术的泄露、关键技术人才的流失、不履行事先约定的义务、联盟任务配置和利益分配不合理、剽窃合作伙伴的专有技术、在合作中恶意隐瞒或扭曲信息等。双边机会主义和投机行为会深远地影响联盟中企业经营业绩的稳定性,从而会增加企业经营业绩的风险,进而影响财务绩效。

本章从联盟企业收益的视角,考察了战略联盟对于双方财务业绩的影响,主要结论和发现归纳如下:

第一,本章运用"匹配法和双重差分法"研究发现,缔结战略联盟是影响企业财务业绩的重要因素,缔结战略联盟能够显著改善上市公司的财务业绩。在反映企业财务业绩多项指标方面(总资产报酬率、营业收入增长率、投资机会),缔结战略联盟的企业要优于未缔结战略联盟的企业。在使用动态分析模型后进一步发现财务业绩存在逐年递增的滞后效应。这一结果说明,作为新型组织形式的战略联盟是企业提升财务业绩的一种重要方式。

第二,本章研究发现,战略联盟对于联盟企业财务业绩的影响是非对称的。战略联盟中的一对企业,资产规模较小的一方会更受益,拥有更好的业绩;市场价值较小的一方会更受益,拥有更好的业绩。这一发现有助于我们更加全面深入地认识战略联盟所产生的非对称效应。

第六章

结论、建议与展望

第一节 研究结论

战略联盟是全球经济一体化、高新技术飞速发展、行业边界日渐模糊的必然产物。随着市场竞争的日益激烈,没有一家公司能够脱离其他企业,独立掌握所有资源和技术来适应环境的变化。因此,积极寻求合作,借助与各种利益相关者建立战略联盟,已经成为企业谋求市场生存和维持竞争优势的重要工具。联盟能否存续或能否取得较好的绩效,取决于联盟伙伴的"合作共赢"的目标是否达成,仅联盟伙伴一方实现合作目标或联盟伙伴双方均未达成目标,战略联盟必不能长久存续。本书论述了如下问题:现阶段中国A股上市公司战略联盟状态如何,外部投资者对战略联盟市场反应,战略联盟双方审计成本变动,战略联盟双方财务绩效变动,现将研究结论梳理如下:

一、中国A股上市公司之间战略联盟的现状

1. 中国A股上市公司之间战略联盟蓬勃发展,数量与日俱增。梳理2000~2018年中国上市公司公告得到568个上市公司之间的战略联盟公告,其中2000~2007年战略联盟0个,2008~2013年战略联盟60个,2014~2018年战略联盟508个,可见近年来上市公司之间的战略联盟增长较快。另外,这568个联盟公告总共涉及468家A股上市公司,其中342家上市公司参与了1对上市公司之间战略联盟缔结,126家上市公司缔结了2对或2对以上战略

联盟。

2. 中国A股上市公司之间战略联盟形式多样，目的多重。从战略联盟的目的出发，将战略联盟分为研发联盟、供应链联盟、生产联盟、营销联盟、资本联盟五种类型。五种战略联盟类型在748个联盟中累计出现1468次，其中生产联盟出现428次，营销联盟421次，供应链联盟243次，研发联盟216次，资本联盟160次。748个战略联盟公告中，288个联盟基于单一目的缔结战略联盟，占上市公司联盟39%；460个联盟基于多重目的缔结战略联盟，占上市公司联盟61%。

从联盟双方是否为关联方来看，374对战略联盟中，353对战略联盟伙伴在缔结战略联盟时不存在关联方关系，即94%的联盟上市公司更愿意在资本市场上寻求非关联方作为自身战略联盟合作伙伴，而另外6%的联盟上市公司选择与关联方缔结结盟。

从联盟是否涉及股权投资来看，374对战略联盟中，286对战略联盟不涉及股权投资，即77%的联盟上市公司选择方便、快捷、松散的契约式联盟方式结盟，剩余23%的联盟上市公司选择股权式联盟。

3. 中国A股上市公司更愿意选择与非国有企业结盟。374对战略联盟中，212对战略联盟选择了与自身相同公司属性的上市公司结盟，占比57%；另外162对战略联盟选择了与自身不同公司属性的上市公司结盟，占比43%。

374对战略联盟中，结盟一方为非国有上市公司、另一方为国有上市公司的联盟162组，占全部联盟43%；结盟双方都为非国有上市公司的联盟156组，占全部联盟42%；双方都为国有上市公司的联盟56组，占全部联盟15%。由此可见，中国上市公司，不论其自身是国有企业还是非国有企业，均更愿意选择非国有上市公司作为联盟伙伴。

4. 中国A股上市公司更倾向于跨行结盟。374对战略联盟中，209对联盟伙伴隶属不同行业门类，占比56%；另外165对联盟伙伴隶属相同行业门类，占44%；即56%上市公司选择跨行业门类结盟，44%上市公司选择同行业门类结盟。并且165对同行业门类战略联盟中，68对属于同行业门类且同行业大类，另外97对属于同行业门类但不同行业大类。

5. 中国A股上市公司更愿意异地结盟。374对战略联盟中，286对联盟伙伴地处不同省份，占比77%；另外88对联盟伙伴来自相同省份，占23%；即77%上市公司跨省结盟，23%上市公司选择同省结盟。选择同省上市公司作为联盟伙伴的88对联盟中，有65对联盟伙伴地处同一城市，而另外23对联盟伙伴地处相同省份不同城市，即同城市结盟上市公司占74%，跨城市结盟上市公司占26%。从全样本来看，跨省联盟286对，占全部联盟77%；同省且同城市联盟65对，占全部联盟17%；同省但不同城市联盟23对，占全部联盟6%。

6. 中国A股上市公司更偏爱同龄结盟。374对战略联盟中，联盟伙伴之间年龄差最小为0，即联盟双方成立于同一年份，伙伴之间年龄差最大为24年。将伙伴之间年龄差分段来看，年龄差在0~5年的联盟合计225对，占全部联盟60%；伙伴之间年龄差在6~11年的联盟合计111对，占全部联盟30%；伙伴之间年龄差在12~24年的联盟合计38对，占全部联盟10%。由此可见，A股上市公司在缔结战略联盟时，更倾向于选择"同龄"上市公司作为联盟伙伴，"年龄"差异较大的战略联盟占少数。

二、中国A股上市公司之间战略联盟的市场反应

468家缔结战略联盟上市公司主动披露战略联盟事宜，欲向投资者传递出企业当前实力和未来发展潜力的信息，并希望能够获得投资者的正向反馈。本书采用事件研究法，对缔结战略联盟169组对称性战略联盟公告进行实证检验发现：

1. 平均而言，上市公司发布战略联盟公告的累积超额收益率显著为正；约55%~60%的联盟双方具有对称性的市场反应，即双方的股票超额回报率同时为正，或者同时为负，而剩余的40%~45%左右的联盟双方具有非对称的市场反应。这一实证结果表明，上市公司缔结战略联盟具有财富效应，并且股票市场对于缔结联盟的上市公司存在着非完全对称的反应。

2. 联盟双方市场价值的大小，以及联盟双方目的的多重性会显著影响联盟双方联合的股票市场反应。

三、中国A股上市公司之间战略联盟与审计费用

双边机会主义和投机行为会深远地影响联盟中企业经营业绩的稳定性，从

而会增加企业经营业绩的风险。而当公司的经营风险提高时，会计师事务所的审计收费会增加，即公司审计费用存在风险溢价（戴捷敏和方红星，2010；张天舒和黄俊，2013）。本书从联盟公司成本费用的视角，考察了战略联盟对于双方审计费用的影响，主要发现归纳如下：

1. 战略联盟会显著增加联盟企业的审计费用。在反映企业审计费用多项指标方面（审计费用的自然对数值和审计费用强度），缔结战略联盟的企业要多于未缔结战略联盟的企业。并且，联盟对于企业未来的审计费用具有深远的影响，具有递增的滞后效应。这说明战略联盟是影响审计定价的决定性因素。这一发现拓展了审计收费影响因素的相关文献。

2. 战略联盟对于联盟企业审计费用的影响是非对称的。战略联盟中的一对企业，年龄较大的一方，其审计费用的增加会更多；资产规模较大的一方，其审计费用的增加会更多。这一发现有助于我们更加全面深入地认识战略联盟所产生的非对称效应。

3. 战略联盟的治理结构对于企业审计费用具有调节效应。相对于契约式联盟，股权式联盟会产生更多的审计费用。

四、中国 A 股上市公司之间战略联盟与财务业绩

积极寻求合作，借助与各种利益相关者建立战略联盟，已经成为企业谋求市场生存和维持竞争优势的重要工具。联盟能否存续或能否取得较好的绩效，取决于联盟伙伴的"合作共赢"的目标是否达成，联盟目标未达成或仅联盟伙伴一方实现预期合作目标，战略联盟必不能长久存续。本书从联盟企业收益的视角，考察了战略联盟对于双方财务业绩的影响，主要结论和发现归纳如下：

1. 缔结战略联盟是影响企业财务业绩的重要因素，缔结战略联盟能够显著改善上市公司的财务业绩。在反映企业财务业绩多项指标方面（总资产报酬率、营业收入增长率、投资机会），缔结战略联盟的企业要优于未缔结战略联盟的企业。在使用动态分析模型后进一步发现，财务业绩存在逐年递增的滞后效应。这一结果说明，作为新型组织形式的战略联盟是企业提升财务业绩的

一种重要方式。

2. 战略联盟对于联盟企业财务业绩的影响是非对称的。战略联盟中的一对企业，资产规模较小的一方会更受益，拥有更好的业绩；市场价值较小的一方会更受益，拥有更好的业绩。这一发现有助于我们更加全面深入地认识战略联盟所产生的非对称效应。

第二节 相关建议

一、战略联盟政策建议

我国政府对战略联盟的发展一直持肯定态度，并颁布有多项政策文件对战略联盟进行规范和引导。早在改革开放之初颁布实施的《中华人民共和国中外合资经营企业法》和《中华人民共和国中外合作经营企业法》，并且，我国政府曾多次出台政策，鼓励企业之间开展横向经济联合和组建大型企业集团，政府部门引导和助推企业间合作的例子更是比比皆是。尽管国务院对战略联盟历来十分重视，科技部已于 2008 年和 2009 年出台了四个支持性文件，并且 10 余年来已审批了百余家试点产业技术战略联盟，但是这些文件仅停留在科技部部门文件层面，而未上升至国家法律层面或推广至更广泛的部位层面，也仅侧重强调技术对产业发展的作用而未关注资本、市场等这些企业发展不可或缺的重要因素。因此，结合本书对中国 A 股上市公司战略联盟研究，提出相关政策建议：

1. 从战略联盟的主体来看，产业技术创新战略联盟以企业、大学、科研机构或其他组织机构为联盟单位，强调企业与科研单位的联合，从而实现科研单位科技创新成果的产业化，本书所研究的企业之间的战略联盟不在该政策文件范畴之内。随着企业之间战略联盟越来越普遍，尤其是上市公司之间的强强联合越来越多，有必要出台企业间战略联盟政策，以鼓励和引导企业间的战略联盟合作行为。

2. 从战略联盟的目的来看，产业技术创新战略联盟侧重于产学研的结合，战略联盟的建立系以科研成果的快速产业化为目的，而一家企业的持续发展，除了拥有核心技术，还需要匹配相应的资金、相应的生产能力、市场开拓能力以及管理水平等。正如 A 股上市公司建立的战略联盟一般，有研发联盟，也有根据生产经营发展需要建立的资本联盟、生产联盟、供应链联盟以及营销联盟等。因此，我国政府应出台其他相关政策文件，为产学研以外的其他战略联盟提供指导意见。

3. 从战略联盟的组建与运作来看，产业技术创新战略联盟现有政策文件主要从产业技术创新战略联盟创建程序及运作成果要求等方面给出了明确指引，但较少涉及战略联盟伙伴的选择及联盟管理与运行等方面。鉴于战略联盟的难度在于如何实现合作共赢，建议产业技术创新战略联盟及其他战略联盟政策文件能及时总结中国 A 股上市公司战略联盟成功案例经验，尤其是在战略联盟伙伴选择，如何借助伙伴的资金、市场等资源以及如何学习伙伴技术、管理等经验，为广泛的战略联盟实现合作共赢提供参考。

二、对缔结战略联盟企业的建议

本书的研究结论不仅具有理论价值，同时还对我国企业之间深化战略合作具有重要的启发意义，结合前文的研究，对联盟企业或拟联盟企业提出以下建议：

1. 战略联盟给伙伴企业带来的收益是否均衡，战略联盟存续时间的长短，以及战略联盟可能出现的不同结局，有赖于战略联盟伙伴、战略联盟治理结构和战略联盟的全过程管理。因此，只有恰当地选择联盟伙伴、搭建联盟治理结构，并辅以有效的管理，战略联盟才能帮助企业更好地实现战略目标。

2. 战略联盟对于联盟企业财务业绩和审计费用的影响具有非对称性：资产规模较小的一方会更受益，拥有更好的财务业绩；市场价值较小的一方会更受益，拥有更好的财务业绩；年龄较大的一方，其审计费用的增加会更多；资产规模较大的一方，其审计费用的增加会更多。因此，我国企业在挑选联盟合作伙伴时需要考虑财务业绩和审计费用的非对称性。对于企业而言，需要基于自身和合作伙伴的年龄、资产规模以及市场价值等综合角度审慎思考，挑选合适的联盟伙伴。

3. 企业缔结和运营战略联盟在带来良好市场反应和财务业绩之外,也会产生相应的成本,可以明显观测到的是联盟会显著增加企业的审计费用。为此,企业应从成本费用的角度更加全面地认识战略联盟所产生的经济后果,从而做出更为合理的决策。

第三节 本书的局限及未来研究方向

一、本书的研究局限

受限于作者的学识水平、认知能力和时间精力,本书难免存在不同程度的问题和缺憾,目前看来至少在如下几个方面存在较大的局限性:

一是在中国上市公司战略联盟的现状研究中,虽然本书想努力描绘中国战略联盟方方面面的情况及特点,但是由于可获得的数据均来自于上市公司自愿披露的部分,其他更为全面及详尽的信息不得而知,因此很难刻画中国企业战略联盟的全貌,或存在某些中国上市公司之间战略联盟主要特征的遗漏不全。

二是战略联盟给中国上市公司带来的经济后果是广泛又深远的,既有宏观的,也有微观的;既有可计量的,也有不可计量的;既有有利的,也有不利的。受限于作者的视野、专业、时间和精力等因素,本书仅基于大会计的视角探究战略联盟可能带来的市场反应、审计费用和财务绩效等方面的影响,而未能从经济、战略等视角展开广泛的研究。

三是本书着重研究中国上市公司缔结战略联盟对企业短期和长期的经济后果的影响,并通过了市场反应、审计费用及财务业绩三个方面的实证检验,本书主要关注经济后果这一结果的呈现,但未探究战略联盟何以影响联盟企业的经济后果,即未深入研究战略联盟对企业绩效影响的机理及路径,从而为减少战略联盟的失败率提供切实可行的指引。

四是本书花费较多精力及篇幅刻画了中国上市公司缔结战略联盟所基于的不同的联盟目的,并基于这些目的,将战略联盟分为资本联盟、研发联盟、生产联盟、供应链联盟及营销联盟五种类型,但未就每类战略联盟单独(单一联盟)或组合(复合式联盟)产生的影响进行研究。

二、未来研究方向

作为对现阶段中国上市公司战略联盟行为的初步研究,本书着重探讨了战略联盟的大致情况及能否实现合作共赢的经济后果,但是仍然有很多问题值得未来深入探讨,在后续的研究中有以下问题值得深究:

一是持续关注中国上市公司新的战略联盟以及已有战略联盟的动态。一方面了解上市公司战略联盟的新情况和新特点,例如可以持续追踪某组或某几组战略联盟的动向,还可以重点探究某个行业(如信息传输、软件和信息技术服务业)战略联盟特点;另一方面,除了上市公司之间的战略联盟,也可以研究上市公司与高校、政府部门等非营利组织的战略联盟情况。

二是从广度上,可以考虑基于经济的视角或管理的视角,研究战略联盟可能带来的经济后果;从深度上,可以考虑探究战略联盟的伙伴选择、战略联盟的管理等方面。

三是采用实证研究法、案例分析法等方法进一步探究影响战略联盟经济后果的因素及影响机理、路径,总结战略联盟成功的经验及失败的教训。

四是分别就资本联盟、研发联盟、生产联盟、供应链联盟及营销联盟五种联盟类型,研究单一战略、复合式联盟各自的形成动因、发展路径及经济后果。

参考文献

一、中文部分

[1] 蔡继荣,靳景玉,郑贤贵. 关系性资产对战略联盟协同影响的实证研究 [J]. 软科学,2013,27 (10):50-54,63.

[2] 蔡继荣,靳景玉. 均势战略联盟及其作为联盟稳定性条件的机理分析 [J]. 科技进步与对策,2013,30 (24):26-31.

[3] 曾庆洪,蓝海林. 战略联盟的绩效影响因素研究:一个基于规模联盟和范围联盟的理论框架 [J]. 科学学与科学技术管理,2009 (4):141-145.

[4] 曾忠禄. 从企业价值链看战略联盟优势 [J]. 当代财经,2001 (1):61-65.

[5] 陈冬,罗祎. 公司避税影响审计定价吗 [J]. 经济管理,2015,37 (3):98-109.

[6] 陈菲琼,范良聪. 基于合作与竞争的战略联盟稳定性分析 [J]. 管理世界,2007 (7):102-110.

[7] 陈丽蓉,陈正威,姜梦园,等. 资本市场开放提高了审计费用吗?——基于行业竞争和市场竞争地位的双重调节效应 [J]. 审计与经济研究,2021 (2):19-29.

[8] 陈文瑞,叶建明,曹越,等. 战略联盟与公司税负 [J]. 会计研究,2021 (3):72-86.

[9] 陈耀,生步兵. 供应链联盟关系稳定性的实证研究 [J]. 管理世界,2009 (11):178-179.

[10] 陈运森,邓祎璐,李哲. 非行政处罚性监管能改进审计质量吗 [J]. 审计研究,2018 (5):82-88.

[11] 戴捷敏,方红星. 控制风险、风险溢价与审计收费——来自深市上市公司2007年年报的经验证据[J]. 审计与经济研究,2010,25(3):46-53.

[12] 邓芳,游柏祥,陈品如. 企业信息化水平对审计收费的影响研究[J]. 审计研究,2017(1):78-87.

[13] 方红星,张勇. 供应商/客户关系型交易、盈余管理与审计师决策[J]. 会计研究,2016(1):79-96.

[14] 傅慧,朱雨薇. 联盟管理能力与联盟绩效:基于关系资本的视角[J]. 软科学,2012,26(6):92-95.

[15] 傅家骥. 技术创新学[M]. 北京:清华大学出版社,1998:93.

[16] 高雷,吴茜,张杰. 审计费用的影响因素实证研究——基于金融类与非金融类上市公司的比较[J]. 财经科学,2012(1):109-116.

[17] 郭朝阳,王世伟,王淡明. 不同类型战略联盟对企业价值的影响——中国股市的事件研究[J]. 经济管理,2014(5):60-69.

[18] 郭道扬. 科技百科全书[M]. 沈阳:辽宁人民出版社,1989:23-89.

[19] 郭焱,刘月荣,郭彬. 战略联盟中伙伴选择、伙伴关系对联盟绩效的影响[J]. 科技进步与对策,2014(5):25-29.

[20] 韩嘉祺,郭雪. 基于合理计量的会计估计审计研究[J]. 财会通讯,2016(10):83-86.

[21] 韩晓梅,周玮. 客户业绩波动与审计风险防范:信息鉴证还是保险功能?[J]. 会计研究,2013(9):71-77+97.

[22] 何威风,刘巍. 企业管理者能力与审计收费[J]. 会计研究,2015(1):82-89.

[23] 胡可果. 新准则体系下会计估计审计存在的问题及对策[J]. 中国注册会计师,2011(3):106-107.

[24] 胡亚敏,苗连琦,姚正海. 关系型交易、公司治理与盈余管理——基于中国上市公司的经验数据[J]. 宏观经济研究,2018(12):145-155.

[25] 华幸,蒋峦. 非产权联盟治理方式与联盟绩效的关系研究[J]. 科技管理研究,2013(16):48-52.

[26] 黄世忠,叶钦华,徐珊,等. 2010—2019年上市公司财务舞弊分析

[J]. 财会月刊, 2020 (14): 153 - 160.

[27] 黄西真. 台湾企业策略联盟绩效评估 [J]. 亚太经济, 2006 (3): 67 - 71.

[28] 姜付秀, 申艳艳, 夏晓雪. 审计定价中的客户性别效应 [J]. 审计研究, 2021 (5): 72 - 85.

[29] 杰恩·巴尼. 获得与保持竞争优势 [M]. 朱立, 译. 北京: 清华大学出版社, 2003: 364.

[30] 酒莉莉, 刘媛媛. 审计师——客户匹配度、审计师变更与审计费用 [J]. 审计研究, 2018 (2): 64 - 71.

[31] 孔东民, 徐茗丽, 孔高文. 企业内部薪酬差距与创新 [J]. 经济研究, 2017 (10): 144 - 157.

[32] 乐琦, 李建媛, 蒋峦. 战略联盟中关系控制与联盟类型对联盟绩效的影响研究 [J]. 软科学, 2016, 30 (8): 85 - 96.

[33] 黎文靖, 郑曼妮. 实质性创新还是策略性创新?——宏观产业政策对微观企业创新的影响 [J]. 经济研究, 2016 (4): 60 - 73.

[34] 李常洪, 谢元元, 李建邦, 等. 基于智力资本的战略联盟企业价值创造 [J]. 华东经济管理, 2011, 25 (2): 84 - 89.

[35] 李东红. 企业联盟研发: 风险与防范 [J]. 中国软科学, 2002 (10): 47 - 50.

[36] 李健, 金占明. 战略联盟伙伴选择、竞合关系与联盟绩效研究 [J]. 科学学与科学技术管理, 2007 (11): 161 - 166.

[37] 李江涛, 宋华杨, 邓迦予. 会计师事务所转制政策对审计定价的影响 [J]. 审计研究, 2013 (2): 99 - 105.

[38] 李伟. 不确定性环境下会计稳健性对审计收费、审计意见的影响 [J]. 审计研究, 2015 (1): 91 - 98.

[39] 李越冬, 张冬, 刘伟伟. 内部控制重大缺陷、产权性质与审计定价 [J]. 审计研究, 2014 (2): 45 - 52.

[40] 李运河. 企业间知识转移对战略联盟绩效影响的实证研究 [J]. 湖北社会科学, 2011 (8): 98 - 101.

[41] 里昕. 纵向战略联盟对企业绩效的影响 [J]. 统计与决策, 2008 (2): 182-185.

[42] 林钟高, 丁茂桓. 关系型交易、战略选择与企业内部控制 [J]. 会计与经济研究, 2019, 33 (3): 61-78.

[43] 林钟高, 郑军, 彭琳, 等. 关系型交易、制度环境与外部审计需求——基于中国制造业上市公司的经验证据 [J]. 当代财经, 2015 (4): 107-118.

[44] 林钟高, 郑军, 彭琳. 关系型交易、盈余管理与盈余反应——基于主要供应商和客户视角的经验证据 [J]. 审计与经济研究, 2014 (2): 47-57.

[45] 刘娥平. 中国上市公司可转换债券发行公告财富效应的实证研究 [J]. 金融研究, 2005 (7): 45-56.

[46] 刘峰, 贺建刚, 魏明海. 控制权、业绩与利益输送 [J]. 管理世界, 2004 (8): 102-110.

[47] 刘金洋, 彦杰. 证监会随机抽查的监管效应: 溢出还是替代 [J]. 审计研究, 2021 (4): 77-87.

[48] 刘林舟, 武博. 产业技术创新战略联盟稳定性发展模型研究 [J]. 科学进步与决策, 2012 (6): 62-64.

[49] 刘圻, 罗忠莲. 客户关系投资、产品市场竞争与审计师定价决策 [J]. 山西财经大学学报, 2018, 40 (3): 110-124.

[50] 刘娴, 徐飞, 宋波. 不确定环境下分配公平与信任对战略联盟绩效的影响 [J]. 工业工程与管理, 2013 (4): 64-78.

[51] 刘颖斐, 丁茜菡. 社会资本与审计收费——基于中国A股上市公司的经验研究 [J]. 商业研究, 2017 (4): 37-47.

[52] 龙勇, 付建伟. 资源依赖性、关系风险与联盟绩效的关系——基于非对称竞争性战略联盟的实证研究 [J]. 科研管理, 2011 (9): 91-99.

[53] 龙勇, 王炳杨. 基于产业角度对联盟风险以及联盟治理机制的研究 [J]. 软科学, 2011, 25 (12): 1-6.

[54] 龙勇, 郑景丽, 吴海春. 战略联盟中交易成本、联盟能力对效率边界影响的实证研究 [J]. 管理评论, 2012, 24 (12): 107-114, 145.

[55] 陆正飞, 王春飞, 伍利娜. 制度变迁、集团客户重要性与非标准审

计意见[J]. 会计研究, 2012 (10): 71-78.

[56] 彭伟, 符正平. 联盟能力对联盟绩效的影响机理研究——以联盟网络构型为中介变量[J]. 研究与发展管理, 2013, 25 (4): 10-19.

[57] 彭新敏, 孙元. 联盟成员组织学习平衡模式实证研究综述与展望[J]. 外国经济与管理, 2011, 33 (10): 26-32.

[58] 皮埃尔·杜尚哲, 贝尔纳·加雷特. 战略联盟[M]. 李东红, 译. 北京: 中国人民大学出版社, 2006: 6, 46, 48, 52, 57, 66.

[59] 申慧慧, 吴联生, 肖泽忠. 环境不确定性与审计意见: 基于股权结构的考察[J]. 会计研究, 2010 (12): 57-64.

[60] 宋希亮, 吴紫祺. 关系型交易对审计费用的影响——基于经营风险理论视角[J]. 审计研究, 2020 (2): 114-123.

[61] 孙健, 王百强, 曹丰, 等. 公司战略影响盈余管理了吗?[J]. 管理世界, 2016 (3): 160-169.

[62] 陶金元, 陶秋燕. 战略联盟理论研究视角与路径演进综述[J]. 首都经济贸易大学学报, 2017, 19 (13): 96-102.

[63] 涂国前, 刘峰. 制衡股东性质与制衡效果——来自中国民营化上市公司的经验证据[J]. 管理世界, 2010 (11), 122-142.

[64] 汪平平, 徐欣, 张腾涛. 研发战略联盟对于企业经营业绩的影响研究——来自创业板市场的经验证据[J]. 会计论坛, 2021, 20 (2): 38-49.

[65] 王百强, 侯粲然, 孙健. 公司战略对公司经营绩效的影响研究[J]. 审计研究, 2017 (5): 127-137.

[66] 王百强, 伍利娜. 审计师对采用差异化战略的客户区别对待了吗?[J]. 审计研究, 2017 (5): 54-61.

[67] 王百强, 杨雅宁, 孙昌玲. 企业核心竞争力是否影响审计师决策?——基于A股上市公司的实证研究[J]. 审计研究, 2021 (2): 68-79.

[68] 王芳沈, 彦杰. 产品市场竞争如何影响了审计师风险应对[J]. 审计研究, 2018 (6): 81-89.

[69] 王化成, 曹丰, 叶康涛. 监督还是掏空: 大股东持股比例与股价崩盘风险[J]. 管理世界, 2015 (2): 44-57.

[70] 王守海,刘志强,等.公允价值、行业专长于审计费用[J].审计研究,2017(2):48-56.

[71] 王涛,陈金亮,罗仲伟.二元情境下战略联盟形成的嵌入机制分析[J].经济管理,2015(8):55-64.

[72] 王雄元,王鹏,张金萍.客户集中度与审计费用:客户风险抑或供应链整合[J].审计研究,2014(6):72-82.

[73] 王作军,任浩.企业组织间的战略联盟优势有竞合方式[J].改革,2008(6):115-118.

[74] 温军,冯根福.风险投资与企业创新:"增值"与"攫取"的权衡视角[J].经济研究,2018(2):185-199.

[75] 吴隆增.吸收能力对组织学习和组织创新的影响——珠三角地区高科技企业的实证研究[J].科技管理研究,2008,28(5):135-138.

[76] 吴松强,曹刘,王路.联盟伙伴选择、伙伴关系与联盟绩效——基于科技型小微企业的实证检验[J].外国经济与管理,2017,39(2):17-35.

[77] 习近平.在网络安全和信息化工作座谈会上的讲话[N].新华社,2016-4-19.

[78] 肖成民.新制度经济学视角下的大会计学科体系[J].会计之友,2011(8):127-128.

[79] 谢恩,苏中锋,李垣.基于联盟风险的战略联盟控制方式选择[J].管理工程学报,2009(5):1-5.

[80] 邢立全,陈汉文.产品市场竞争、竞争地位与审计收费——基于代理成本与经营风险的双重考量[J].审计研究,2013(3):50-58.

[81] 徐二明,徐凯.资源互补对机会主义和战略联盟绩效的影响研究[J].管理世界,2012(1):93-103.

[82] 徐虹,韦慧玲,林钟高.市场化进程、内部控制与独立审计[J].财经论丛,2014(10):59-67.

[83] 徐礼伯,施建军,吴琼.企业战略联盟稳定性研究综述[J].学海,2011(5):75-78.

[84] 徐亮,龙勇,张宗益.关系资本对联盟治理结构影响的研究:基于

交易成本的观点 [J]. 软科学, 2008, 22 (2): 32-37.

[85] 徐欣, 郑国坚, 张腾涛. 研发联盟与中国企业创新 [J]. 管理科学学报, 2019 (11): 33-53+81.

[86] 闫焕民, 刘宁, 陈小林. 事务所转制是否影响审计定价策略?——来自我国上市公司的经验证据 [J]. 审计研究, 2015 (5): 93-101.

[87] 闫焕民, 严泽浩, 刘宁. 审计师搭档稳定性与审计质量——基于团队视角的研究 [J]. 审计研究, 2017 (6): 72-83.

[88] 杨德明, 陆明. 互联网商业模式会影响上市公司审计费用么? [J]. 审计研究, 2017 (6): 84-90.

[89] 杨德明, 夏小燕, 等. 大数据、区块链与上市公司审计费用 [J]. 审计研究, 2020 (4): 68-79.

[90] 杨东奇, 张春宁, 徐影, 等. 企业研发联盟伙伴选择影响因素及其对联盟绩效的作用分析 [J]. 中国科技论坛, 2012 (5): 116-112.

[91] 杨鑫, 李明辉, 程海艳. 地方官员变更对审计费用的影响 [J]. 审计研究, 2018 (5): 89-97.

[92] 尹航, 侯霁珊, 南金伶. 战略联盟伙伴选择、知识搜索与联盟创新绩效关系 [J]. 科技进步与对策, 2021, 38 (14): 108-115.

[93] 于玉林. 大会计学概论 [M]. 上海: 立信会计出版社, 2002: 33-68.

[94] 余海宗, 何娜, 夏常源. 地方政府环境规制与审计费用——来自民营重污染上市公司的经验数据 [J]. 审计研究, 2018 (4): 77-85.

[95] 余明桂, 钟慧洁, 范蕊. 业绩考核制度可以促进央企创新吗? [J]. 经济研究, 2016 (12): 104-117.

[96] 袁东任, 汪炜. 异常审计收费可用来度量盈余质量吗?——来自中国A股市场的经验证据 [J]. 当代财经, 2015 (7): 118-128.

[97] 张奇峰, 张鸣, 戴佳君. 中国审计定价实证研究述评 [J]. 会计研究, 2006 (6): 87-93.

[98] 张蕊, 王洋洋. 公司治理影响审计契约吗——基于中国资本市场的经验证据 [J]. 审计研究, 2019 (2): 55-63.

[99] 张天舒, 黄俊. 金融危机下审计收费风险溢价的研究 [J]. 会计研

究，2013（5）：81-96.

[100] 张铁铸，沙曼. 行业专长、业务复杂性与审计收费［J］. 南京审计学院学报，2014，11（4）：83-94.

[101] 张婷，张敦力. 审计师行业专长与或有事项信息披露——基于客户重要性的调节效应研究［J］. 审计与经济研究，2019（1）：33-43.

[102] 张子余. 我国企业IT投资对审计决策的影响及机理研究［J］. 中南财经政法大学学报，2017（3）：24-30，159.

[103] 赵婷婷，郭小敏，等. 竞争政策与审计费用——基于反垄断法实施的经验证据［J］. 审计研究，2021（5）：86-97.

[104] 郑国坚，林东杰，刘峰大. 股东股权质押、占款与企业价值［J］. 管理科学学报，2014（9），72-87.

[105] 郑景丽，龙勇. 不同动机下联盟能力、治理机制与联盟绩效关系的比较［J］. 经济管理，2012（1）：153-163.

[106] 郑军，林钟高，彭琳. 大客户依赖性对审计师风险决策的影响研究［J］. 中南财经政法大学学报，2017（2）：77-86.

[107] 郑少斌，徐飞. 中国上市公司战略联盟宣告对股东财富的影响研究［J］. 上海管理科学，2006（6）：16-18.

[108] 支晓强，戴璐. 组织间业绩评价的理论发展与平衡计分卡的改进：基于战略联盟情景［J］. 会计研究，2012（4）：79-86+95.

[109] 周开国，卢允之，杨海生. 融资约束、创新能力与企业协同创新［J］. 经济研究 2017（7）：94-108.

[110] 周中胜，贺超，邵蔚. 关键审计事项披露与审计费用［J］. 审计研究，2020（6）：68-76.

二、英文部分

［1］Alvarez S A, Barney J B. How Entrepreneurial Firms Can Benefit from Alliances with Large Partners［J］. Academy of management executive, 2001（15）：139-148.

［2］Amici A, Fiordelisi F, Masala F, et al. Value Creation in Banking through Strategic Alliances and Joint Ventures［J］. Journal of Banking & Finance, 2013

(37): 1386 – 1396.

[3] Anderson S W, Christ M H, Dekker H C, et al. The Use of Management Controls to Mitigate Risk in Strategic Alliances: Field and Survey Evidence [J]. Journal of Management Accounting Research, 2013, 26 (1): 1 – 41.

[4] Anderson T, Zéghal D. The Pricing of Audit Services: Further Evidence from the Canadian Market [J]. Accounting and Business Research, 1994 (24): 195 – 207.

[5] Atanssov J. Do Hostile Takeovers Stifle Innovation? Evidence from Anti-takeover Legislation and Corporate Patenting [J]. The Journal of Finance, 2013, 68 (3): 1097 – 1131.

[6] Baum J A C, Oliver C. Institutional Linkages and Organizational Mortality [J]. Administrative Science Quarterly, 1991, 36 (2): 187 – 218.

[7] Becerra M, Lunnan R, Huemer L. Trustworthiness, Risk, and The Transfer of Tacit and Explicit Knowledge between Alliance Partners [J]. Journal of Management Studies, 2008, 45 (4): 691 – 713.

[8] Bena J, Li K. Corporate Innovations and Mergers and Acquisitions [J]. The Journal of Finance, 2014, 69 (5): 1923 – 1960.

[9] Bertrand, M., and S. Mullainathan. Enjoying the quiet life? Corporate governance and managerial preference, Journal of Political Economy [J]. 2003 (111), 1043 – 1075.

[10] Bidault F, Salgado M. Stability and Complexity of Inter – firm Competition: The Case of Multi – point Alliances [J]. European Management Journal, 2001 (19): 619 – 628.

[11] Birnbirg J G. Control in Interfirm Co – operative Relationships [J]. Journal of Management Studies, 1998, 35 (4): 421 – 428.

[12] Bleeke J, Ernst D. Is Your Strategic Alliance Really a Sale? [J]. Harvard Business Review, 1995, 73 (1): 97 – 105.

[13] Blodgett L L. Factors in the Instability of International Joint Ventures: An Event History Analysis [J]. Strategic Management Journal, 1992 (13): 475 – 481.

[14] Bodnaruk A, Manconi A, Massa M. Cross – border Alliances and Risk Management [J]. Journal of International Economics, 2016 (102): 22 – 49.

[15] Boone A L, Ivanov V I. Bankruptcy Spillover Effects on Strategic Alliance Partners [J]. Journal of Financial Economics, 2012, 103 (3): 551 – 569.

[16] Borys B, Jemison D B. Hybrid Arrangements as Strategic Alliances: Theoretical Issues in Organizational Combinations [J]. Academy of Management Review, 1989, 14 (2): 234 – 249.

[17] Bouncken R B, Fredrich V, Kraus S, et al. Innovation Alliances: Balancing Value Creation Dynamics, Competitive Intensity and Market Overlap [J]. Journal of Business Research, 2019 (10): 1 – 8.

[18] Bouncken R B, Ratzmann M, Kraus S. Anti – aging: How Innovation is Shaped by Firm Age and Mutual Knowledge Creation in An Alliance [J]. Journal of Business Research, 2021 (137): 422 – 429.

[19] Bruce B. Concurrent Capital Expenditure and the Stock Market Reaction to Corporate Alliance Announcements [J]. Applied Financial Economics, 2005 (15): 715 – 729.

[20] Bruyaka O, Philippe D, Castañer X. Run Away or Stick Together? The Impact of Organization – specific Adverse Events on Alliance Partner Defection [J]. Academy of Management Review, 2018, 43 (3): 445 – 469.

[21] Caglio, A., and A. Ditillo. A review and discussion of management control in inter – firm relationships: Achievements and future directions [J]. Accounting Organizations and Society, 2018, 33 (7 – 8), 865 – 898.

[22] Cannavale C, Esempio A, Ferretti M. Up – and – down – alliances: A Systematic Literature Review [J]. International Business Review, 2021 (30): 101813.

[23] Carayannopoulos S, Auster E R. External Knowledge Sourcing in Biotechnology through Acquisition Versus Alliance: A KBV Approach [J]. Research Policy, 2010 (39): 254 – 267.

[24] Casadesus – Masanell R, Yoffie D B. Wintel: Cooperation and Conflict [J]. Management Science, 2007, 53 (4): 584 – 598.

[25] Chan P, Ezzamel M, Gwilliam D. Determinants of Audit Fees for Quoted UK Companies [J]. Journal of Business, Finance and Accounting, 1993, 20 (6): 765 - 786.

[26] Chan S H, Kensinger J W, Keown A J, et al. Do Strategic Alliances Create Value? [J]. Journal of Financial Economics, 1997 (46): 199 - 221.

[27] Chang S C, Sheng S, Lai J H. The Effect of Alliance Experience and Intellectual Capital on The Value Creation of International Strategic Alliances [J]. The International Journal of Management Science, 2008, 36 (2): 298 - 316.

[28] Charles S L, Glover S M, Sharp N Y. The Association between Financial Reporting Risk and Audit Fees before and after the Historic Events Surrounding SOX [J]. Auditing: A Journal of Practice & Theory, 2010, 29 (1): 15 - 39.

[29] Chen C J. The Effects of Environment and Partner Characteristics on the Choice of Alliance Forms [J]. International Journal of Project Management, 2003 (21): 115 - 124.

[30] Chen J, King T H D, Wen MM. Do Joint Ventures and Strategic Alliances Create Value for Bondholders? [J]. Journal of Banking & Finance, 2015 (58): 247 - 267.

[31] Chen S H, Lee H T, Wu Y F. Applying ANP Approach to Partner selection for Strategic Alliance [J]. Management Decision, 2008, 46 (3): 449 - 465.

[32] Chen Y C, Lin Y H, Li P C, et al. Understanding the Interplay between Competitor and Alliance Orientations in Product Innovativeness: An Integrative Framework [J]. Technological Forecasting & Social Change, 2021 (11): 1 - 14.

[33] Chena H, Chen T J. Asymmetric Strategic Alliances: A Network View [J]. Journal of Business Research, 2002, 55 (12): 1007 - 1013.

[34] Cherbib J, Chebbi H, Yahiaoui D, et al. Digital Technologies and Learning within Asymmetric Alliances: The Role of Collaborative Context [J]. Journal of Business Research, 2021 (125): 214 - 226.

[35] Chesbrough H. Open Innovation: The New Imperative for Creating and Profiting from Technology [M]. Boston, MA: Harvard Business School Press, 2003.

[36] Chi, T., Option to acquire or divest a joint venture [J]. Strategic Management Journal, 2000, 21 (6): 665-687.

[37] Chiou I, White L J. Measuring the Value of Strategic Alliances in the Wake of A Financial Implosion: Evidence from Japan's Financial Services Sector [J]. Journal of Banking and Finance, 2005, 29 (10): 2455-2473.

[38] Chou T K, Ou C S, Tsai S H. Value of Strategic Alliances: Evidence from the Bond Market [J]. Journal of Banking & Finance, 2014 (42): 42-59.

[39] Christensen C M, McDonald R, Altman E J, et al. Disruptive Innovation: An Intellectual History and Directions for Future Research [J]. Journal of Management Studies, 2018, 55 (7): 1043-1078.

[40] Christine C, Robert K W, Robyn M. How Do Audit Team Industry and Client Specific Experience Impact Audit Effort and Audit Fees? [J]. International Journal of Auditing, 2021, 25 (1): 249-268.

[41] Christoffersen J. A Review of Antecedents of International Strategic Alliance Performance: Synthesized Evidence and New Directions for Core Constructs [J]. International Journal of Management Reviews, 2013, 15 (1): 66-85.

[42] Clarke-Hill C, Li H, Davies B. The Paradox of Co-operation and Competition in Strategic Alliances: Towards a Mmulti-paradigm Approach [J]. Management Research News, 2003, 26 (1): 1-20.

[43] Coad A, Holm J R, Krafft J, et al. Firm Age and Performance [J]. Journal of Evolutionary Economics, 2018 (28): 1-11.

[44] Coad A. Firm Age: A survey [J]. Journal of Evolutionary Economics, 2018 (28): 13-43.

[45] Coase R H. The Nature of the Firm [J]. Economica, 1937, 4 (16): 386-405.

[46] Colombo M G. Alliance form: A Test of the Contractual and Competence Perspectives [J]. Strategic Management Journal, 2003 (24): 1209-1229.

[47] Dacin M T, Oliver C, Roy J P. The Legitimacy of Strategic Alliances: An Institutional Perspective [J]. Strategic Management Journal, 2007, 28 (2):

169 – 187.

[48] Das S, Sen P K, Sengupta S. Impact of Strategic Alliances on Firm Valuation [J]. Academy of Management Journal, 1998, 41 (1): 27 – 41.

[49] Das T K, Teng B S. A resource – based Theory of Strategic Alliances [J]. Journal of Management Studies, 2000 (26): 31 – 61.

[50] Das T K, Teng B S. Instability of Strategic Alliances: An Internal Tensions Perspective [J]. Organization Science, 2000 (11): 77 – 101.

[51] Das T K, Teng B S. Resource and Risk Management in the Strategic Alliances Making Process [J]. Journal of Management Studies, 1998 (24): 21 – 42.

[52] Das T K, Teng B S. Risk Types and Inter – firm Alliance Structures [J]. Journal of Management Studies, 1996, 33 (6): 827 – 843.

[53] Das T K, Teng B S. The Dynamics of Alliance Conditions in the Alliance Development Process [J]. Journal of Management Studies, 2002, 39 (5): 725 – 746.

[54] Das T K, Teng B S. Trust, Control, and Risk in Strategic Alliances: An Integrated Framework [J]. Organization, 2001 (22): 251 – 283.

[55] Das, S., P. Sen, and S. Sengupta. Impact of strategic alliances on firm valuation [J]. Academy of Management Journal, 1998, 41 (1): 27 – 41.

[56] Demirkan S, Zhou N. Audit Pricing for Strategic Alliances: An Incomplete Contract Perspective [J]. Contemporary Accounting Research, 2016, 33 (4): 1625 – 1647.

[57] Deng X, Kang J K, B S Low. Corporate Social Responsibility and Stakeholder Value Maximization: Evidence from Mergers [J]. Journal of Financial Economics, 2013 (110): 87 – 109.

[58] Doblinger C, Surana K, Anadon L D. Governments as Partners: The Role of Alliances in U. S. Cleantech Startup Innovation [J]. Research Policy, 2019 (48): 1458 – 1475.

[59] Dou Y W, Hope O K, Thomas W B. Relationship – specificity, Contract Enforceability, and Income Smoothing [J]. The Accounting Review, 2013, 88 (5): 1629 – 1656.

[60] Doz Y L, Hamel G. Alliance Advantage: The Art of Creating Value through Partnering [M]. Boston, MA: Harvard Business School Press, 1998.

[61] Elango B, Chen S. Learning to Manage Risks in International R&D Joint Ventures through Ownership Decisions [J]. Management Decision, 2012, 50 (8): 1425-1444.

[62] Fama E F. The Behavior of Stock-Market Prices [J]. Journal of Business, 1965, 38 (1): 34-105.

[63] Fang Y W, Francis B, Hasan I, et al. Product Market Relationships and Cost of Bank Loans: Evidence from Strategic Alliances [J]. Journal of Empirical Finance, 2012 (19): 653-674.

[64] Feng Y N, Teng D, Hao B. Joint Actions with Large Partners and Small-firm Ambidexterity in Asymmetric Alliances: The Mediating Role of Relational Identification [J]. International Small Business Journal, 2019, 37 (7): 1-24.

[65] Fiol C M, Lyles M A. Organizational Learning [J]. Academy of Management Review, 1985 (10): 803-813.

[66] Furlotti M, Soda G. Fit for the Task: Complementarity, Asymmetry, and Partner [J]. Organization Science, 2018, 29 (5): 1-18.

[67] Ge, R., Y. Ji, and H. Louis. Accounting quality and alliance contract provisions, Accounting Review, 2021, 96 (4), 261-287.

[68] Gill J, Butler R J. Managing Instability in Cross-cultural Alliances [J]. Long Range Planning, 2003 (36): 543-563.

[69] Gils A V, Zwart P. Knowledge Acquisition and Learning in Dutch and Belgian SMEs: The Role of Strategic Alliances [J]. European Management Journal, 2004, 22 (6): 685-692.

[70] Gomes-Casseres B, Hagedoorn J, Jaffe A B. Do Alliances Promote Knowledge Flows? [J]. Journal of Financial Economics, 2006, 80 (1): 5-33.

[71] Gulati R, Singh H. The Architecture of Cooperation: Managing Coordination Costs and Appropriation Concerns in Strategic Alliances [J]. Administrative Science Quarterly, 1998 (43): 781-814.

[72] Gulati R. Network Location and Learning: The Influence of Network Resources and Firm Capabilities on Alliance Formation [J]. Strategic Management Journal, 1999 (20): 397-420.

[73] Gulati, R. Alliances and networks [J]. Strategic Management Journal, 1998, 19 (4): 293-318.

[74] Hackenbrack K E, Knechel W. Resource Allocation Decisions in Audit Engagements [J]. Contemporary Accounting Research, 1997 (3): 34-70.

[75] Hagedoorn J, Narula R. Choosing Organizational Modes of Strategic Technology Partnering: International and Sectoral Differences [J]. Journal of International Business Studies, 1996, 27 (2): 265-284.

[76] Hagedoorn, J., A. Link, and N. Vonortas. Research partnerships [J]. Research Policy, 2000 (29): 567-586.

[77] Håkansson H, Snehota I. No Business is An Island: The Network Concept of Business Strategy [J]. Scandinavian Journal of Management, 1989 (5): 187-200.

[78] Hamel G, Doz Y, Prahalad C K. Cooperate with Your Competitors and Win [J]. Harvard Business Review, 1989, 67 (1): 133-139.

[79] Hamel G. Competition for competence andinterpartner learning within international strategic alliances [J]. Strategic Management Journal, 1991, 12 (S1): 83-103.

[80] Harrigan K. Strategies for Joint Ventures [M]. Lexington: Lexington Press, 1985.

[81] Harrigan, K. R., Bases of interorganization cooperation: Propensity, power and persistence [J]. Journal of management studies, 1987 (27), 417-434.

[82] Hart, Oliver D. Incomplete Contracts and the Theory of the Firm [J]. Journal of Law, Economics, and Organization, 1988 (4): 119-139.

[83] Hasan I, Meslier C, Tarazi A, et al. Does it Pay to Get Connected? An Examination of Bank Alliance Network and Bond Spread [J]. Journal of Economics and Business, 2018 (95): 141-163.

[84] Hay D C, Knechel W R, Wong N. Audit Fees: A Meta-analysis of the

Effect of Supply and Demand Attributes [J]. Contemporary Accounting Research, 2006, 23 (1): 141-191.

[85] Hennart J F. A Transaction Cost Theory of Equity Joint Ventures [J]. Strategic Management Journal, 1988, 9 (4): 361-374.

[86] Hennart J F. Alliance Research: Less is More [J]. Journal of Management Studies, 2006 (43): 1621-1628.

[87] Hennart J. F., T. Roehl, and D. S. Zietlow. 'Trojan horse' or 'work horse'? The evolution of U. S. – Japanese joint ventures in the United States [J]. Strategic Management Journal, 1999 (20): 15-29.

[88] Hitt M A, Harrison J S, Ireland R D. Mergers and Acquisitions: A Guide to Creating Value for Stake Holders [M]. New York: Oxford University Press, 2001.

[89] Hoffmann W H. Strategies for Managing A Portfolio of Alliances [J]. Strategic Management Journal, 2007 (28): 827-856.

[90] Hohberger J, Kruger H, Almeida P. Does Separation Hurt? The Impact of Premature Termination of R&D Alliances on Knowledge Acquisition and Innovation [J]. Research Policy, 2020 (49): 1039-1044.

[91] Hollingsworth C W, Neal T L, Reid C D. The Effect of Office Changes Within Audit Firms on Clients' Audit Quality and Audit Fees [J]. Auditing: A Journal of Practice & Theory, 2020, 39 (1): 71-99.

[92] Hrazdil K, Simunic D A, et al. Are the Big 4 Audit Firms Homogeneous? Further Evidence from Audit Pricing [J]. International Journal of Auditing, 2020, 24 (3): 347-365.

[93] Inkpen A C. Learning and Knowledge Acquisition through International Strategic Alliances [J]. Academy of Management Executive, 1998 (12): 69-80.

[94] Irani R M, Oesch D. Monitoring and Corporate Disclosure: Evidence from A Natural Experiment [J]. Journal of Financial Economics, 2013, 109 (2): 398-418.

[95] Ivanov V I, Masulis R W. Strategic Alliances and Corporate Governance in Newly Public Firms: Evidence from Venture Cacked IPOs [J]. SSRN Electronic Journal, 2010 (7): 1-56.

[96] Kachra A, White R E. Know - how Transfer: The Role of Social, Economic/Competitive, and Firm Boundary Factors [J]. Strategic Management Journal, 2008, 29 (4): 425 -445.

[97] Kalaignanam K, Shankar V, Varadarajan R. Asymmetric New Product Development Alliances: Win - win or Win - lose Partnerships? [J]. Management Science, 2007, 53 (3): 357 -374.

[98] Kale P, Singh H, Perlmutter H. Learning and Protection of Proprietary Assets in Strategic Alliances: Building Relational Capital [J]. Strategic Management Journal, 2000 (3): 217 -237.

[99] Kale P, Singh H. Managing Strategic Alliances: What Do We Know Now, and Where Do We Go from Here? [J]. Academy of Management Perspectives, 2009 (23): 45 -62.

[100] Kepler, J. D. Private communication among competitors and public disclosure [J]. Journal of Accounting and Economics, 2021, 71 (2 -3): 1 -24.

[101] Khanna, T. , R. Gulati, and N. Nohria. The dynamics of learning alliances: Competition, cooperation, and relative scope [J]. Strategic Management Journal, 1998 (19): 193 -210.

[102] Knechel W R, Rouse P, Schelleman C. A Modified Audit Production Framework: Evaluating the Relative Efficiency of Audit Engagements [J]. The Accounting Review, 2009, 84 (5): 1607 -1638.

[103] Kogut B. The Stability of Joint Venture: Reciprocity and Competitive Rivalry [J]. Journal of Industrial Economics, 1988, 38 (2): 183 -198.

[104] Kogut, B. Joint ventures and the option to expand and acquire [J]. Management Science, 1991, 37 (1): 19 -33.

[105] Koh J, Venkatraman N. Joint Venture Formations and Stock Market Reactions: An Assessment in the Information Technology Sector [J]. Academy of Management Journal, 1991, 34 (4): 869 -892.

[106] Kong X. Why Are Social Network Transactions Important? Evidence Based on the Concentration of Key Suppliers and Customers in China [J]. China

Journal of Accounting Research, 2011, 4 (3): 121 – 133.

[107] Lang L H P, Stulz R M, Walkling R A. Managerial Performance, Tobin's Q, and the Gains from Successful Tender Offers [J]. Journal of Financial Economics, 1989 (24): 137 – 154.

[108] Lee H, Cho E, Cheong C, et al. Do Strategic Alliances in a Developing Country Create Firm Value? Evidence from Korean firms [J]. Journal of Empirical Finance, 2013 (20): 30 – 41.

[109] Lerner J, Malmendier U. Contractibility and the Design of Research Agreements [J]. American Economic Review, 2010, 100 (1): 214 – 246.

[110] Li L, Qian G M, Qian Z M. Do Partners in International Strategic Alliances Share Resources, Costs, and Risks? [J]. Journal of Business Research, 2013, 66 (4): 489 – 498.

[111] Lorenzoni G, Ornati O A. Constellations of Firms and New Ventures – science Direct [J]. Journal of Business Venturing, 1992 (3): 15 – 22.

[112] Masulis R W, Pham P K, Zein J. Family Business Groups Around the World: Financing Advantages, Control Motivations and Organizational Choices [J]. The Review of Financial Studies, 2011, 24 (11): 3556 – 3600.

[113] Mayer, K. , and D. Teece. Unpacking strategic alliances: The structure and purpose of alliance versus supplier relationships [J]. Journal of Economic Behavior and Organization, 2008, 66 (1): 106 – 127.

[114] McConnell J J, Nantell T J. Corporate Combinations and Common Stock Returns: The Case of Joint Ventures [J]. The Journal of Finance, 1985, 40 (2): 519 – 536.

[115] Meschi, P. X. , E. Metais, and K. Shimizu, Does a Prior Alliance With the Target Affect Acquisition Performance? The Dangers of a Honeymoon before Marriage [J]. European Management Review, 2017 (15): 427 – 444.

[116] Moghaddam K, Bosse D A, Provance M. Strategic Alliances of Entrepreneurial Firms: Value Enhancing the Value Destroying [J]. Strategic Entrepreneurship Journal, 2016, 10 (2): 153 – 168.

[117] Mohanram P, Nanda A. When Do Joint Ventures Create Value? [J]. Academy of Management Proceedings, 1996 (1): 67 - 93.

[118] Mowery D C, Oxley J E, Silverman B S. Strategic Alliances and Interfirm Knowledge Transfer [J]. Strategic Management Journal, 1996 (17): 77 - 91.

[119] Ohmae K. The Global Logic of Strategic Alliances [J]. Harvard Business Review, 1989 (67): 143 - 154.

[120] Otley D. Management Control in Contemporary Organizations: Towards a Wider Framework [J]. Management Accounting Research, 1994, 5 (3 - 4): 189 - 199.

[121] Oxley, J. Appropriability hazards and governance in strategic alliances: A transaction cost approach [J]. Journal of Law, Economics, and Organization, 1997, 13 (2): 387 - 409.

[122] Ozcan P, Eisenhardt K M. Origin of Alliance Portfolios: Entrepreneurs, Network Strategies, and Firm Performance [J]. Academy of Management Journal, 2009, 52 (2): 246 - 279.

[123] Palmrose Z V. Audit Fees and Auditor Size: Further Evidence [J]. Journal of Accounting Research, 1986, 24 (4): 97 - 110.

[124] Palmrose Z V. The Effect of Nonaudit Services on the Pricing of Audit Services: Further Evidence [J]. Journal of Accounting Research, 1986, 24 (2): 405 - 411.

[125] Panico C. Strategic Interaction in Alliances [J]. Strategic Management, 2017, 38 (8): 1646 - 1667.

[126] Parkhe A. Inter - firm Diversity Organizational Learning and Longevity in Global Strategic Alliances [J]. Journal of International Business Studies, 1991 (22): 579 - 601.

[127] Pateli A G. Decision Making on Governance of Strategic Technology Alliances [J]. Management Decision, 2009, 47 (2): 246 - 270.

[128] Porter M E. Competitive Advantage: Creating and Sustaining Superior Performance [M]. New York: Free Press, 1985.

[129] Pucik V. Strategic Alliances, Organizational Learning and Competitive Advantage: the HRM Agenda [J]. Human Resource Management, 1988 (27): 77 - 93.

[130] Qi J P, Sutton N K, Zheng Q C. The Value of Strategic Alliances in Acquisition and IPOs [J]. Financial Management, 2015, 44 (2): 387 - 430.

[131] Reuer J J, Lahiri N. Searching for Alliance Partners: Effects of Geographic Distance on the Formation of R&D Collaborations [J]. Organization Science, 2013, 25 (1): 283 - 298.

[132] Robinson D T, Stuart T E. Network Effects in the Governance of Strategic Alliances [J]. Journal of Law, Economics, & Organization, 2007, 23 (1): 242 - 273.

[133] Robinson D T. Strategic Alliances and the Boundaries of the Firm [J]. The Review of Financial Studies, 2008, 21 (2): 649 - 681.

[134] Robinson, D. T., and T. E. Stuart, Financial contracting in biotech strategic alliances [J]. Journal of Law and Economics, 2007 (50): 559 - 595.

[135] Robson M J, Katsikeas C S, Bello D C. Drivers and Performance Outcomes of Trust in International Strategic Alliances: The Role of Organizational Complexity [J]. Organization Science, 2008, 19 (4): 497 - 668.

[136] Rond M D, Bouchikhi H. On the Dialectics of Strategic Alliances [J]. Organization Science, 2004, 15 (1): 56 - 69.

[137] Rossmannek O, Rank O N. Is It Really a Universal Phenomenon? Preferential Attachment in Alliance Networks [J]. European Management Review, 2020, 18 (1): 85 - 99.

[138] Russo A, Vurro C, Nag R. To have or to be? The Interplay between Knowledge Structure and Market Identity in Knowledge - based Alliance Formation [J]. Research Policy, 2019 (48): 571 - 583.

[139] Sambasivan M, Phaik L S, Leong Z A M Y C. Factors Influencing Strategic Alliance Outcomes in A Manufacturing Supply Chain: Role of Alliance Motives, Interdependence, Asset Specificity and Relational Capital [J]. International

Journal of Production Economics, 2013, 141 (1): 339 – 351.

[140] Sampson R C. The Role of Lawyers in Strategic Alliances [J]. Case Western Reserve Law Review, 2003, 53 (4): 9 – 27.

[141] Sampson, R. C. The cost of misaligned governance in R&D alliances [J]. Journal of Law, Economics, and Organization, 2004, 20 (2): 484 – 526.

[142] Schelleman C, Knechel W R. Short – term Accruals and The Pricing and Production of Audit Services [J]. A Journal of Practice & Theory, 2010, 29 (1): 22 – 250.

[143] Seru A. Firm Boundaries Matter: Evidence from Conglomerates and R&D Activity [J]. Journal of Financial Ecnnomics, 2014, 111 (2): 381 – 405.

[144] Shleifer, A. , and R. Vishny, Large shareholders and corporate control [J]. Journal of Political Economy, 1986 (94): 461 – 488.

[145] Simunic D A, Stein M T. The Impact of Litigation Risk on Audit Pricing: A Review of the Economics and the Evidence [J]. Auditing: A Journal of Practice & Theory, 1996 (15): 119 – 134.

[146] Simunic D A. The Pricing of Audit Services: Theory and Evidence [J]. Journal of Accounting Research, 1980, 18 (1): 161 – 190.

[147] Stouthuysen K, Slabbinck H, Roodhooft F. Formal Controls and Alliance Performance: The Effects of Alliance Motivation and Informal Controls [J]. Management Accounting Research, 2017 (37): 49 – 63.

[148] Swaminathan V, Moorman C. Marketing Alliances, Firm Networks, and Firm Value Creation [J]. Journal of Marketing, 2009, 73 (5): 52 – 69.

[149] Tang, J. , M. Crossan, and W. G. Rowe. Dominant CEO, deviant strategy, and extreme performance: The moderating role of a powerful board [J]. Journal of Management Studies, 2011, 48 (7): 1479 – 1503.

[150] Teng B S, Das T K. Governance Structure Choice in Strategic Alliances: The Roles of Alliance Objectives, Alliance Management Experience, and International Partner [J]. Management Decision, 2008, 46 (5): 725 – 742.

[151] Todeva E, Knoke D. Strategic Alliances and Models of Collaboration

[J]. Management Decision, 2005, 43 (1): 123-148.

[152] Vaidyanathan R, Aggarwal P. Asymmetric Brand Alliances: When Joint Promotions with Strong Brands Hurt [J]. Journal of Business Research, 2022, 141 (3): 213-228.

[153] Vandaie R, Zaheer A. Surviving Bear Hugs: Firm Capability, Large Partner Alliances, and Growth [J]. Strategic Management Journal, 2014, 35 (4): 566-577.

[154] Walter J, Lechner C, Kellermanns F W. Knowledge Transfer between and within Alliance Partners: Private Versus Collective Benefits of Social Capital [J]. Journal of Business Research, 2007 (60): 698-710.

[155] Wassmer U. Alliance portfolios: a review and research agenda [J]. Journal of Management, 2010, 36 (1): 141-171.

[156] Wernerfelt B. A Resource-based View of The Firm [J]. Strategic Management Journal, 1984, 5 (2): 171-180.

[157] Williamson O E. Comparative Economic Organization: The Analysis of Discrete Structural Alternatives [J]. Administrative Science Quarterly, 1991, 36 (2): 269-296.

[158] Williamson O E. Organization Theory: From Chester Barnard to the Present and Beyond [M]. New York: Oxford University Press, 1990: 172-206.

[159] Xiao W Q, Xu Y. The Impact of Royalty Contract Revision in A Multistage Strategic R & D Alliance [J]. Management Science, 2012, 58 (12): 2251-2271.

[160] Yang H, Zheng Y f, Zaheer A. Asymmetric Learning Capabilities and Stock Market Returns [J]. Academy of Management Journal, 2015, 58 (2): 356-374.

[161] Zaheer, A., E. Hernandez. and S. Banerjee, Prior alliances with targets and acquisition performance in knowledge-intensive industries. Organization Science, 2021 (21): 1072-1091.

附　　表

附表 A

表 A　　　　　　　　上市公司缔结战略联盟的概率

Variables	(1) Logit (Alliance = 1)	(2) Probit (Alliance = 1)
Size	0.672 *** (0.000)	0.292 *** (0.000)
SOE	-0.039 (0.813)	-0.038 (0.561)
Tobin's Q	0.159 *** (0.000)	0.070 *** (0.000)
ROA	2.076 * (0.059)	0.926 ** (0.032)
First	-0.014 *** (0.001)	-0.006 *** (0.001)
Duality	0.317 ** (0.015)	0.134 ** (0.012)
Big4	-1.245 *** (0.001)	-0.463 *** (0.001)
Lev	-0.098 (0.795)	-0.026 (0.866)

续表

Variables	(1)	(2)
	Logit(Alliance = 1)	Probit(Alliance = 1)
Age	-0.020*	-0.009*
	(0.094)	(0.060)
Constant	-20.695***	-9.206***
	(0.000)	(0.000)
YearFE + IndustryFE	Yes	Yes
No. Observations	20505	20505
No. Treatment Observations	341	341
No. Control Observations	20164	20164
No. Treatment Firms	297	297
No. Control Firms	3331	3331
Wald chi^2	661.003***	637.881***
Prob > chi^2	0.000	0.000
Pseudo R^2	0.144	0.144

注：*、**、*** 分别代表10%、5%和1%的显著水平。

附表 B

表 B 问卷调查收发情况统计表

序号	调查对象	2020年中注协百强所排名	问卷发放份数	问卷回收份数	问卷回收率
1	普华永道中天会计师事务所	1	10	8	80%
2	安永华明会计师事务所	2	10	6	60%
3	毕马威华振会计师事务所	4	10	10	100%
4	天健会计师事务所	5	10	9	90%
5	立信会计师事务所	6	10	10	100%

续表

序号	调查对象	2020年中注协百强所排名	问卷发放份数	问卷回收份数	问卷回收率
6	信永中和会计师事务所	7	10	10	100%
7	大华会计师事务所	8	10	7	70%
8	天职国际会计师事务所	9	10	8	80%
9	容诚会计师事务所	10	10	10	100%
10	大信会计师事务所	11	10	10	100%
11	致同会计师事务所	12	10	9	90%
12	中审众环会计师事务所	13	10	10	100%
13	中兴华会计师事务所	14	10	9	90%
14	中天运会计师事务所	18	10	6	60%
15	利安达会计师事务所	28	10	6	60%
16	苏亚金诚会计师事务所	29	10	5	50%
17	中证天通会计师事务所	32	10	5	50%
18	川华信（集团）会计师事务所	36	10	5	50%
19	北京中路华会计师事务所	44	10	4	40%
20	鹏盛会计师事务所	45	10	5	50%
	合计	—	200	152	76%

注明：问卷调查收发情况如下：

1. 2022年5月14日至5月28日期间，分四次向2020年中注协百强所中的20家会计师事务所发放调查问卷；

2. 调查问卷合计发放200份，截至2022年6月26日，回收152份，回收率76%；

3. 被调查的20家会计师事务所选择的原因：（1）涉及上市公司审计业务；（2）排名前50的百强所。我们以排名前20的事务所为主（A股上市公司主要由前20大事务所审计），同时覆盖部分排名在20至50的事务所；

4. 每家事务所设有由合伙人担任的联络人；调查问卷填写人员均有10年以上会计师事务所从业经验，且拥有中国注册会计师执业资格。

附表 C

附表 C 注册会计师访谈汇总表

序号	当被审计单位当年出现战略联盟，您在计划审计工作时，是否会有针对性的考虑，如果有，主要是哪些方面的考虑?	针对联盟双方不同的资产规模，您在计划审计工作时会有不同的考虑吗? 如果有，主要考虑基于哪些方面呢?	针对联盟双方不同的年龄，您在计划审计工作时会有不同的考虑吗? 如果有，主要是基于哪些考虑呢?	针对不同的联盟方式（股权式联盟或契约式联盟），您在计划审计工作时的考虑有不同吗? 如果有，主要有，主要考虑于哪些呢?	基于上述的这些特殊的审计计划与考虑对应结果，您认为是否会增加审计收费? 为什么?	访谈对象
1	会考虑，考虑的方面主要是联盟类型，如为销售联盟，那在计划应收入与收款循环风险，以反销售与收款循环时，需考虑战略联盟可能带来的影响。	规模大的一方，需要执行更多的审计程序，对审计工作影响更大。	这个问题没系统考虑过，值得研究。	股权联盟风险更大，主要考虑其中涉及关联交易。	会增加审计收费，比如缔结销售联盟后，势必会影响收入规模，出现新收入模式，而收入通常伴随着特别风险，因此既增加我们审计工作量也增加审计风险。	普华永道中天会计师事务所 符文娟
2	通常是应该考虑的，一方面，需要评估战略联盟对报表整体层面的影响，另一方面，需要评估层次定层次战略联盟对认定层次的影响。	联盟对规模小的一方影响幅度更大，相对更容易核查，反而规模大的公司需要投入更多资源。	老公司和新公司联盟动机可能不同，需要评估可能带来的影响。	股权联盟风险更大，因为涉及关联方交易、合营、联盟安排。	会增加审计收费，因为战略联盟通常会伴随着生产经营的变化，进而影响财务报表，这些影响都需要在实施与制定我们的计划中加以考虑，从而增加我们的工作量。	安永华明会计师事务所 韩月妍

235

续表

序号	当被审计单位当年出现战略联盟时，您在计划审计工作时，是否会有针对性的考虑？如果有，主要是哪些方面的考虑？	针对联盟双方不同的资产规模，您在计划审计工作时会有不同的考虑吗？如果有，主要有，主要是基于哪些考虑呢？	针对不同的联盟方式（股权式联盟或契约式联盟），您在计划审计工作时会有不同的考虑吗？如果有，主要有，主要是基于哪些考虑呢？	基于上述的这些特殊的审计计划与审计收费，您认为是否会增加审计收费？为什么？	访谈对象
3	会考虑，主要是评估战略联盟可能对财务报表的影响。	对规模小的公司影响会更大，但规模大的公司需要更多关注和审计应对。	股权联盟涉及关联方及关联交易，属于特别风险考虑。	会增加审计收费，新的战略出来，并且战略联盟肯定会影响到财务报表。	毕马威华振会计师事务所 石海云
4	会考虑，在风险评估中，考虑战略联盟可能带来的影响，也会合理怀疑，被审计单位是否通过战略联盟这种关系来舞弊。	新公司和老公司拥有资源不同，联盟目的也可能不同，年龄需结合联盟动机考虑。	股权联盟涉及关联方，联营与合营，考虑到关联交易以及关联方资金占用，风险较大。	会增加，战略联盟会增加审计工作量和审计风险。	天健会计师事务所 张思学
5	需考虑，通常需基于战略联盟的目的，考虑联盟可能带来的影响，尤其是对财务报表的影响。	主要评估联盟对报表的影响，包括拒绝影响和相对影响，小规模公司的相对影响会更大。	股权联盟及关联方交易，需要投入资源审计，有些时候会将其列为关键审计事项。	应当增加审计费用，但是增加很可能会有滞后，审计收费是事务所与被审计单位协商的结果。	立信会计师事务所 崔松
6	会考虑，首先需要在风险评估中评估战略联盟可能带来的影响，继而根据评估的风险进行风险应对。	大规模的公司需要投入更大的审计资源。	股权联盟及关联方交易，容易产生舞弊。	相对而言，老公司情况更复杂，风险更大。	可能不一定，如果战略联盟未对财务报告产生影响就不会。	信永中和会计师事务所 刘宇

续表

序号	当被审计单位当年出现战略联盟，您在计划审计工作时是否会有针对性的考虑；如果有，主要是哪些方面的考虑？	针对联盟双方不同的资产规模，您在计划审计工作时会有不同的考虑吗？如果有，主要是基于哪些方面考虑呢？	针对联盟双方不同的年龄，您在计划审计工作时的考虑吗？如果有，主要是基于哪些些考虑呢？	针对不同的联盟方式（股权式联盟或契约式联盟），您在计划审计工作时会有不同的考虑吗？如果有，主要是基于哪些考虑呢？	基于上述的这些特殊的审计计划与审计应对结果，您认为是否会增加审计与审计收费？为什么？	访谈对象
7	应当考虑，战略联盟对联盟企业的影响通常应当是广泛的，在计划审计工作时，当然要考虑其对财务报告、对内部控制可能带来的影响。	联盟对规模小的公司影响程度更大，但就审计风险评估来看，规模大的公司风险更大，审计工作量也更大。	似乎没单独考虑过年龄的特别风险，需进一步研究。	股权联盟更多涉及合营和联营安排，这类事项都要单独应对。	要增加，因为战略联盟会影响财务报告，从而增加审计工作量，但审计费用增加需要被审计单位同意，双方要协商。	大华会计师事务所 王桥
8	考虑，被审计单位好像近年比较多遇到研发联盟，至少通常计划审计程序会更多设计对研发支出认定层次的风险，报表整体层面的也需要考虑。	规模大的公司需要给予更多审计关注，排除错报和漏报工作量更大。	年龄是否影响，以往的审计工作中，未单独考虑。	股权联盟安排及合营和联营安排，这是监管重点，风险比较大，需要单独考虑，如果足够重大，还可能作为关键审计事项。	不一定，需要看情况，如果战略联盟会影响财务报告才可能影响审计收费，但战略联盟应该是会与被审计单位重新商讨财务报告的。	天职国际会计师事务所 肖波
9	要考虑，战略行为，我们在计划审计工作时的制定与实施时，要持续考虑其对财务报告的影响，当然也要评估被审计单位是否通过联盟伙伴实施舞弊。	大规模的公司需要投入更多的审计资源，人更多的业务更复杂，联盟之后更甚。	相比较而言，老公司的业务可能更复杂，审计难度更大。	股权联盟涉及及关联方交易，因此需要单独审计。	会增加，当一个可能影响财务报告的战略联盟出现时，我们会与被审计单位重新商讨审计收费。	容诚会计师事务所 郑磊

续表

序号	当被审计单位当年出现战略联盟时，您是否会有针对性的审计工作的考虑，如果有，主要有哪些方面的考虑？	针对联盟双方不同的资产规模，您在计划审计工作时会有不同的考虑吗？如果有，主要有，主要是基于哪些方面的考虑呢？	针对不同的联盟方式（股权式联盟或契约式联盟），您在计划审计工作时的考虑有不同吗？如果有，主要有，主要是基于哪些方面的考虑呢？	基于上述的这些特殊的审计结果，您认为计划与审计应对审计收费吗？为什么？	访谈对象
10	会考虑，通常要结合战略联盟给财务报告带来的影响进行评估，涉及报表层面影响的，需要整体评估和内控环境等方面设计相应的审计程序，涉及认定层次的，需要设计在相应业务或事项中，设计相应审计程序。	需要谨慎评估战略联盟对规模大的公司的影响，需要增加审计工作量。	股权联盟涉及关联方交易，这会让我们在审计计划中设计审对该风险的程序应对。	会增加，因为联盟会增加审计工作强度，也会增加审计风险。	大信会计师事务所 沈发兵
11	会考虑，如果战略联盟给财务报告带来了影响，尤其是带来比较大的影响时，需要评估这种影响。	规模大的公司受新战略联盟的影响更为广泛，需要投入更多的审计资源确认战略联盟带来的影响在财务报告中得到了准确的列报和充分的披露。	老公司历史遗留问题可能更多，再遇上战略联盟，审计难度会更大。	可能增加，也可能不增加，主要看战略联盟的影响。	致同会计师事务所 郑建利
12	会考虑，战略联盟对企业的影响应当是长期的，在计划审计工作时，需要持续评估其对财务报告的影响。	战略联盟对规模大的公司的影响可能更广泛，审计起来难度更大，在审计工作时要特别考虑。	股权联盟涉及关联方交易，关联方交易要重点核查，排除风险，这些都要体现在审计计划中。	应当增加审计费用，但是审计收费通常是事务所和被审计单位之间的博弈，博弈需要时间，可能无法实现马上增加。	中审众环会计师事务所 闵超

后　记

随着国际竞争环境和竞争方式的改变，许多企业已挣脱地域限制实现了跨国跨区域的扩张。即便尚未走出国门的企业，也往往依托其先进科技水平、市场优势，也得以在全国范围内寻求和获取资源，而战略联盟成为诸多中国企业，尤其是上市公司获取资源、降低成本、持续学习的重要战略手段。

本书是我读博士以来从事学术研究和注册会计师审计实践工作的一点点成果，历时三个寒暑，拙作的研究与写作历经艰难，一幅幅画面历历在目，却难以言表，此时感慨颇多，恩德满怀。受日常审计工作所累，这三年里，我几乎全部是在晚上10点以后的挑灯夜战和有限的节假日中完成本书的写作的，其间时作时辍，常感惴惴不安。一是焦虑不知自己何时才能完成本书写作，二是担心文章的质量配不上这厚重的博士之冠。这些曾经的惴惴不安和孜孜以求，不仅凝结成这本厚重的专著，而且更让我领略了尊师的厚德严教，领导、朋友、亲人无微不至的关爱。

首先，感谢我的博士研究生导师沈烈教授，将我这个硕士毕业工作十年的大龄博士生收归门下。读博五年多时间里，沈老师时常为我的学业、工作和身体挂心，担心我不能兼顾、压力太大……让我现如今每每想起，感激涕零。同时，衷心的感谢我的副博导徐欣教授。在本书的写作过程中，从论文的选题、框架构建、数据收集、修改到最后完稿，徐老师倾注了大量的心血和精力。两位恩师立德树人、言传身教的精神让我受益无穷，将是我一辈子的人生楷模！另外，在本书的写作过程中，许多老师和朋友给我提供了无私的帮助，在这里一一表示感谢：感谢我的硕士研究生导师李长爱教授，师兄郭阳生，师姐张呈、吕伶俐，师弟刘蠹生，博士研究生同学牛艺琳、曾军、孔亚平和谭建华等，同事徐凯，感谢你们为本书提出的宝贵意见和为我提供的许多有参考价值的文献、资料。

其次，感谢中南财经政法大学会计学院导师组所有老师：精心的设计研究生课程、严格的辅导论文、无私的分享研究经验及成果……衷心的感谢汤湘希教授、何威风教授、李秉成教授、柳光强教授、杨国超教授、吴德军教授、何捷教授和邓伟教授等诸位教授给予我的每一处建议和指导。可能离开会计学院后，很难再有机会像现在这般接受教授团的指导了。

再次，感谢我的工作单位立信会计师事务所，多年来为我提供的平台和机会，尤其是两位领导，立信会计师事务所管理合伙人陈星辉博士和权益合伙人崔松博士，有两位财政部行业领军人才的领导，让我倍感骄傲，也是我一直以来前进的动力。感谢两位领导10多年来，对我的引导、栽培、包容和鼓励，是你们教我"工欲善其事必先利其器"。如果说两位博导是我的学术导师，两位领导一直以来便是我的精神导师。

最后，感谢我的家人和爱人：丈夫、母亲、公公婆婆和可爱的女儿。新冠肺炎疫情期间父亲病故，被封武汉的我未能在父亲最后的时刻尽孝，亦未能在母亲最脆弱的时刻回家陪伴母亲，母亲从来没有半句怨言，反倒一直宽慰我、鼓励我；写作期间，丈夫隔三岔五的灵魂拷问，使"吾日三省吾身"，这才有了今天的拙作；公公婆婆照料孩子、操持家务、照顾我的饮食起居，让我远离"凡尘俗世"，能够潜心工作和研究；女儿乖巧懂事、善解人意，每每一句"妈妈，你要加油哦！"足以让我忘却疲累、满血复活。

再次谨向所有关心、支持、帮助我的老师、领导、家人、同学及朋友，致以最诚挚的谢意！你们是我生命中的星辰，时刻指引我前行。

汪平平
2022年11月于风华天城